문화와
역사를
담 다
0 7 8

표 인 주 表仁柱, Pyo in ju

저자는 대학에서 〈전남문화연구회〉 동아리 활동하면서 민속학 · 고고학 · 미술사 · 역사를 공부하고, 산천 곳곳의 유적지 조사와 문화답사를 다녔다. 민속학을 공부하기 위해 전남대학교 대학원에 진학하여, 농촌과 섬을 조사 다니면서 연구자의 삶이 시작되고, 박사학위(지도교수 : 지춘상) 취득 후 본격적으로 민속학자이자 문화연구자로 활동하였다.

전남대학교 교수로 부임해 민속문화와 설화, 전통문화의 이해, 문학과 여행, 판소리와 연희문학, 문화유산과 축제를 강의하면서 한국문화 이해의 폭을 넓히고, 전남대학교 박물관 관장과 인문대학 학장, 광주광역시와 전라남도 문화재 위원으로서 생활문화 정책의 다양한 역할을 하였다.

이러한 활동은 학술 · 저술 작업으로 이어지고, 『공동체신앙과 당신화 연구』(집문당, 1996), 『남도설화문학연구』(민속원, 2000), 『남도민속문화론』(민속원, 2002), 『한국인의 생활양식과 전통문화예술』(민속원, 2004), 『광주칠석고싸움놀이』(피아, 2005), 『남도 민속과 축제』(전남대학교 출판부, 2005), 『축제 민속학』(태학사, 2007), 『영산강 민속학』(민속원, 2013), 『체험주의 민속학』(박이정, 2019), 『민속의 지속과 변화의 체험주의적 해명』(박이정, 2022), 『남도 민속학』(박이정, 2023) 등 단독 저서와 다수의 공저 및 연구논문을 발표하였다.

문화와 역사를 담다 078

기억과 일상이 내일의 삶을

표인주

민속원

머 리 말

일상과 가상 세계의 생활문화는 문화적 DNA를 전승한다

생활문화는 일상적인 삶의 전통이다

생활문화는 일상에서 살아 숨 쉬는 국민의 생활양식이다. 오늘날 생활문화에서 가장 많이 접하는 단어가 저출산, 초고령, 문화, 생태환경, 인공지능, 빅데이터, 가상 세계라는 말이다. 문화와 생태환경이 인간 삶의 중요한 배경이라면, 가상 세계는 현재 삶의 상상력을 확대해 주고, 삶의 공감력을 확장하는 역할을 한다. 가상 세계는 신앙적이고 의례적 경험을 바탕으로 한 비일상의 축제적 삶이고, 인공지능과 빅데이터를 근거로 구축된 메타버스 세계이다. 그동안 문화는 인간의 생활양식이 일정 기간에 걸쳐 지속되고 축적되어 형성된 것으로, 역사성을 지닌 전통문화로 인식하는 경우가 많았다. 그런 점에서 전통문화는 민속의 관점에서 이해하기도 한다. 전통문화가 민속이고, 민속이 문화인 것이다. 민속은 계급적 관념을 토대로 민중의 생활 습속으로 볼 것인지, 민족주의적 시각으로 민족의 생활양식으로 볼 것인가에 따라 그 개념이 달라진다. 하지만 다문화사회의 성격을 지닌 모빌리티사회에서 이러한 개념은 한계가 있을 수밖에 없다. 이젠 민속이 계급적이거나 민족주의적인 시각에서 벗어나야 하고, 생활문화로서 관심을 가져야 하는 시기이다. 생활문화는 인간의 삶 속에서 지금도 실천하는 국민의 생활양식으로 규정하여 이해할 필요가 있다.

생활문화는 실천적인 삶의 문화이다. 흔히 문화는 내용에 따라 사회문화, 놀이문화, 의례 문화, 여가문화 등으로 구분하고, 공간을 근거로 농촌문화, 해양 문화, 호남문화, 영남 문화 등으로 구분한다. 그리고 표현 매체에 따라 구술문화, 기록문화, 영상문화, 디지털문화, 공연 문화 등으로 구분하고, 향유집단과 시간성을 기준으로 대중문화, 전통문화, 현대문화로 구분한다. 이처럼 문화라는 개념을 다양한 용도로 사용해 왔지만, 특별히 관심을 가져야 할 것은 생활문화로서 이해이다. 생활문화야말로 인간의 삶에서 실천되는 생명력 있는 문화이기 때문이다. 무엇보다도 생활문화에서 환경, 복지, 치유, 행복, 공공 등이 중요한 개념으로 등장한다. 예컨대 몸과 마음의 통섭적 관계에 근거한 생태문화라든가, 삶의 불평등을 개선하고 공동체 복지를 추구하는 복지문화, 몸과 마음을 치유하는 힐링 문화, 특정 집단의 전유물이 아닌 공공성을 강조하는 공공문화 등 행복의 관심이 증가하고 있다. 이젠 생활문화를 통해 한국인의 정체성을 이해해야 하고, 정체성은 환경의 변화에 따라 유동적이라는 점도 유념해야 한다.

생활문화는 일상 문화와 가상문화로 구분된다. 인간은 일상성에 근거한 문화적 경험만으로 살 수 없고, 일상에서 새로운 변화를 갖기 위한 가상문화적 경험도 필요하다. 일반적으로 생활문화는 일상과 비일상이 혼재되어 나타나는 경우가 많다. 대체로 일상 문화는 의복, 음식, 주거를 통해 경험하는 의식주 생활이 가장 대표적인데, 공동체의 조직으로서 가족, 마을, 사회 등의 집단 활동, 그리고 생존을 가능케 하는 생업 활동도 포함한다. 그런가 하면 가상문화는 인간이 성장하면서 경험하는 특정한 시기의 의례 생활, 특정한 날에 경험하는 세시 명절, 종교적 경험을 추구하는 신앙생활, 일상에서 벗어나는 여가 활동, 코뮤니타스를 경험하는 놀이와 축제, 현실 세계와 소통하고 여러 가상 세계를 연결하는 메타버스의 체험 생활 등이다. 이처럼 생활문화를 일상과 가상 세계의 문화로 구분하여 관심을 가질 필요가 있다.

생활문화는 문화적 DNA를 전승한다

생활문화는 의사소통이 체계화된 삶의 방식이다. 인간의 삶에서 일상은 가장 흔한 물과 공기와도 같다. 그래서 일상이 없으면 죽는 것이나 다를 바 없고, 물과 공기는 인간의 기본 생존 요소로서 삶의 근원이기 때문이다. 일상에서 가장 중요한 것은 상호 간의 의사소통이다. 인간은 의사소통을 통해 각자의 경험을 공유하고, 공유한 경험은 다양한 의미를 지니게 된다. 인간은 일상에서 사랑하고 배우며 서로 소통하는데, 끊임없이 서로 대화하며 이해하려고 노력한다. 이러한 의사소통의 체계화가 생활문화이다. 즉 인간에겐 문화가 삶이고, 삶이 문화인 셈이다. 인간은 일상에서 어린 시절부터 자신의 언어와 문화를 배우며 자라고, 그것을 일상에서 생활문화로 축적해 간다. 장대은의 『트리비움, 일상수업』에 의하면, 유대인은 일상에서 유대인의 전통을 배우고, 부모와 사회로부터 공동체성을 이어받으며, 그것을 가정과 유대공동체가 함께 감당해 왔다고 한다. 이것은 일상에서 유대인의 정체성을 형성하고 계승하는 생활문화의 모습을 보여준다. 일반적으로 생활문화에는 몸을 통한 정서적 공감과 마음의 이성적인 공감이 혼재된 경우가 많다. 그래서 우리가 생활문화를 해석하는 것은 인간의 통섭적 공감 능력을 이해하고, 삶의 전통을 이해하며, 삶의 흐름과 변화를 읽어가는 일인 것이다.

생활문화는 시간관념 변화의 영향을 받는다. 생활문화는 물의 흐름처럼 변화되는 시간관념을 반영하고, 다양한 환경의 영향을 받아 변화되며, 대체로 역사적, 사회적, 자연적 환경요소가 작용하여 형성된다. 생활공간에서 이동의 경험을 은유적으로 개념화한 것이 시간관념인데, 직선형과 순환형 시간관념은 농경사회에서 경험한 것이었지만, 산업사회에서는 물질적 시간관념으로 변화한다. 예컨대 '시간은 곧 돈'이라는 관념이 생활화되고, 노동의 임금이 시간을 기준으로 시급, 월급, 연봉 등의 급여체계가 결정되었다. 이에 따라 노동은 이제 농사 주기가 아닌 시곗바늘에 따라 움직이고, 사회 구조도 인간보다도 자동화 기계에 의존하는 생산성의 원칙에 따라 변화할 수밖에 없다. 그래서 생산성을 앞세우는 사회적 분위기는 생활문화를 크게 변화시키고, 사회적 의례나 여가문화, 신앙적 경험이나 놀이의 세계가 축소되기 마련이다. 이것은 가상 세계에서 경험한 해방감의 욕구를 감소시키고, 생활문화의 변화로 이어지게 한다.

생활문화는 문화적 DNA를 전승한다. 산업사회에서 시간을 아끼는 것이 돈을 절약하는 것이듯이, 시간은 물질 생산에 중요한 요소로 작용하였다. 당연히 시간관념과 생산방식의 변화가 생활문화에 영향을 미치고, 생활문화는 고정성보다는 유연성을 반영하고 있어서 끊임없이 변화하게 된다. 그러면서도 더디게 변화하면서 오랫동안 지속되어 온 문화 요소를 가지고 있다. 그것은 바로 문화 정체성을 형성하는 요인으로 문화적 DNA이다. 거넥 베인스의 『컬처 DNA』에 의하면, 문화적 DNA는 수세대에 걸쳐 복제되어 내려온 한 문화에 뿌리 깊이 자리한 어떤 단면이라고 말한다. 이것은 역사적으로 이주한 환경 속에서도 지속되고, 이주민들의 정서적인 공감 선호도가 반영되어 나타난다. 문화적 DNA는 제각기 다른 사회의 문화적 기준을 형성하는 근본적인 심리적 구성 요소를 의미하고, 지역의 생태, 기후, 그곳에 살던 사람들의 생각 등이 반영되며, 무엇보다도 사회적, 자연적, 역사적 과정에 의해 형성된다.

생활문화는 노동방식의 변화에 따라 크게 변화한다

생활문화를 농경사회, 산업사회, 모빌리티사회로 나누어 변화 과정을 이해하면, 생활문화의 흐름을 파악하는 데 크게 도움이 된다. 최윤식 · 최현식의 『제4의 물결이 온다』에 의하면, 4차산업혁명 시대에는 생산자의 제조원가에서 하드웨어 제조 비용, 유통비용 등은 제로에 가까워지고, 아이디어 비용, 디지털 정보비용 등만 남게 된다고 한다. 특히 4차산업은 정보통신망의 초연결성, 인공지능, 사물인터넷, 빅데이터 등 첨단 ICT가 경제, 사회 전반에 융합하고, 일상 세계와 가상 세계의 통합을 가져오며, 초연결사회를 가져오게 한다는 것이다. 여기서 1차산업혁명은 증기기관 기술, 2차산업혁명은 대량생산과 자동화시스템, 3차산업혁명은 인터넷과 정보화 기술, 4차산업혁명은 융합된 지능 정보기술이 중요한 역할을 한다고 한다. 한국은 초단기간에 근대화와 산업화를 이루어 선진국 대열에 합류했으나, 그로 인해 짧은 기간에 한국인의 삶은 많은 변화를 겪어야 했다. 그래서 이러한 변화를 읽기 위해 한국 사회의 구분이 쉽지 않지만, 생활문화의 변화 흐름을 파악하고, 시대적 의미를 읽기 위해서는 농경사회, 산업사회, 모빌리티사회로 구분하여 이해하는 것도 하나의 방법이라 할 수 있다.

농경사회는 농업과 어업 등 1차 산업사회로서 한국 생활문화 이해의 기본 바탕이다. 농경사회는 수렵채집사회로부터 발전한 정착 사회로서, 사냥과 식물채집의 이동 생활을 청산하고, 농사를 짓고 가축을 기르기 위해 한 곳에 형성된 공동체 사회이다. 그래서 농경사회는 도시와 국가를 형성하는 데 중요한 역할을 했고, 무엇보다도 농경 생활은 기본적으로 생업이 집단노동 형태를 근거로 이루어진다는 점이다. 예컨대 벼농사를 짓더라도 개인이 감당하기 어렵고, 많은 노동력이 필요하기 때문이다. 그래서 계절에 잘 맞추어 농사지으려면 이웃과의 관계가 원만해야 하고, 나보다 이웃을 배려한 삶의 태도가 필요할 수밖에 없는 것이다. 그리고 다양한 공동체에도 가입하고, 농촌에서는 촌계나 두레에 가입해야 하듯이, 어촌에서는 어촌계에 가입해야 한다. 이것은 생활문화에서 개인보다는 공동체성을 중요하게 만들고, 개인주의보다 집단주의적 가치에 따라 생활문화의 질서를 형성하게 만든다. 하지만 공동체성은 산업사회에서 급속도로 약화 되고, 도리어 개인의 가치가 더욱 부각하게 된다.

산업사회는 과학기술이 생활문화의 원동력으로 작용한 사회이다. 산업사회에서 과학기술은 한 공동체의 사회, 경제, 문화 등을 총체적으로 발달시키는 원동력으로 작용한다. 과학기술이 인간 삶의 변화를 초래하고, 노동의 방식을 변화시키며, 삶의 질서를 이성적이고 합리적으로 규명하게 만든다. 특히 노동 현장에서 자동화를 통해 기계가 훨씬 많은 일을 처리하고, 이에 따라 인간의 노동에 대한 가치가 줄어들 수밖에 없게 된다. 이젠 인간은 노동보다는 소비와 향락을 추구하는 존재로 변화되고, 그야말로 새로운 인간적 가치를 발견해야 하는 시기가 된 것이다. 한국에서 산업사회는 근대화 이후 1~2차산업혁명을 중심으로 본격적으로 경제성장이 이루어진 80년대까지를 말한다. 산업사회에서 수평적 관계주의가 등장하고 개인주의가 팽창하게 되는데, 이와 같은 환경은 농촌인구의 이탈과 도시화를 가속화하고, 특히 1970년대부터 전통적인 삶의 양식에 순응하는 경향이 줄어들게 되었다. 그러면서 개인이 자신의 삶을 직접 만들어 갈 선택권을 갖게 되고, 중산층의 노동과 여가를 변화시키는 데 중요한 역할을 하였다.

모빌리티사회는 3~4차산업혁명의 시기와 미래 사회를 말한다. 모빌리티사회는 산업사회를 기반으로 한 기술 문명사회가 더욱 강화되고, 지구 온난화에 따른 환경변화를 경험하며, 인간과 반려동물과 인공지능 등 비인간이 공존하는 사회이다. 무엇보다도 지식정보산업사회로서 개인성을 강조한 초개인주의가 부각하고, 나이와 상관없이 성인은 모두 대등한 관계라는 수평적 관계주의를 중요하게 여긴다. 이것은 수직적 관계주의에서 수평적 관계주의로 이동하고, 생활문화의 변화를 더욱 촉진 시킨다. 이에 따라 양극화된 집단의 지배와 저항은 더욱 대립하고, 장수사회로서 고령화는 더욱 가속화되며, 인간은 무한 탐욕의 모습을 보여주기도 한다. 특히 생활문화에서 식생활은 에너지로서 먹거리를 찾거나, 현재의 푸드시스템을 바탕으로 한 대체육과 배양육의 관심을 증가시키게 한다. 그리고 수명 연장의 삶이 주요 관심사로 등장하고, 질병 퇴치, 백신 개발, 기대수명 상승을 위한 건강 관리 시스템과 초현대식 의료시설 구축의 관심이 증가한다. 일상에서 중요한 의사소통의 방식은 GPS와 인터넷, 글로벌 휴대전화 서비스 등의 초연결성이 바탕이 되고, 이것은 개인 혹은 공동체 안에서 다양하게 이루어진다.

오늘날은 생활문화의 물질보다 의미가 중요하다

생활문화는 급속도로 변화한다. 우리는 이젠 사회 변동 역시 기술 발전에 따르고, 기계 시스템이 인간을 지배하거나, 기계가 인간을 대체하는 시대에 살아야 한다. 이러한 것은 일상에서 엄청난 변화가 일어날 것이고, 생활문화의 변화로 이어지기 마련이다. 모빌리티사회 젊은 세대들은 공동체의 이념이나 분위기에 좌우되지 않고, 오로지 개인의 권리에 근거하여 행동하려 한다. 임홍택의 『2000년생이 온다』에 의하면, 이들은 오로지 나 자신만을 지키기 위한 개인보호주의적 성향이 강하고, 상대방의 권리와 상관없이 자기 하고 싶은 대로 하는 초개인주의적 성향이 강하다고 한다. 초개인주의자를 다른 말로 자아팽창주의자라고 말할 수 있는데, 남을 배려하지 않고 주변 환경을 고려하지 않으며, 자아중심적 사고에 근거한 행동이지만, 그렇다고 남에게 피해를 주는 것은 아니다. 이들의 일상생활은 당연히 한국의 전통은 물론 생활문화에도 많은 변화를 초래하게 될 것이다.

생활문화에서 물질보다 의미를 중요하게 생각하는 사람이 많아진다. 오늘날은 물질이 풍요롭고 넘쳐나 소비하지 못한 물질이 쌓이는 시대이다. 그래서 물질적인 필요를 넘어 감성이나 의미를 표현하는 소비의 필요성이 요구된다. 이젠 물질 소비가 아닌 의미를 소비하는 시대를 요구한다는 것이다. 여기서 의미를 소비하는 것은 메시지가 있는 물질을 소비하는 것을 말한다. 그래서 물질보다도 브랜드 의미에 관한 관심이 많을 수밖에 없다. 스티브 잡스는 "나이키는 신발을 파는 것이 아니라 비전과 이상을 판다"라고 말한 바 있다. 나이키라는 신발보다도 나이키가 갖는 비전과 이상이라는 메시지를 파는 것에 주안점을 둔다. 그것은 일상의 행복을 충족하려는 것으로, 장기간에 걸쳐 형성된 행복보다 짧은 기간의 행복을 선호하게 만든다. 그러면서 행복의 관여도에서 가족과 행복이 함께 등장하는 것도 줄어들게 만든다. 이것은 가족을 근거로 형성된 행복은 줄고 있고, 성공과 행복의 기준이 다양해지고 있음을 보여준다. 인간이 행복을 추구하려는 노력은 현재 삶이 불행하기 때문인데, 그 원인은 인간관계의 유대감은 갈수록 줄어들고, 자살률이 늘고 있으며, 근로 시간의 증가와 스트레스가 증가하는 것이다. 이러한 환경은 먼 미래의 삶보다는 현재의 삶에 충실하게 만들고, 생활문화 속에서 삶의 방향타를 바꾸는 역할을 한다.

우리는 일상과 가상 세계에 산다

어느 사회든 현실적인 일상 세계와 실재한다고 믿는 비일상의 가상 세계가 존재한다. 두 세계는 상호 간의 지속적인 가치 전달이 이루어지고, 개인과 공동체의 만족감, 의미를 증진하는 과정을 가지고 있다. 티먼 나룰라의 『우리는 가상 세계로 간다』에 의하면, 가상 세계는 인간이 일상의 삶에 질서를 부여하고, 더 나은 삶을 살기 위해 만든 문화기술이자, 사회가 굴러갈 수 있는 또 하나의 무대라고 말한다. 다시 말하면 가상 세계가 일상 세계와 소통할 때 변화를 만들고, 새 가치를 창출해 낸다는 것이다. 여기서 가상 세계는 공동체의 창작물로서 삶과 죽음의 관념, 모두의 상상력을 모은 세계이다. 인류는 태초부터 다양한 방법으로 여러 세계에 존재해 왔고, 언어와 상상력만으로 이러한 세계를 만들어 왔다. 그것은 공동체의 믿음으로 이어가기도 한다. 중요한 점은 세계의 소통방식이 일방적이지 않고, 양방향의 소통방식을 취한다는 것이다. 특히 신화, 전설, 민담 등의 설화를 구현하고 수용하는 것이 대표적인 예이다.

양방향의 소통방식은 놀이나 신앙에서도 이루어진다. 놀이는 놀이꾼과 구경꾼이 하나가 되고, 상대 팀과 대결을 통해 통합하는 계기를 만들어 준다. 인간과 신의 소통 체계인 마을신앙과 가정신앙 등 현대 종교 생활도 마찬가지이다. 인간은 일상의 삶과 죽음의 세계를 서로 소통하는 장례식과 제사 의례를 통해 가상 세계에 진입하고, 제례 의식이 일상의 구조를 뒤집으면서 코뮤니타스를 경험하게 한다. 신체 운동이 삶에 좋은 영향을 주듯이, 가상 세계에서 벌어지는 일은 마치 현실에서 일어나듯 참여자의 삶에 영향을 끼친다. 대체로 가상 세계는 유용하고 만족스러운 경험을 효율적이고 안정적으로 제공하는 데 목적이 있다. 이것은 디지털 가상 세계에서도 양방향 소통방식으로 다양한 스포츠나 게임과 더불어 구현되기도 한다.

메타버스는 비일상적인 삶의 터전이다. 티먼 나룰라는 가상 세계와 일상 세계의 상호 가치교환이 발생하는 곳이 메타버스이고, 메타버스는 한 마디로 대화이며, 서로 가치를 교환할 수 있는 여러 세계가 모인 구조라고 말한다. 메타버스는 현실 세계와 여러 가상 세계가 소통하는 연결된 망인 것이다. 이것은 고대 가상 세계처럼 인간의 근원적인 욕구를 충족하고, 이전 세대보다 더 나아질 수 있게 해 준다. 그리고 메타버스를 이루는 디지털 가상 세계가 많은 사람이 활동할 수 있는 삶의 터전을 만들어 주기도 한다. 여기서 메타버스는 스포츠, 문화, 사랑, 상실, 전쟁, 시위와 제례 의식처럼, 과거와 미래의 중요한 경험을 담는 그릇이고, 양방향 소통을 통해 관찰자가 아닌 참여자로서 경험을 가능하게 만든다. 예컨대 신화의 영웅적인 이야기가 구현된 메타버스에서 신화 속 영웅처럼 경험하거나, 메타버스 공동체 놀이에 참여하여 승리자로서 경험하게 해 주는 것이다. 그것은 그야말로 거울 뉴런의 효과를 경험하도록 만들어 주는데, 인간의 내적인 욕구를 충족시켜 주고, 건강과 행복을 결정하는 역할을 한다는 점에서 의미가 크다.

생활문화를 체험주의와 통시적으로 이해하다

저자는 기본적으로 인간의 몸과 마음이 분리되지 않고, 마음이 몸에 많은 제약을 받고 상호작용한다는 것에 착안하여 생활문화의 지속과 변화 과정을 읽어내고자 했다. 오늘날까지 환경의 변화에 따라 많은 변화를 겪고 있는 전통문화가 민속이고, 민속은 지금도 지속되는 생활양식이기 때문이다. 이를 생활문화의 관점에서 이해할 필요가 있다. 이러한 이론적인 근거는 미국의 현대

철학인 레이코프G. Lakoff와 존슨M. Johnson의 체험주의 철학을 기반으로 삼았다. 몸이 물리적 기반이고, 마음은 정신적이며 문화적 소산이다. 여기서 문화는 물리적 기반에 많은 제약을 받고, 물리적 기반은 자연적, 역사적, 사회적 환경을 포함하며, 물리적인 변화는 문화적인 변화를 초래한다는 것이다. 노양진의 『몸이 철학을 말하다』에 의하면, 인간의 기호적 경험은 물리적 경험을 토대로 창발한다고 한다. 모든 기호적 경험의 뿌리는 물리적 경험이고, 물리적 경험을 근거로 형성된 것이 생활문화인 셈이다.

생활문화는 인간의 삶 속에서 지금도 실천하는 국민의 생활양식이다. 생활문화는 실천적인 삶의 문화이자 일상적인 삶의 전통으로, 무엇보다도 삶의 태도가 크게 작용한다. 생활문화가 의사소통이 체계화된 삶의 방식인 까닭에 시간관념을 근거로 형성되고, 노동방식의 변화에 크게 영향을 받으며, 문화적 DNA를 전승한다. 오늘날 생활문화는 급속도로 변화하면서 물질보다 의미를 중요하게 생각하는 사람이 많아지는 추세이다. 우리는 이러한 일상성을 바탕으로 생활문화 속에서 살아가지만, 한편으로는 가상 세계에 살고자 하는 욕망이 증가하고 있다. 어느 사회든 현실적인 일상 세계와 실재한다고 믿는 비일상의 가상 세계가 존재한다. 특히 가상 세계는 양방향의 소통방식을 바탕으로 한 축제와 놀이나 의례와 신앙에서도 이루어지지만, 비일상적인 삶의 터전인 메타버스에서도 구현된다. 이러한 가상 세계의 체험은 상상력을 발휘하여 다양한 생활문화를 창조하는 역할을 한다.

저자는 기억과 일상이 미래의 삶을 결정한다는 것을 전제하고, 생활문화를 과거와 현재, 미래의 시간적 관념에 근거하여 서술하고자 했다. 과거는 우리의 현재 상황을 이해하고, 미래를 전망하는 데 결정적인 실마리를 제공해 준다. 과거는 그저 사라지지 않고 항상 우리의 삶으로 축적되어 발현되기 때문이다. 그래서 과거의 생활문화를 토대로 의미를 파악하고, 그것이 현재에 어떻게 변화되어 지속되며, 앞으로 어떻게 전개될 것인가를 설명하기 위해 통시적으로 글을 구성하였다. 그리고 책은 크게 제1부 행복과 삶의 세계, 제2부 성장과 가상 세계, 제3부 자연과 공감능력으로 구분하여 구성하였다.

제1부에서는 복의 개념과 행복 지수, 가족의 변화와 초핵가족, 한국인에게 우리는 누구인가, 창조적 사고의 공동체, 음식의 사회문화적 읽기와 홍어, 집의 문화적 의미와 고향의 근원, 공간 심리와 풍수적 삶, 문화적 경험의 명절과 공휴일, 축제의 문화 · 경제적 효용성을 언급했다.

제2부에서는 인간의 출생과 성장 의례, 성년식과 책임 의식, 결혼식과 사회적 인간, 죽음의 공간 이동과 재탄생, 신의 잔치와 기억 재현의 제사, 잘 사는 것(웰리빙)과 잘 죽는 것(웰다잉), 협력적인 삶과 로컬리티, 여성의 상징과 신모계사회, 고사에 의존하는 현대인, 전통예술과 굿 문화를 설명했다.

제3부에서는 물의 생명 원천과 우물의 문화적 관념, 불의 혁명과 상징적 의미, 인간과 신에게 꽃의 의미, 한국신화와 기독교, 양극화된 가축과 동물, 강아지와 의인화된 가족, 생명의 근원인 자연과 용호상박, 이 시대에 왜 감성인가, 공연 문화의 출발과 변화를 이야기하였다.

마지막으로 이 책을 내면서 많은 분의 도움을 받았다. 무엇보다도 글을 쓰면서 독자의 가독성을 고려하여 학술적인 각주보다도 저자와 문헌을 언급하고 포괄적으로 인용했음을 밝혀둔다. 그리고 인용을 밝히지 않은 본문 내용의 서지정보는 참고문헌으로만 제시하였다. 따라서 다소 미흡한 점이 많더라도 너그럽게 혜량해 주시길 간청한다.

이 책은 먼저 하나님께 바친다. 지금까지 연구자의 삶을 살아오기까지 뒷바라지해 준 아내(이효진)에게 감사함을 전하고, 잘 자라서 사회인으로 활동하고 있는 소중한 딸 새롬과 정인에게 사랑한다는 말을 전하고 싶다. 끝으로 어려운 여건 속에서도 출판을 흔쾌히 승낙해 준 도서출판 민속원 홍종화 사장님과 예쁜 책을 만들어 주신 편집부 직원들에게도 진심으로 감사드린다.

2025년 11월 30일

표 인 주 씀

목　　차

Contents

2부
성장과 가상 세계

123

3부
자연과 공감 능력

223

1부 행복과 삶의 세계

복의 통로인 당신의 행복 지수는 어느 정도인가

복은 행복의 원초적 근원이다

행복은 자의적으로 운이 좋은 복이자, 복되고 좋은 운수이다. 그래서 복이 많은 사람은 행복한 사람이라고 말하기도 한다. 일반적으로 삶의 만족은 일상생활에서 경험하는 복된 삶에서 느껴지는 경우가 많다. 그런 점에서 복된 삶이 행복한 삶을 결정한다고 할 수 있다. 흔히 행복한 삶은 재산, 건강, 직위, 나이, 성, 결혼, 가족 관계, 위험 요소, 참여, 복지 등을 고려하여 판단된다. 이것들이 복된 삶을 결정하는 역할을 하고, 복된 삶은 원하는 것의 획득 상태, 즉 욕망의 충족 상태를 말하기 때문이다. 우리가 일상생활에서 추구하는 복은 자유, 평등, 정의 같은 보편적인 가치도 아니고, 신적이고 초월적 이념도 아니다. 다만 복이 행복한 삶을 결정하는 요소이듯이, 재산, 권력, 건강, 명예, 자식의 복과 같이 철저하게 세속적인 삶의 넉넉함에 얽매여 있는 것이다. 그래서 모든 사람이 그토록 간절하게 원하는 복은 현세의 복락을 강조하는 현세주의적 가치관, 관계주의에서 친족을 우선시하는 가족주의적인 태도, 인과응보로서 얻는다는 사회적 관념 등이 반영되어 있음을 보여준다. 그것은 일상생활에서 삶의 기복 심리가 강하게 내재토록 하는 토대가 된다.

복은 사람의 힘을 초월한 운수이고, 오붓하고 넉넉하다는 의미를 내포한다. 지금까지도 인간은 복을 어떻게 누릴 수 있는지 많은 관심을 가져오고 있다. 가령 복이 선천적으로 타고나는지, 아니면 후천적인 노력에 따라 누릴 수 있는지의 관심사가 그것이다. 복이란 삶에서 필요한 것이 두루두루 넉넉하게 갖추어져 있는 상태를 말한다. 일상생활에서 '복 있다', '복 달아난다', '복 받는다', '복은 타고난다', '복스럽게 먹는다', '복스럽게 생겼다' 등의 말을 표현하는 경우가 많다. 그리고 복을 수식어와 동사로 사용하여 삶의 넉넉함을 추구하기도 한다. 예컨대 부동산중개업소를 복덕방이라 부르고, 그 수수료를 복비라 부르며, 복권, 복음, 복락, 복인, 복조리 등의 단어를 통해 확인할 수 있다. 기복, 초복, 발복, 축복, 음복 등에서는 복을 동사로 사용하여 삶의 넉넉함을 추구하기도 한다. 이러한 단어들은 헤아릴 수 없이 많고, 모두 복을 간절히 빌고 있음을 보여준다. 이처럼 복은 신으로부터 주어지는 것이고, 인간의 노력으로 얻을 수 있음을 말한다. 복된 삶은, 즉 삶의 넉넉함은 인간의 노력으로 성취되거나, 신적인 존재가 부여한다고 생각한 것이다.

복은 인간이 추구하는 욕망에 따라 그 성격이 다르다. 그래서 복에 대한 표상이 사람마다 달라 그 종류를 나누기가 쉽지 않다. 일반적으로 복을 다섯 가지로 구분하기도 하는데, 수壽, 부富, 귀貴, 강녕康寧, 다남多男이고, 이를 오복五福이라 한다. 일상생활 속에서 흔히 치아가 튼튼하고 고운 것은 오복 중의 하나요, 배우자를 잘 얻는 것도 오복 중의 하나라고 말한다. 여기서 오복은 다섯 가지 복이 아니라 많음의 뜻이고, 가장 큰 복을 의미한다. 일반적으로 한국인은 농경사회로부터 지금까지 재산이 많고, 높은 벼슬을 하며, 자식을 많이 두면서 오래오래 사는 것을 복된 삶으로 생각해 왔다. 이러한 복을 기능에 따라 수복壽福, 식복食福, 재복財福, 관복官福, 인복人福 등으로 나눌 수 있다. 이들 복은 단선적으로 드러나거나 다층적으로 형성되기도 하지만, 사람에 따라 그 성격이 다르기 마련이다.

오복은 순환구조 속에서 개별적으로 혹은 연쇄적으로 실현된다. 수복은 식복의 뒷받침이 있어야 가능하고, 식복은 재복이 있어야 가능하며, 재복은 인복이 있어야 실현된다. 그리고 인복은 관복을 갖게 해 주고, 관복은 수복에도 영향을 미친다. 일반적으로 복이 이처럼 순환구조로 실현되지만, 구심력 구조 속에서 통합되어 큰 복이 되기도 하고, 원심력 구조 속에서 각각의 복으로 흩어지기도 한다. 그런가 하면 복이 삶의 태도와 욕망에 따라 혼재되어 복합적으로 나타나기도 한다. 이러한 복은 선천적으로 타고난다고 생각하여 사람을 운명론에 가두기도 하고, 인위적인 노력을 통해, 즉 선한 행동을 통해 복을 얻는다고 생각하기도 한다. 그래서 복은 복 받으려면 효도하고 충성해야 하니 윤리적 기능의 역할을 하고, "첫 새벽 문을 열면 오복이 들어온다"라는 속담에서 보듯이 부지런함을 강조하기도 한다. 이렇듯 복에 대한 인식은 종교적인 삶에도 많은 영향을 미칠 수밖에 없는 것이다.

오복은 타고나기도 하고 선한 행동으로 얻는다

수복은 건강한 삶에 관한 것으로, 인간의 웰리빙과 관계된 복이다. 웰리빙은 잘 사는 것이고, 수복을 가진 사람이 건강하게 오래 살 수 있는데, 수복은 태어나서 오래 사는 복을 말한다. 한국인은 태어나면서 장수하는 복도 타고나지만, 충분한 삶을 살고 임종을 맞이하는 죽음 복도 타고난다고 믿는다. 그런가 하면 잘 살려면 건강한 삶을 위해 노력해야 하고, 잘 살아야 오래 살 수 있다고 생각한다. 무엇보다도 옛날이나 지금도 오래 사는 것을 큰 복으로 여겨왔음을 볼 수 있다. 이렇듯 오래 산다는 것은 이승에 오래 머물러 있음을 의미하고, 저승보다도 이승의 삶이 더 가치가 있으며, 죽은 자보다 살아있는 자가 더 행복한 존재라고 생각해 왔다. 그것은 "개똥밭에 굴러도 이승이 좋다.", "땡감을 따 먹어도 이승이 좋다.", "거꾸로 매달아도 사는 세상이 낫다.", "산 개가 죽은 정승보다 낫다.", "큰 상여에 죽어가는 것이 헌 옷 입고 볕에 앉아 있는 것만 못하다." 등의 속담이 잘 설명해 준다. 인간이 태어나서 살 만큼 살다가 저승에 가는 것이 복중의 으뜸이라고 생각한 것이다. 의학이 발달하지 못한 농경사회에서는 태어나서 100일을 넘기지 못하거나, 회갑을 넘기지 못하고 죽는 경우가 많았다. 오늘날이야 의술이 발달하여 100세 시대, 120세 시대라는 말을 하지만, 여전히 건강하고 오래 살고자 하는 욕망은 변함이 없다. 이젠 우리는 수복이 단순히 오래 사는 것만을 지칭하지 않고, 건강하게 오래 잘 살다가 좋은 죽음을 맞이하는 것이 수복인 시대에 살아가고 있다. 여기서 좋은 죽음은 후회 없는 죽음이자 준비된 죽음이고, 모든 사람이 동의한 이별을 말한다.

식복은 음식에 관한 것으로, 인간의 건강성과 관계된 복이다.

식복은 음식을 먹을 수 있는 복을 가지고 태어나거나, 일상에서 먹을 기회가 많은 것을 말한다. 산모가 방바닥에 짚을 깔고 아이를 출산하려는 행동도 아이의 식복을 기원하기 위함이었다. 그것은 짚이 쌀과 관계있는 식복의 상징이고, 아이의 식복은 짚자리를 통해 타고난다고 생각하는 믿음에서 비롯된 것이다. 음식의 문화사적인 측면에서 보면 고대사회는 조, 기장, 수수가 주식이기에, 영양분이 풍부한 쌀과 밀로 만든 음식이 복된 음식으로 인식되었다. 그래서 쌀과 밀의 음식은 지배계층에서 가장 먼저 먹기 시작하고, 쌀과 밀의 생산이 증가하자 밥과 빵이나 국수 등은 주식으로 자리 잡은 것으로 보인다. 하지만 오늘날은 건강하게 살 수 있는 웰빙 음식을 복된 음식으로 생각하고, 이 음식이야말로 오래 사는 것에 영향을 미치기에 식복은 수복의 근원이 된다. 먹을 복이 많아야 잘 살고, 잘 살아야 오래 살 수 있다. 음식그릇이나 수저에 복의 글자를 새기는 이유도 식복을 기원하기 위함이고, 음식을 먹는 입은 식복에서 가장 중요한 역할을 하는 신체 부위로 여겨진다. 인간의 진화 과정에서 입이 제일 먼저 생겼는데, 태아의 입이 초기에 형성된다. 무엇보다도 입은 육체라는 감옥을 봉하거나, 외부로부터 새로운 것을 받아들인다. 그래서 입은 육체에 이르는 문이고, 우리가 세계와 만나는 지점이기도 하다. 음식을 먹는 곳이자 언어를 사용하는 곳이 입이고, 음식을 먹는 모습과 입의 모양, 입술과 입가 등을 통해 식복을 해석하기도 한다. 예컨대 먹는 것을 보고 '복스럽게 먹는다'며 칭찬하기도 하고, '복이 달아나겠다'고 꾸짖기도 한다. 이처럼 음식을 맛있게 먹어야 복이 온다고 생각하여 음식 먹는 자세 또한 중요하게 생각해 왔다.

재복은 돈과 물질에 관한 것으로, 인간의 경제성과 관계된 복이다. 인간은 경제적 존재로서 삶의 넉넉함에는 정신적인 것도 중요하지만 물질적인 요소가 크게 작용한다. 가령 “가진 돈이 없으면 망건 꼴이 나쁘다.”, “돈이 없으면 적막강산이요, 돈이 있으면 금수강산이라”, “돈만 있으면 개도 멍첨지가 된다”라는 속담에서 보듯이, 가난을 벗어나고 재복을 추구하려 한다. 가택신앙에서 두꺼비, 거북이, 구렁이는 재복을 지키는 동물로 믿어왔는데, 이 동물이 재복을 지키는 업業이라고 생각하고, 집 밖으로 나가지 못하도록 했다. 구렁이가 집 밖으로 나가면, 재복을 가지고 나가 머지않아 가세가 기울어진다고 믿는 것이다. 집안에 새 식구가 들어오거나 태어난 뒤 집안이 번창하면, 그 사람을 ‘업둥이’라 부르고, 행운의 사람으로 간주하여 귀하게 대접한다. 이처럼 재복을 지키는 신은 가정에만 있는 것이 아니라 마을에도 있다. 마을의 재복을 지키는 신은 두꺼비 바위나 거북바위이고, 마을마다 이러한 동물바위가 많은 것도 재복의 관념에서 비롯된다. 이처럼 재복은 물질적으로 넉넉함을 말하고, 흔히 재복 있는 사람을 부자라고 말하거나 잘 사는 사람이라고 말하기도 한다. 여기서 부자와 잘 사는 사람은 다르다. 부자이면서 못사는 사람이 있고, 잘 사는 사람이 가난한 사람도 있기 때문이다. 우리는 부자이면서 돈을 제대로 쓰지 못한 사람이 있는가 하면, 가난하면서도 돈을 잘 쓰는 사람을 만날 수 있다. 오늘날 재복 있는 사람은 부자이면서 돈을 잘 사용하는 사람이라고 말한다면, 과연 재복이 있는 사람이 몇 명이나 있을지 궁금하다. 중요한 것은 재복이 식복의 근원이 되기에, 예나 지금이나 잘 먹으려면 경제적 넉넉함이 있어야 한다는 사실이다.

인복은 사회적 관계에 관한 것으로, 인간의 사회성과 관계된 복이다. 인복은 행운을 부르는 강력한 힘이다. 인간은 사회적 존재로서 인복은 사람을 잘 사귀고 사귄 사람들에게 도움을 받는 것을 말한다. 농경사회에서 집안을 번창하게 한 업둥이는 재복의 상징이지만, 인복의 상징이기도 하다. 인복이 있어야 좋은 사람을 새 식구로 맞이할 수 있고, 좋은 사람이 태어날 수 있다고 생각한 것이다. 흔히 "부모 복이 없는 사람은 자식 복도 없다"거나, "남편 복 없는 사람은 자식 복도 없다"라는 속담에서 보면, 가정에서 배우자 간의 좋은 만남은 말할 것도 없고, 자식이 좋은 부모를 만나는 것이나, 부모가 착한 자식을 만나는 것도 큰 복이라고 생각한다. 이것은 가족과 관계있는 인복이지만, 그보다도 더 중요한 것은 조직사회나 공동체와 관계된 인복을 말하는 경우가 많다. 우리는 사회활동 하면서 좋은 사람을 만나 소망을 이루고, 소기의 목적을 달성할 수 있는 경우가 많기 때문이다. 개인의 공동체 생활은 사회성을 갖게 해 주고, 사람들과 좋은 관계를 맺어 삶의 넉넉함과 원하는 삶을 만드는 데 중요한 역할을 한다. 그런 점에서 나와 공동체의 관계는 어떻게 해야 하는지 고민하는 것이 중요하고, 인간관계를 원만하게 하려면 공동체의 관계가 필요하며, 그것은 사회성을 바탕으로 한 물질적 삶의 넉넉함을 갖게 해 준다. 이렇듯 재복 있으려면 인복이 있어야 하고, 인복은 재복 형성의 기반이 된다.

관복은 명예와 사회적 위치에 관한 것으로, 인간의 정치성과 관계된 복이다. 인간은 정치적 존재로서 관복을 소망하는데, 관복은 인간이 태어나 출세하여 벼슬을 갖는 복을 말하고, 성공한 사람으로서 사회적 지위를 얻고자 하는 복이다. 농경사회의 가부장적이고 권위주의 시대 남성은 관리가 되는 것이 지상 목표였다. 관리가 되는 것은 한 집안의 가장 역할을 하고, 가문을 일으킬 수 있었기 때문이다. 결혼식에서 신랑이 관리의 복장을 하고 결혼한 것도 관복을 얻고자 위함이다. 남자로 태어나 학식을 쌓고 덕망을 쌓아 남의 공경을 받고, 존귀한 존재가 되더라도 관리가 되지 못하면 성공한 인생이라고 말하지 않았다. 그래서 오직 관리가 되어야 하고, 이를 위해서는 모두가 인정하는 사회적 직함을 가져야 한다. 여기서 관리는 성공한 사람의 상징이고, 오늘날에도 다를 바 없다. 비록 사회적인 위치가 관료나 정치인에 한정되지 않고, 경제인, 의료인 등 전문직 종사자를 비롯해 연예인 등으로 확대되고 있지만, 무엇보다도 사회적 영향력을 미칠 수 있는 사람을 성공한 사람이라 말하는 경우가 많다. 즉 사회활동에서 어느 정도 힘을 행사할 수 있는 위치에 있고, 승승장구하는 삶을 살아야 성공한 사람으로 인정하는 것이다. 이처럼 각 분야에서 성공한 사람의 상징인 관복은 인복과 재복, 식복과 수복에도 많은 영향을 미친다.

행복은 긍정적인 마음 상태이다

행복은 삶의 에너지가 충만한 긍정적인 마음의 상태이다. 오늘날 각 지역이나 나라마다 행복 지수의 순위에 관심이 많다. 무엇보다도 행복 지수 평가에는 사회적 지원, 개인의 자유, 부패 정도, 건강한 수명 등이 많은 영향을 미친다. 이러한 평가에 따르면 한국은 2023년도에 57위를 차지한 것으로 알려지고, 불행하게도 한국은 경제성장에 비하면 행복 지수는 반비례한다. 게다가 자살률이 급등하면서 행복의 관심은 더욱 많아지는 추세이다. 다시 말하면 일상생활에서 삶의 고통을 토로하는 불행 담론이 적지 않지만, 보람이나 즐거움, 행복감을 내세우는 행복의 담론이 점차 증가하고 있다. 이에 따라 정부는 정책을 수립할 때 행복 지수를 활용하고, 국가 성장의 지표로 삼기도 한다. 정책에서 사용하는 행복이라는 말과 비슷한 용어로 '삶의 만족도', '웰빙'과 같은 단어가 사용되지만, 각기 다른 개념을 지칭한다. 예컨대 웰빙은 즐거움을 성취하고 고통을 멀리하는 개념으로 사용하고, 삶의 의미와 자아실현 정도를 지칭하는 개념으로 사용한다. 그래서 행복이란 충분한 만족과 기쁨을 느끼는 삶의 상태이고, 혹은 욕구나 욕망이 충족되어 충만한 삶의 상태라 할 수 있다.

행복의 담론은 일상생활이 노동에서 여가생활 중심으로 변화되면서 등장한다. 농경사회는 여가생활과 노동이 단절되지 않고, 신앙생활, 의례 생활도 분리되지 않았다. 하지만 산업사회에 진입하면서 일상적 삶에서 노동과 여가생활이 분리되기 시작하고, 모빌리티사회에서는 노동을 마친 후의 여가생활이 더욱 확대된다. 그러면서 산업사회의 생활 수준 향상으로 생존의 압박에서 벗어나고, 모빌리티사회에서는 인정과 자아실현의 욕구를 추구하려는 경향이 증가한다. 이러한 환경 속에서 행복의 담론은 삶의 질적인 측면을 강조하고, 탈물질주의적 가치관의 관심이 증가하면서 등장했다. 덧붙이자면 행복의 담론은 산업화에 따른 경제성장이 절정에 달한 1980년대부터 시작하고, 2000년대 초반부터 온라인 세대가 사회 전면에 등장하면서 행복 담론이 부각한 것이다. 행복 담론은 복을 추구하는 관념과도 밀접한 관련이 있다.

행복 담론은 운명학에 대한 많은 관심을 증가시키는 배경과도 무관하지 않다. 오늘날 복이라는 말은 운, 행운, 부의 개념과 같이 사용하는 경우가 많다. 정회도의 『운의 알고리즘』에 의하면, 운으로 금전, 건강, 인간관계, 가족, 명예 등의 영역으로 나누고, 현명하게 살려면 각각 영역별로 나누어 20%씩 균형을 맞추는 것이 바람직하다고 한다. 이는 전통적인 복의 영역에서 크게 벗어나지 않음을 볼 수 있다. 그런가 하면 복을 해석하는 것을 체계화하여 운명학이라는 관점에서 접근하기도 하는데, 이서윤의 『오래된 비밀』에 의하면, 운명학의 본질은 사람의 내면에 잠들어 있는 행운을 깨워서 잠재력을 최대한 발휘하는 인생을 살 수 있도록 돕는 것이라 한다. 여기서 운은 보편적인 체계 안에서 일정한 법칙에 따라 움직이는 과학의 세계이고, 중용과 조화를 기본 사상으로 삼는 것이 운명학이다. 인간은 영혼, 마음, 이성, 육체로 구성되어 있고, 4가지 영역이 모두 건강한 상태가 이상적인데, 무엇보다 중요한 것은 몸과 마음이 통합적 관계를 유지하는 것이다. 그래서 운명학은 인간이 겪는 천지 만물의 변화를 체계적으로 설명한 과학의 세계라고 말한다. 이것은 복의 후천적 기원설에 근거하여 운을 해석하고, 운명 데이터에 근거하여 복을 해석하려는 데서 비롯된다.

가족의 변화와 초핵가족의 증가는 무엇을 의미하나

가족은 문화 형성의 기본 토대이다

가족은 인간의 뇌를 성장시키는 출발점이다. 뇌는 기본적으로 가족과 친구의 우호적인 사회환경 속에서 성장하기 때문이다. 인간은 태어나면서 촉각과 후각을 통해 엄마를 기억하고, 시각과 청각을 통해 사물을 인지하는 능력을 키워나간다. 모든 감각기관을 활용하여 끊임없이 정보를 수집하고 해석하면서 성장하는 곳이 가정이고, 그곳엔 가족이 있다. 그리고 뇌는 주변의 친인척을 비롯한 친구들의 관계 속에서도 성장한다. 다시 말하면 뇌의 성장은 가족을 중심으로 이루어지고, 나와 관련된 다양한 사람들의 관계 속에서 진행된다는 것이다. 그것은 개인의 기억력을 증가시키고, 공동체의 정서적 공감과 집단적 사고를 증가시키며, 상상적 세계를 펼쳐가는 데 중요한 역할을 한다. 일반적으로 뇌는 6세에 성인 뇌의 90% 정도가 성장하고, 12세에 완성되는 것으로 알려져 있다. 이처럼 뇌의 성장에서 가족이 무엇보다도 중요하고, 운명학에서는 가족을 재산, 감정, 가치관 등 여러 측면과 연결하여 해석하기도 한다.

가족은 문화 형성의 기본 토대이다. 가족은 한 세대에서 다음 세대로 하나의 전통을 계승시키는 데 중요한 역할을 한다. 가족은 문화를 전승시키는 토대가 되고, 사회의 관습이나 도덕, 법률 등의 제도가 형성되는 근원이기 때문이다. 문화는 기본적으로 가족을 중심으로 형성되고 지속된다. 그래서 가족은 문화적 전통을 이어가는 가장 작은 규모의 혈연공동체라고 말한다. 가족주의적 혈연공동체는 통합과 사회화를 통해 지연공동체로 발전하고, 그것은 마을이나 지역, 국가로 발전하는 기반이 된다. 이처럼 가족을 매개로 마을이 형성되고, 도시가 형성되어 더 큰 국가를 이루게 된다. 그런 점에서 가족은 문화 형성의 기본 토대이고, 사회를 형성하는 최소 단위이자 기초 조직이라 할 수 있다. 그래서 가족에 대한 이해를 한 사회를 해석할 수 있는 가늠자로 삼아야 할 이유가 여기에 있는 것이다.

가족은 최소의 혈연공동체이다. 가족은 부모와 자녀로 구성되고, 기본적으로 혼인을 통해 이루어지는 것이 일반적이다. 부모는 혼인으로 자식을 낳아 그 지위를 획득하고, 자녀의 출생을 통해 가족을 구성한다. 그래서 혼인은 가족을 형성하는 기초가 되는 것이다. 최근 들어서는 혼인과 상관없이 가족이 구성되기도 하지만, 지금까지 가족은 혼인으로 맺어진 부부와 이들의 자녀로 구성되고, 혈연적인 의미를 지녀왔다. 가족은 일상과 가상의 삶을 공유하는 생활공동체이고, 정서적으로 강한 유대감을 갖는 집단이다. 본래 가족은 가家와 족族의 합성어로서 구성원의 개념이다. 집은 건조물이자 집 안이라는 공간적 개념을 지니고, 겨레는 집 안에 거주하는 무리라는 의미이다. 그러한 까닭에 가족을 다른 말로 식구食口라 하고, 식구는 먹는 입을 가진 사람을 말한다. "우리 집에는 식구가 별로 없다." 혹은 "다섯 식구 먹기에는 너무 많다." 등의 표현에서 보면, 식구라는 말에는 동거인의 개념을 지니고 있다. 이뿐만 아니라 가족은 가구와 세대라는 말과 유사하게 사용하기도 한다. 가구家口는 주거와 생계를 공유하는 집안의 식구이고, 독신으로 주거를 가지고 단독생활하는 사람도 가구이며, 가족과는 큰 차이가 없다. 하지만 세대는 주거와 생계를 독립적으로 함께 하는 사람을 말하고, 혈연적인 관계가 없는 동거인도 포함된다는 점에서 차이가 있다. 오늘날에 이르러서는 가족의 개념이 세대의 개념으로까지 확대되어 가는 추세이다.

핵가족과 수정확대가족이 증가한다

가족의 형성은 역사 및 사회적 요인 등이 크게 작용한다. 특히 정착 생활을 바탕으로 한 주거방식이 영향을 미치기도 하지만, 생산과 관계있는 생업 구조 등의 물리적 기반이 중요한 역할을 한다. 가족은 농경사회라는 물리적 기반을 근거로 개념화된 것이다. 가정은 울타리라는 물리적 경계로 표시되고, 가족은 가정의 혈연적 구성원으로서 공동의 주거와 경제 활동을 함께 공유하는 구성원을 일컫는 말이다. 따라서 가족은 생태적 환경에 따라 그 대상이 달라지고 생활문화의 내용도 달라지기 마련이다. 기본적으로 가족은 자녀의 출산을 통해 가족의 구성원이 증가하고, 자녀의 분가나 부모의 사망을 통해 감소한다. 지금까지 가족은 역사 및 사회적 요인 등에 따라 다양한 형태를 지녀왔는데, 거주 형태에 따라 부부가족, 직계가족, 대가족, 수정확대가족으로 나누고,

가족 수에 따라 대가족, 소가족으로 나누며, 관계에 따라 직계가족, 방계가족으로 나누기도 한다. 일반적으로 부부가족은 핵가족으로 알려진 소가족이고, 직계가족은 부부와 장차 가계를 계승할 아들의 가족으로 구성된다. 대가족은 할아버지를 중심으로 아버지 형제들과 그 부인들, 그 부부들의 자식들과도 함께 사는 가족을 말한다. 하지만 오늘날 새롭게 등장하는 수정확대가족은 가족을 지탱해 주는 경제 환경과 주거 조건이 일치하지 않는 데서 생겨나는 변형된 가족 형태이다.

핵가족은 부부와 혼인하지 않은 자녀로 구성된 가족이다. 핵가족은 그 규모가 5인 이하의 가족이 많고, 농경사회보다는 산업사회의 특성에 잘 부합하는 가족 유형이며, 농촌보다는 도시의 전형적인 가족 형태가 되었다. 핵가족이 대가족이나 직계가족과 다른 점은 부모의 직업을 계승하는 경우가 많지 않다는 점이다. 핵가족은 어느 사회나 가장 기본적인 가족 형태이고, 오늘날까지도 농어촌이나 도시에서도 가장 많이 나타나며, 한 쌍의 부부와 미혼자녀만 존재하는 것이 특징이다. 핵가족은 농촌인구의 도시 이동과 1960년대부터 가족계획사업이 추진되고, 70년대 이후 산업화가 진행되면서 빠르게 증가해 왔다. 2010년 통계청의 인구주택총조사에 의하면, 전체 핵가족이 차지하는 비율이 1980년 72.9%, 1990년 76.0%, 2000년 82.0%, 2010년 82.3%로 나타난다. 무엇보다도 부부만으로 구성된 핵가족이 증가하고, 출산율이 2015년 1.24명에서 2023년 0.72명으로 급감하는 것도 핵가족 사회를 더욱 강화할 것으로 보인다.

직계가족은 각 세대의 한 쌍 부부만이 존재한 가족이다. 직계가족의 구성은 아버지 부부와 아들 부부, 그 자녀들로 이루어진다. 가족의 범위가 횡적으로 제한되고, 종적으로 제한되지 않는다. 대계 직계가족은 아버지 부부와 장남 부부로 구성되는 경우가 많고, 차남이 결혼하면 분가하며, 세대 간의 부부는 제한되지 않는다. 그래서 장수한 가정에서는 할아버지, 아버지, 아들, 손자 부부도 함께 살 수 있다. 농경사회에서는 일찍 결혼하는 조혼의 풍습이 있었고, 고손자까지 함께 사는 경우가 가능해 4대가 함께 살았으며, 이것은 집안 제사를 4대조 조상까지 모시는 이유가 되었다. 5대조 이상은 선산에서 시제로 모신다. 장남은 직계가족을 이어가고, 그 여타의 자녀들 부부는 분가하여 방계가족을 이룬다. 우리는 흔히 직계의 장남 집을 '큰집'이라고 부르고, 방계의 차남 이하의 집을 '작은집'이라고 부른다.

대가족은 종적인 세대 수의 제한이 없는 가족이다. 대가족은 가족의 범위가 종적으로 횡적으로 무한정 확산하는 속성을 가지고 있다. 하지만 가족의 수가 가정마다 다르겠지만, 최소한 3세대 가족이면서 6인 이상의 가족을 말한다. 고모나 삼촌 등의 친족 명칭은 대가족에서 형성되었고, 대가족은 남성 중심의 수직적 관계를 통해 질서화되었다. 특히 17세기 후기에 주자학이 양반은 물론 서민층까지 확대 보급되자, 반친영제의 정착은 수직적이며 부계 중심의 질서를 강화하였다. 반친영제는 신랑이 결혼하여 처가에 머무르는 기간을 단축하는 제도이다. 이것은 일상생활의 의사소통 방식이 수직적 구조 속에서 이루어지는 배경이 된다. 대가족은 농경사회의 노동력을 확보하려는 의도가 반영되고, 유교적 이념의 반영에서 비롯되는 가족이다. 무엇보다도 중요한 것은 대가족을 유지할 수 있는 경제적 기반의 뒷받침이 있어야 가능하다는 점이다.

수정확대가족은 거주 공간이나 경제적 활동이 각각 분리된 가족이다. 이것은 부부가족도 아니고 직계가족도 아닌 변형된 가족 형태이고, 부모가 독립하여 거주하고 있지만, 장남에게 생활비 등 경제적인 지원을 받거나, 같은 거주 공간에서 식사를 비롯한 경제생활을 각각 독립적으로 유지하는 가족을 말한다. 외형적으로는 수정확대가족이 대가족에 대한 향수를 충족하고, 핵가족의 한계를 극복하려는 심리적 가족공동체로 보인다. 하지만 현실적으로 육아 문제를 해결하고, 경제적 결핍을 보완하려는 인식에서 비롯된 경우가 많다. 농촌에서 노부부가 핵가족의 형태로 살고, 자녀 부부는 도시에서 각각 생활하면서 경제적으로 지원하지만, 명절이나 휴가 기간에 일시적이나마 도시나 농촌에서 대가족 형태로 통합하여 생활하기도 한다. 그런가 하면 도시에서는 단독주택의 1층과 2층으로 구분하여 시부모와 아들 내외가 각각 살거나, 아파트에서는 앞집이나 위층에 시부모가 살기도 한다. 이는 모두 주거생활은 독립되어 있으나 경제생활이 그렇지 않은 경우이다. 그렇지만 핵가족의 형태로 독립적으로 생활하면서 대가족의 심리적 울타리를 확대하여 사는 가족도 있다. 이것은 가정의 물리적 경계를 극복하고, 심리적 공감장으로 통합하려는 의도에서 비롯한다. 예컨대 부모와 자녀 혹은 형제들 가족이 같은 아파트 단지에 모여 사는 경우가 늘고, 부모로부터 가까운 곳에 모여 사는 가족이 늘고 있는데, 이것 또한 수정확대가족의 하나인 셈이다.

친척과 문중의 혈연적 유대관계가 약화된다

친척은 가족이 확장된 혈연집단이다. 흔히 친척은 친족과 인척을 지칭하는 말로 사용한다. 친족으로서 혈족은 혈연관계를 맺고 있는 사람으로, 부모와 자식 관계를 비롯한 형제자매관계를 말하고, 인척은 혼인을 통해 맺는 사람을 말한다. 예컨대 조부모, 부모, 고모, 이모, 삼촌, 사촌, 조카 등은 나와 핏줄로 연결된 혈족이지만, 외숙모, 고모부, 이모부 등은 나와 핏줄이 다른 인척이다. 여기서 친척의 멀고 가까움의 관계를 측정하는 단위가 촌수寸數인데, 촌수는 부모와 자식의 관계는 1촌이고, 형제간은 2촌이다. 즉 수직적이고 종적인 관계는 1촌을 더하고, 수평적이며 횡적인 관계는 2촌을 더하는 방식으로 촌수를 계산한다. 삼촌은 아버지 형제로, 나와 아버지 관계 1촌에 아버지 형제이니 2촌을 더하면 된다. 사촌은 삼촌의 자녀이니, 3촌에 1촌을 더하면 된다. 그렇다면 나와 할아버지는 몇 촌일까요? 바로 2촌이다. 일반적으로 친척은 농경사회에서는 아버지 중심으로 확대되었지만, 산업사회 이후에는 오히려 아버지보다는 모계의 범위가 더욱 확대되는 추세이다. 그것은 가족의 생활환경과 밀접한 관련이 있고, 신모계주의가 등장하는 기본 토대가 되기도 한다.

성씨는 친척에서 혈통의 관계를 나타내기 위한 수단이다. 성씨는 집안의 계통을 호칭하는 방법으로 등장하는데, 성씨는 삼국시대만 해도 지배계층에서만 사용했으나, 고려 시대에는 귀족 관료들도 성씨를 사용하기 시작하고, 조선 초기에는 양민들까지도 사용하게 된다. 그러다가 조선 후기에는 노비나 천민들도 사용하기 시작하면서 성씨의 사용이 보편화된 것이다. 통계청에 의하면 2023년 기준 대한민국의 성씨는 총 5,582개이고, 인구 10만 명

이상인 성씨는 282개라고 한다. 이러한 성씨를 좀 더 세분한 것이 본관本官이다. 본관은 인구가 증가하면서 같은 성씨만으로 조상을 구분할 수 없게 되자, 조상들의 출생지나 정착지를 성씨 앞에 붙이는 데서 유래하였다. 예컨대 김씨 중에서도 김해김씨, 광산김씨 등으로 구분하고, 전주이씨, 경주이씨 등을 구분한 것이다. 또 같은 본관이라도 집안 간의 위계를 체계화하고, 우월의식을 갖도록 구분할 필요가 있는 경우 파派를 사용하기도 한다. 대개 조상 가운데 유명한 학자나 고관 혹은 동성마을의 입향조 경우, 그분의 이름이나 시호를 파의 이름으로 사용한다. 이를 파 시조라고 부른다.

족보는 한 가문의 혈통 관계를 기록한 책으로, 보첩譜牒이라고도 한다. 현존하는 가장 오래된 족보는 1476년에 편찬된 『안동권씨세보安東權氏世譜』로 알려져 있다. 족보는 성씨, 본관, 파라고 하는 씨족 간의 동류의식을 강화하고, 파별 간의 질서를 기록한 것이 족보이다. 그래서 족보는 시조를 중심으로 현재 생존한 후손까지 계보를 기록하고, 조상과 나의 혈통을 연결해 주는 역할을 한다. 조선 초기만 해도 아들과 딸이 모두 족보에 기재되지만, 조선 후기로 갈수록 딸은 대체로 기재되지 않는 경우가 많아졌다. 흔히 족보는 가문의 권위를 나타내고 우월감을 나타내기 위해 편찬되고, 임진왜란 이후에는 신분 상승의 도구로 사용하기도 했다. 일반적으로 족보를 편찬하는 일은 문중이 담당한다. 문중은 성씨나 본관 또는 파를 같이하는 부계 혈통의 집단으로, 친척의 확산형이고, 본관과 성씨를 그 표시로 한다. 문중은 5대조 이상 조상들의 시제를 봉양하고, 시제는 대외적으로 문중을 과시하는 기회이기도 하지만, 무엇보다도 문중 혈족집단의 단합을 도모하는 계기가 되기도 한다.

장수하는 시대에 초핵가족이 증가한다

초핵가족은 친척, 성씨, 문중 등 혈연적 유대관계를 중시하지 않는다. 오늘날 핵가족의 증가와 초핵가족의 등장은 가족의 많은 변화를 초래한다. 무엇보다도 농경사회의 가족 개념을 수정해야 하고, 친척이나 문중의 집단의식 약화를 들 수 있다. 기본적으로 가족은 최소한 한 쌍 이상의 부부로 구성되는데, 핵가족은 한 쌍의 부부로 구성된 가족이고, 초핵가족은 결혼 적령기를 넘긴 비혼주의자나, 사별과 이혼으로 인한 1인 가구의 가족을 말한다. 비혼자가 증가하고, 장수 시대에 혼자 살아가는 가족이 늘고 있으며, 1인 가구를 구성하는 경우가 많아지고 있는 것이 현실이다. 특히 초핵가족은 친척, 성씨, 문중 등 혈연적 유대관계를 중시하지 않고, 개인 중심의 생활문화를 더욱 중요시한다는 점이다. 이들은 사회활동에서 오랜 인간관계는 부담으로 느끼고, 오히려 다양하고 새로운 유형의 관계를 찾아 나서고자 한다.

초핵가족은 자기만의 세계관을 갖고 살고자 한다. 초핵가족은 국가주의적 세계관이나 혹은 공동체적 질서나 가치에는 관심이 없다. 그래서 이에 근거한 삶이나 대화에서 상호 간의 이해를 더욱 어렵게 만들기 마련이다. 농경사회에서 대가족과 직계가족의 역할이 중요했다면, 모빌리티사회에서는 핵가족이 더욱 견고해지고, 초핵가족이 빠른 속도로 증가하는 것을 볼 수 있다. 이젠 가족문화가 수직적이며 종속적인 관계가 아니고, 서로 존중하며 수평적으로 대등한 새로운 관계를 요구하는 시대가 된 것이다.

부모와 자식의 관계에서도 대등함을 강조하고, 부모의 권위와 자식의 효도를 요구하지 않는 새로운 패러다임이 필요하다. 무엇보다도 가족주의로서 혈연적 가장의 권위가 더는 지속하기 어렵다는 사실이다. 엄한 아버지와 자상한 어머니의 모습, 그리고 심청이 같은 헌신적인 효도를 기대하거나, 큰딸이 살림 밑천이라는 관념에서 딸의 희생을 강요하는 시대가 아니라는 점이다. 따라서 수직적이지 않고 수평적인 가족 관계가 필요하고, 자녀가 성인이 되면 독립적으로 생활하도록 출가시키는 것이 바람직하다는 것을 말하고 싶다.

초핵가족은 가족의 개념과 구성을 변화시킨다. 초핵가족은 인간의 삶을 공동체보다도 개인 중심으로 바라보게 하고, 특히 비혼과 비출산의 증가는 생활문화의 변화 요인으로 작용하고, 가족주의에서 동반자적 가족의 개념으로 확대하는 데 중요한 역할을 한다. 의학의 발달이 장수하는 시대를 가져오고, 기대수명은 1970년도에 62.3세이고, 2023년도에는 82.7세로 20년이 증가하였다. 이것은 초현대식 의료시설구축과 건강관리시스템의 구축이 과거보다 오래 살고 젊게 사는 인간을 증가시킨 것이다. 또한 사회의 분화에 따라 전통 가족보다는 혼자 사는 가족이 증가하고, 의인화된 사물을 가족의 동반자로 등장시키고 있는데, 반려동물(애완동물)을 비롯한 AI 인공지능 등이 그 예이다. 정리하자면 비혼인, 비출산, 장수하는 인간, 동반자의 증가는 수평적 관계를 지향하는 생활문화를 형성하게 만든다는 것이다. 여기서 수직적인 인간관계가 일방적이고 권위적인 소통방식에 의해 이루어지지만, 수평적 인간관계는 양방향의 의사소통 속에서 지위나 나이에 상관없이 평등하다. 수평적 인간관계 속에서 가족은 혈연 중심의 가족을 넘어선 다양한 방식으로 가시화되며 재구성되어 간다. 그것은 1인 가구 증가와 비혼의 장기화가 크게 영향을 미친다.

가족의 개념이 정서적 공감장으로 확대된다

가족의 개념이 가족주의 물리적 경계가 아닌 정서적 공감장으로 확대된다. 일반적으로 변화는 눈앞에 있는 좋은 것과 나쁜 것을 구분하지 않고, 삶의 흐름 그 자체를 반영하는 경우가 많다. 그래서 변화 속에서 내가 준비하면 기회가 되고, 그렇지 않으면 위기가 된다는 것이다. 위기를 극복하고 일상생활을 혁신하려면, 변화에 대한 수용성이 뛰어나야 하고, 무엇보다도 삶의 태도가 가변적이며 유연해질 필요가 있다. 김순남의 『가족을 구성할 권리』에 의하면, 가족의 변화는 비혼, 고령화, 고독사, 가족파산, 저출산 등에 의해 그 어느 때보다도 빠르게 진행된다고 한다. 특히 1인 가족이 2022년도를 기준으로 34.5% 비중을 차지한 1,000만인 시대가 되었고, 여기서 1인 가족과 비혼의 증가는 결혼과 혈연이 아닌 전통적인 가족을 구성할 수 없게 만든다. 이것은 가족 구성을 가족주의적인 관계에서 벗어나 새로운 관계를 모색해야 함을 말해 준다. 가족의 구성원이 가족주의적 관계를 초월한 실질적인 삶에서 의지하는 관계, 즉 일상생활을 공유하고 동반자적 관계를 강조하는 시대가 되었음을 말한다. 반드시 전통사회 가족주의처럼 혼인을 통해서만 가족을 구성하지 않고, 사회적으로 구성되고 그 범주도 재구성할 필요가 있다는 것이다. 이젠 가족은 생계와 거주를 공유하고, 정서적인 연대를 공감할 수 있으면, 모두 가족이 될 수 있음을 인정해야 한다.

삶의 반려자이자 의인화된 동반자도 가족이다. 인간은 소속에 대한 기본적인 욕구로 많은 친구를 만들고 싶은 욕망이 있다. 그래서 인간은 전통적인 가족이 결핍되면, 반려동물이나 AI 인공지능과 끊임없이 공감을 나누고 공존해 가고자 한다. 인간은 외로움을 극복하기 위해 이들을 동반자로 인식하게 된다. 핵가족시대인 모빌리티사회에서 개인들의 활동반경은 전 세계로 넓어졌다. 그렇지만 시간이 단축되고 공간 이동이 빨라졌으나, 여전히 고독감과 외로움은 결코 해소할 수 없다. 그래서 인간과 사뭇 다른 모습임에도 반려동물과 AI 인공지능에 인간적인 감정이나 의도를 투사하여 의인화시킨다. 인간은 이들의 의인화 과정을 통해 가족으로 인식하고 수용한다. 반려동물은 이미 가족이 되었고, 이젠 인간처럼 말하는 AI 돌봄 로봇도 1인 가구나 혼자 사는 어르신들에게는 가족이나 다를 바 없다.

비혼의 입양가족과 동거가족도 가족이다. 혼인과 혈연관계는 아니지만, 주거와 생계를 공유하고 있기 때문이다. 비혼의 입양가족은 2006년 12월 입양 관련 법 개정으로 제도화되었지만, 친구나 연인 등이 서로 돌보며 함께 사는 동거가족도 가족으로서 관심을 가져야 한다. 오늘날 등장하고 있는 대안 가족과 협력가족도 마찬가지이다. 비혼이나 이혼 후 마음에 맞는 사람들이 한 건물에 모여 살거나, 독립을 위해 자립을 준비하는 청년들이 함께 살고, 농촌의 할머니들이 일상적으로 마을회관에서 공동생활하는 경우가 많다. 이들은 서로 가족으로 인식하지만, 사회적으로는 가족으로 인정받지 못한다. 오늘날 농촌 할머니는 노인회라는 마을공동체의 구성원이지만, 마을회관에서 식구로서 생활하는 것은 분명 가족의 모습이다. 이러한 공동생활의 모습은 노인의 빈곤과 고독사 문제를 해결하는 데도 중요한 역할을 한다. 그런 점에서 가족이라는 측면에서 관심을 가질 필요가 있는 것이다.

한국인으로서 우리와 공간 경계인 울타리의 관계는

우리는 가족의 경계인 울타리 울에서 비롯되었다

우리는 동질적 집단을 일컫는 말이다. 동질적 집단은 사람 간의 공통 분모가 있는 집단으로, 생물학적 동질 집단인 가족과 같은 혈연집단이 우리이고, 공간적 공통 분모로서 고향의 지연집단이 우리이다. 즉 우리는 생물학적이든 공간적이든 공통 분모로서 공동체적 개념이라 할 수 있다. 해외에 거주하는 동포는 우리가 한국인이고, 한국인을 우리라는 말로 사용하는 경우가 많은데, 오늘날 한국인의 범주를 확장해야 한다는 시대적 흐름이 있고, 이에 따라 우리의 범주를 확장하자는 의견들이 많아지고 있는 것도 현실이다. 지금까지는 민족적인 측면에서 한국 출신의, 한국 국적의, 대다수의 같은 외양을 가진 사람만을 한국인이라고 인식해 왔다. 하지만 한국에서 출생한 외국인, 한국 국적의 다문화 가정의 이주민, 한국에 동화되어 정착한 귀화인, 단일민족주의적 외양의 모습과 다른 한국인 등도 모두가 '우리'에 포함된 사람들이라는 점에 관심을 가질 필요가 있다. 이젠 혈연적 개념이 아닌 공간적 공통분모 집단의 개념으로, 즉 우리가 생각하는 '우리'의 범주를 혈연집단에서 지연집단으로 확장해야 한다. 무엇보다도 중요한 것은 시대의 흐름에 따라 새로운 문화적 요소를 수용하고, 이를 위해 한국인의 삶과 문화를 확장해야 한다는 것이다. 그런 점에서 우리의 범주도 마찬가지이다. 이것은 과거엔 "우리가 중요하다"라고 강조했지만, 이젠 "내가 중요하다"라고 생각하는 세대가 증가하고 있는 환경에서는 더욱 그러하다.

인간은 충분한 삶의 공간을 확보하려는 욕구가 강하다. 대체로 동물들이 자기들의 영역을 표시하려는 것도 이와 같은 본능의 표현이라 할 수 있다. 가족은 물리적 경계인 울타리 안에서 거주하는 구성원으로, 울타리가 가족의 생활을 보호하고, 가족은 울타리의 많은 제약을 받기 마련이다. 가족의 구성원과 경제적 기반에 근거하여 울타리의 경계가 다르고, 울타리의 경계영역에 따라 가족의 수가 다를 수밖에 없다. 그래서 가족의 경계가 바로 울타리이고, 우리의 개념이 대가족의 울타리에서 비롯되지 않았을까 싶다. 우리는 울타리 안에 거주하는 할아버지든 작은아버지든 조카든 구분하지 않고, 모든 가족을 '우리 식구'로 불러왔다. 이처럼 우리는 구체적 대상을 구분하지 않고, 물리적 경계인 울타리 안에 거주한 모든 사람을 말한다. 그릇에서 그릇 안에 있고 밖에 있는 것이 구분되는 것처럼, 울타리 안의 사람과 밖의 사람도 차별화된다. 울타리 안의 사람은 가족으로서 친밀한 관계의 사람이고, 울타리 밖의 사람은 나와는 거리가 먼 남의 사람이다. 이것은 우리의 어원이 대가족의 경계인 울타리의 '울'에서 비롯되었음을 보여주는 지점이기도 하다.

우리의 개념은 나와 관계된 가족의 혈연적 구성원으로부터 비롯된다. 우리는 타인이 아닌 '나의 편' 의미를 지니고, 그것이 지연적 개념으로 확장한 것이다. 그래서 우리는 나와 관계된 모든 사람을 지칭하는 개념으로 사용해 왔는데, 즉 우리라는 말을 내가 소속한 집단이나 공간 등을 지칭하는 말로도 사용하였고, 그러한 예로 우리 집, 우리 식구, 우리 회사, 우리나라, 우리 동네, 우리 고향 등이 그것이다. 이것은 인간이 공동체를 지향하고 확장하려는 의도에서 비롯되었고, 공동체 지향 의식이 반영된 개념이 곧 우리임을 잘 보여준다. 우리가 경험하고 있는 울타리는 인간이 삶의 공간을 확보하여 가족을 보호하고, 가축을 지킬 수 있는 수단으로 만들어진 인공물이다. 그것은 울타리 안에 함께 거주하는 모든 생명체를 가족으로 인식하는 계기를 만들어 주고, 동물도 가족이고 우리가 될 수 있게 만들어 준다. 그런 점에서 사람뿐만 아니라 가축도 우리 식구가 될 수 있었음을 알 수 있다.

가정의 울타리가 있듯이 마을에도 울타리가 있다

가정마다 울타리가 있는 것처럼 마을에도 울타리가 있다. 우리가 생각하는 마을은 남쪽을 향하고 앞으로 기울어진 경사진 지형에 형성되어야 하고, 마을의 울타리가 배산임수와 좌청룡 우백호의 풍수적 조건을 갖춘 곳이어야 한다. 다시 말하면 마을은 뒤에 산이 있고, 좌우에 마을을 감싸는 산자락이 형성되어 있으며, 이러한 곳이 마을의 울타리라면 가장 이상적인 지형인 셈이다. 하지만 마을의 울타리로서 완전하지 못하고 지형적 결함이 있다는 것은, 예컨대 마을이 서쪽이나 북쪽을 향하고 있거나, 마을 뒤에 산이 없든지, 마을 좌우에 산자락이 없는 것은 울타리 역할을 할 수 있는 지형물이 없는 것과 같다. 그래서 마을 사람들은 이와 같은 풍수적 결함을 보완하기 위해 인공적 울타리를 조성하고, 그것은 바로 장승, 입석, 조탑, 짐대솟대, 나무숲 등이다. 여기서 울타리는 기본적으로 울타리 안의 구성원을 보호하고 지켜주는 역할을 하며, 신앙적인 대상으로 발전하기도 한다.

울타리는 출입구를 통해 다양한 의미를 형성하게 한다. 일상에서 출입구인 대문은 울타리 안과 밖을 연결하는 통로이고, 차단막이 역할을 한다. 일반적으로 집주인은 울타리 경계를 침범하지 않고, 대문으로 통행한 사람만을 정상적으로 대접한다. 그러한 까닭에 대문은 나들목의 역할을 하고, 울타리 안의 구성원에게 도움이 되는 것은 개방하며, 해를 끼치는 것은 차단하는 용도로 꾸며진다. 예컨대 조상님이나 귀한 손님을 맞이하기 위해 대문을 활짝 열어놓는가 하면, 잡귀의 출입을 제한하고 도둑의 침입을 막기 위해 대문을 굳게 닫는 것도 그러한 맥락이라 할 수 있다. 이처럼 가정의 대문이 있듯이 마을에도 대문이 있는데, 마을 안과 밖을 연결하는 대문은 마을 앞쪽에 위치하는 경우가 많다. 설사 마을 주변에 산이나 논밭으로 연결된 입구가 있더라도, 그곳이 마을 대문은 아니다. 오직 마을 앞쪽에 위치하고, 이웃 마을과 연결되는 주도로의 출입구가 있는 곳이 대문의 역할을 한다. 가정에서 대문에 차단막으로서 금줄 치듯이, 마을의 입구에도 금줄 친다. 일반적으로 마을 대문이 있는 곳에 정자나 당산나무가 있는 경우가 많고, 장승, 입석, 조탑, 짐대, 나무숲 등의 인공물을 세워 놓기도 한다.

마을의 울타리는 공동체 우리의 경계이다

장승은 마을 수호신이자 문지기이다. 대체로 장승은 마을 입구 양쪽에 남녀 한 쌍으로 세워지는 경우가 많고, 할아버지와 할머니 장승 역할을 한다. 장승은 지역에 따라 다른데, 평안도와 함경도에서는 당승이라 부르지만, 경기도와 충청도에서는 장승과 수살목이라 부르고, 그리고 영호남에서는 장승과 벅수라고 부르며, 제주도에서는 돌하르방이라 부르고 있다. 이러한 장승은 마을 입구나 도로변, 사찰 입구에 세워져 있는 경우가 많고, 재질에 따라 석장승과 목장승으로 구분되기도 한다. 여기서 석장승은 선사시대의 입석에 16세기 이후 성행한 풍수 사상이 반영되고, 무속, 도교, 불교의 신관이 혼재되어 형성된 것이다. 이에 비해 목장승은 청동기시대의 솟대와 삼국시대 이후 목각 신상이 결합하여 형성된 것으로 알려진다. 장승은 전국적으로 분포하고 있으나, 주로 백제 영역인 충청도와 전라도에 많이 분포한다는 것이 특징이다. 무엇보다도 석장승은 호남에 많이 분포하고, 이것은 제주도의 돌하르방과 몽골의 석인상과도 밀접한 관련이 있지 않을까 싶다.

입석은 마을의 문지기이자 울타리이다. 우리가 경험하고 있는 입석은 마을 대문이나 울타리 역할을 하는 곳에 세운 경우가 많고, 선돌, 선독, 짓독, 짐대 등으로 부른다. 대체로 입석은 고인돌과 같은 시기의 문화적 축조물이고, 선사시대의 거석 숭배의 대상으로서 오늘날까지 전승되고 있는데, 이러한 전통이 풍수 사상과 결합하여 다양한 기능을 수행해 왔다. 지금까지 전승되고 있는 입석은 묘지의 표석 혹은 남성 생식기 숭배와 밀접한 관련이 있고, 태양숭배의 상징물, 대지 숭배의 상징물, 불교의 대중화에 따른 비보사탑설 등 다양한 의미를 지닌다. 하지만 무엇보다도 현재 마을 입구에 세워진 입석은 대부분 풍수적 기능을 수행하는 경우가 많다. 이들은 마을의 출입구와 울타리가 풍수적 결함이 있고, 이를 보완할 목적으로 세운 것이다. 이것은 고려 시대에 지방 호족들이 풍수 비보 역할 하는 입석을 곳곳에 세운 것에서 확인할 수 있고, 주로 평야 지역에 많이 분포하고 있는 것이 특징이다.

조탑은 마을의 울타리 안 땅의 기운을 보완하기 위해 세운 풍수적 대응 방식이다. 지금까지 전승되고 있는 조탑은 돌로 쌓아 만든 누석단의 형태이고, 외형적으로 몽골의 오보나 강원도 서낭당의 형태와 유사하다. 다만 서낭당은 행인들이 지나가면서 돌을 얹어 점차 형태를 갖추어 가지만, 조탑은 완성된 탑이라는 점에서 차이가 있다. 무엇보다도 조탑은 서낭당과는 조성 목적이 다르고, 서낭당은 원혼을 위로하는 신앙적인 목적이 원초적이지만, 조탑은 땅의 기운을 보완하기 위해 풍수 목적으로 축조되었다는 점이다. 풍수에서 땅의 기운을 보충하는 방법은 다양하고, 불교의 탑을 세우거나, 산을 만들어 보충하는 방법, 돌을 세우거나, 나무를 심는 방법 등이 있다. 여기서 흙으로 만드는 것보다 돌로 축조하는 것이 효과적이라 말한다. 예컨대 화순 운주사에 수많은 천불천탑이 세워진 것도 이러한 이유 때문이다. 그곳이 풍수적으로 배 형국인 까닭에 땅의 기운을 보충하기 위해 천불천탑을 세운 것이다. 이러한 사찰을 흔히 비보 사찰이라 부른다. 이에 비해 마을에서는 조탑을 세워 땅의 기운을 보완하고자 했고, 장승처럼 음양 사상에 근거하여 한 쌍으로 세워진다. 그래서 할아버지와 할머니 탑이라 부르고, 할머니 탑은 마을 입구 당산나무가 있거나 정자 곁에 세운 경우가 많다. 주로 조탑은 평야 지역보다는 산간 지역에 많이 분포한다.

짐대는 마을의 수호신이자 화재맥이다. 짐대는 나무나 돌로 만든 새를 장대나 돌기둥 위에 올려놓은 신간으로, 마을 입구에 세워지는 경우가 많다. 짐대는 솟대라고 부르기도 하나, 대체로 지역에 따라서 솔대, 거릿대, 연신대, 별신대, 오릿대 등으로 부른다. 이러한 짐대는 북방 샤머니즘의 신간으로부터 전파되었다고 말하기도 하나, 짐대의 본질을 이해하기 위해서는 무엇보다도 짐대 위에 올려놓은 새의 실체를 파악하는 것이 중요하다. 새는 처음에 태양의 상징인 까마귀이었지만, 후대에 오면서 오리나 기러기로 바뀐 것이라 말한다. 이것은 본래 까마귀가 검은색의 사악함과 재앙을 예보하는 불길한 의미를 지녔고, 그 의미가 퇴색되자 풍요의 원리인 물과 관련된 새로 교체하였을 것으로 생각한 것이다. 그렇지만 짐대 위의 새는 본래부터 물오리이었을 수 있는데, 1987년 몽촌토성에서 발굴된 오리 모양의 나무 조각이 3세기 유물로 밝혀졌고, 그것은 짐대 위의 새와 같다고 말하기 때문이다. 여기서 중요한 것은 짐대 위의 새가 오리라는 점이고, 오리는 물과 관련된 새이며, 화재를 막을 수 있는 상징적인 새라는 점이다. 마을 사람들은 마을의 땅이 불의 기운이 강하거나, 마을 앞산이 불의 기운이 강해 자주 화재가 발생한다고 믿어왔다. 이를 극복하기 위해 짐대를 세우거나, 마을 입구가 북쪽이나 서쪽이면 잡귀를 물리치기 위해 세운 것이 짐대이다. 오리의 부리는 쪼아내거나 삼키는 기능을 수행하고, 이 때문에 잡귀를 물리칠 수 있는 역할을 한다고 생각한 것이다.

반려동물과 로봇이 우리 가족이 되는 시대이다

의인화는 우리의 감정과 경험을 비인격적인 사물에 투사한 것이다. 대체로 의인화는 사람과 동물의 관계 속에서 이루어지는 경우가 많다. 프란스트발의『동물의 감정에 관한 생각』에 의하면, 동물도 감정적 존재로서 인간 못지않게 다양한 감정을 표현하고, 감정 표현은 동물들의 생존에서 중요한 역할을 한다고 한다. 우리는 주변에서 동물의 감정 표현을 손쉽게 접할 수 있는데, 그것은 주로 반려동물을 통해서이다. 오늘날 반려동물을 키우는 사람이 증가하면서 동물권에 대한 인식이 높아졌다. 무엇보다도 그들과의 감정적 교류 경험이 많아지고, 반려동물은 이미 또 하나의 가족이 되었다. 동물을 의인화하는 대표적인 예가 바로 반려동물이다. 현대인은 끊임없이 자신이 기르는 반려동물에 관해 이야기하고, 때로는 자신의 가장 친한 친구로 삼기도 한다. 자신이 기른 반려동물이 어떤 행동을 하면, 그것을 인간의 말로 해석하여 감정을 읽어낸다. 그래서 인간이 서로 감정을 교류할 수 있는 반려동물이야말로, 나의 친구이자 우리 가족으로 생각하게 된 것이다.

우리는 동물을 의인화한 것처럼 로봇도 의인화한다. 장대익의『공감의 반경』에 의하면, 지금까지 의인화한 것의 공통점은 인간이 대상을 사랑하고 동정하는 마음에서 비롯된다는 점이다. 인간이 무언가를 사랑하고 동정할 수 있는 것은 공감 능력을 함께 공유한다는 것을 의미한다. 공유하는 대상이 친구이자 가족이고 동반자로 생각하는 계기가 된다. 우리는 일상에서 동물을 학대하거나 애지중지했던 로봇을 파손함으로써 겪는 타인의 고통이나 아픔을 공감할 수 있다. 이러한 경우에 공감 능력의 사회성으로부터 의인화가 시작된다. 오래전부터 개와 고양이가 공감의 대상으로서 반려동물인 것처럼, 인간을 닮은 반려로봇을 보면 인간처럼 귀엽고 보살펴 주고 싶다는 생각이 들게 한다. 이것은 인간의 공감력이 반려동물에서 사람 닮은 인공물에까지 확대되고, 의인화를 통해 가족으로 인식하여 우리의 구성원으로 인식하도록 만들어 준다.

우리는 인간 로봇이 가족이 되고, 우리가 될 수 있는 시대에 살아간다. 인공지능은 인간의 생물학적 뇌를 무한히 확장하는 '인공 뇌'이고, 자율성을 가지고 스스로 알고리즘을 짜면서 필요한 데이터도 수집하는 소프트웨어 장치를 가진 컴퓨터이다. 그래서 인공지능은 데이터에 근거하여 예측하고, 문제 해결 능력을 발휘하기에 합리적인 뇌로 인식된다. 그 합리성은 인간보다도 우월할 수 있고, 또한 인간보다도 우월하게 발전시킬 수 있는 능력을 지니도록 한다. 이 때문에 인공지능의 효용성은 더욱 극대화되고, 머지않아 인공지능이 인간을 지배하는 시대가 올 것이라 말하기도 한다. 특히 돌봄 로봇이나 서빙 로봇 등이 보편화되면, 인간 로봇은 점차 인간 지능을 닮아가게 될 수밖에 없다. 게다가 인간 로봇에 모든 의미를 불어넣을 수 있는 감정이 주입된다면, 인간과의 상호작용을 더욱 촉진하게 될 것으로 보인다. 그 과정에서 로봇에 대한 공감이 타인의 공감처럼 된다면, 이젠 로봇도 인간처럼 동등하게 존중받게 될 것이다.

나와 커뮤니티 관계는 어떻게 해야 하나

나와 커뮤니티는 나무와 숲과 같은 관계이다

인간은 의사소통을 통해 타인의 경험을 공유하고 이해한다. 우리는 일상에서 어떤 경우이든 의사소통 없이는 타인의 경험을 이해할 수 없다. 인간은 자기 자신도 자기 경험 안에 갇혀 있거나, 각자의 경험 안에 갇혀 있으면, 내가 다른 사람의 경험에 접속할 수 없기에 서로 이해하기 쉬운 일이 아니다. 인간은 오직 경험의 소통을 통해서만이 삶의 의미를 찾게 되고, 그것을 위해 다양한 의사소통의 방식에 관심을 가지기 마련이다. 그야말로 의사소통은 삶에서 스타일이 아니라 유기체적 생존의 문제인 셈이다. 그래서 인간은 생존하기 위해 경험한 것을 끊임없이 의사소통해야 한다. 여기서 의사소통은 삶의 의미 만들기 과정이다. 가령 내가 경험한 희노애락을 타인에게 알리고 싶다면, 몸짓이든 소리든 언어든 모두 활용해 이해시키고 경험하게 해야 한다. 이러한 경험은 그 과정을 통해 정서적이고 인지적 공감을 공유하고 의미화 과정으로 전개된다.

의사소통은 인간관계의 구축 방법에서 가장 중요한 역할을 한다. 일반적으로 의사소통은 관계나 상황에 따라 다양하게 이루어져 왔다. 우리는 낯선 사람을 만나거나 공동체 생활하면서 가장 먼저 하는 의사소통이 인사이다. 여기서 인사는 새로운 인간관계를 구축하기 위함이지만, 단순히 상호 간의 주종관계나 상하관계를 유지하기 위한 것만은 아니고, 기존의 원만한 관계를 유지하기 위한 수평적인 의사소통이기도 하다. 흔히 인사성이 밝은 사람은 사회성과 인간관계가 좋다는 말도 여기에서 비롯된다. 신과 인간, 어른과 아랫사람, 상급자와 하급자, 동료, 낯선 사람 등 다양한 관계와 상황에 따라 인사가 달라진다. 인사야말로 상호 간 의사소통의 기본이고, 새로운 관계를 만들어 가는 출발점이라 할 수 있다.

인간은 사회적 존재로서 혼자 살아가는 것이 쉽지 않다. 그래서 개인이 혼자 살기 힘들면 모둠살이 공동체에 기대어 묻어가기도 하고, 나의 상황이 좋아지면 다시 공동체에 보탬이 되는 삶을 살아가곤 한다. 이러한 모습은 가족공동체에서 흔히 찾아볼 수 있는 삶이고, 상부상조와 같은 마을공동체에서도 그러한 삶을 확인할 수 있다. 이처럼 공동체는 생활공동체이고 협업공동체의 성격이 강한 것이 특징이다. 하지만 오늘날 도시 삶의 현장 곳곳에서 개인주의나 개별성과 개인의 의미가 증가하고 있는데, 그것은 세대와 세대 간의 관계없이 농촌으로까지 확대되고, 공동체 의식의 약화로 인해 공동체를 와해시키는 역할을 한다. 이에 따라 공동체에 대한 열망은 그 어느 때보다 높아져 가고 있는 것이 현실이다. 특히나 공동체의 필요성은 1인 가족과 외로운 사람들이 늘어나는 시대에 더욱 절실할 수밖에 없다. 이젠 공동체의 개념이 확장되어야 하고, 현실적인 삶의 변화를 수용할 수 있는 새로운 패러다임의 공동체가 요구된다. 수평적이면서 관계 지향적인 다양한 형태의 공동체가 필요한 것이다.

공동체는 삶의 동반자이다. 무엇보다도 개인이 행복하게 살아가려면 하나의 마을이 필요한 것처럼, 삶의 동반자인 공동체도 필요하다. 즉 개인과 공동체가 나무와 숲, 철새와 군락, 동물과 무리 등과 같은 생존의 관계를 유지하는 것이 중요하다는 것이다. 예컨대 산에는 부러진 나무를 비롯해 키가 작은 나무, 꽃과 열매를 맺지 못하는 나무, 나무마다 부족함을 가지고 있는 나무들이 많이 있다. 이들 나무가 숲을 형성할 때 의미가 있는 것처럼 숲은 이러한 나무들을 토대로 가치를 지닌다. 숲은 나무를 보호하고 산소공급처이자 산사태예방의 역할을 한다. 이렇듯 나무와 숲의 관계처럼 인간의 삶도 마찬가지다. 나무가 혼자서 살 수 없듯이 인간도 혼자서 살 수 없다. 이것은 철새와 군락의 관계, 동물과 무리의 관계에서도 마찬가지이다. 인간도 나무의 숲처럼 공동체가 필요한데, 공동체가 여름에는 그늘이자 겨울에는 햇볕의 역할을 하고, 나의 존재 이유를 설명해 주며 사회를 이끌어 가는 역할을 한다.

커뮤니티는 따뜻한 감정과 창조적 사고의 원천이다

인간은 다양한 공동체에 소속되어 살아간다. 최영종의 『공동체주의를 말하다』에 의하면, 공동체는 구성원들이 신념이나 가치를 어느 정도 공유해야 하고, 서로 직접적이고 다면적으로 긴밀하게 교류할 수 있어야 하며, 구성원들 사이에 상호성이 존재해야 한다고 말한다. 서로 이득을 주고, 장기적인 이득을 위해 단기적으로 손해를 볼 수 있으며, 개별 구성원들의 단기적 희생을 통해 전체가 이득을 볼 수 있어야 한다는 것이다. 이를 위해서는 구성원들 사이에서 공동체 의식이나 연대감 그리고 정체성을 공유하는 것이 무엇보다 중요하다. 모든 공동체는 질서유지와 집단 행동하기 위해 규범을 공유하고, 자발적으로 자연스럽게 생겨나거나 친밀한 관계를 통해 형성되는 경우가 많다. 이런 공동체는 공유하는 목표에 따라 운명공동체, 이익공동체, 문화공동체, 의식공동체로 구분할 수 있다. 오늘날 우리 사회는 점차 가족공동체인 운명공동체는 해체되고, 집단적 지배를 정당화시켜 주는 전통사회의 생활공동체 위세가 감소해 가지만, 개인의 문화 창출을 기반으로 하는 문화공동체는 더욱 확대되는 상황이다. 그리고 자유로운 개인들을 전제로 하는 이익공동체도 더욱 활성화되는 추세이고, 이것은 신체의 안전과 물질적 번영이라는 이익을 목표로 삼는다.

공동체는 정서적이고 인지적 공감을 공유할 수 있게 해 준다. 여기서 정서적 공감은 마음의 경계를 무너뜨리고 따뜻한 감정의 힘이라면, 인지적 공감은 창조성의 근원인 따뜻한 사고의 힘이다. 이러한 공감을 공유할 수 있는 공동체가 바람직하겠지만, 현실적으로 감성적이고 이성적인 공동체 구성이 쉽지 않다는 사실이다. 그래서 최소한 공동체가 정서적이지는 않더라도 사고의 공동체일 필요가 있는데, 공동체의 인지적 공감은 개입과 교육, 체험, 훈련을 통해 배울 수 있고, 더 커질 수 있기 때문이다. 그런 점에서 공동체 구성의 관심이 필요하다는 것을 말하고 싶다. 지금까지는 공동체 구성이 공간 제약, 구성원의 동질성, 사회적인 환경 등의 영향을 받아왔다. 이제는 공동체가 하나의 민족 중심으로 구성되지 않고, 경계를 넘어 다양한 사람으로 구성되어야 한다. 특히 장애인, 외국인, 여성의 비율이 증가할수록 바람직하다. 소수자의 배려가 있어야 하고, 다양한 구성원으로 구성된 공동체가 생존하는데 유리한 세상이 되어 가고 있다. 무엇보다도 다양한 문화와 언어 경험을 두루 갖추고, 다문화사회에 적응할 수 있는 사람이 필요한 시대이다.

인간은 생존하기 위해서는 끊임없이 창조적 사고를 해야 한다. 슈테판 클라인의 『창조적 사고의 놀라운 역사』에 의하면, 창조적 사고는 재능이 아닌 생존을 위한 부단한 노력이고, 변화에 대응하는 삶의 태도라고 말한다. 이것은 인간이 생존하고 변화의 수용성을 갖기 위해 창조적 사고 활동이 필요하다는 것을 강조한다. 지금까지 인간이 생존할 수 있었던 것은 모방의 재능 덕분이었다. 모방을 통해 창조하고, 그 창조성은 사물과 사물을 연결하는 매개 역할을 해왔기 때문이다. 일반적으로 창조성은 기본적인 지각의 메커니즘을 통해 형성된다. 우리는 일상에서 보고 듣고 냄새 맡고 맛보고 느끼면서 생활한다. 그때마다 그것들의 경험을 통해 사물과 사물들을 연결하여 새로운 의미를 부여하고, 그러면서 다양한 상징을 만들어 간다. 여기서 상징은 인간이 세상을 이해하는 데 크게 도움을 주고, 조화로운 공동체 생활을 원활하게 해 주는 역할을 한다. 그래서 상징이 없다면 삶의 창조적 사고는 더 이상 작동하지 못하게 되는 것이다.

창조적 사고는 공동체 구성원들의 협력을 통해 이루어진다. 공동체의 협력은 아이디어가 싹트는 정신적 바탕을 만들어 내고 집단적 뇌의 역할을 한다. 그래서 사람이 많을수록 집단적인 뇌는 더 커지고, 집단적인 뇌가 바로 창조적 사고를 신장시키는 문화 발전의 원동력이 된다. 대체로 문화의 발전은 개인의 뛰어난 업적보다는 공동체의 협력 작업이 훨씬 크게 작용하여 이루어지는 경우가 많다. 그런 점에서 인간은 발전하고 성장하기 위해 개인도 중요하지만, 무엇보다도 공동체와 함께 생활하는 것이 중요하다. 개인과 공동체가 생활공동체라면 가장 이상적이겠으나, 최소한 인지적 공감을 바탕으로 한 협업공동체의 모습을 갖추고 있어야 한다. 협업공동체가 다양한 상상력의 텃밭이 되고, 그곳은 창조적 사고의 발전소가 되기 때문이다.

커뮤니티는 시대 흐름에 따라 변화한다

공동체는 집단적 삶의 터전을 근거로 유지된다. 인간은 사회성을 공유하는 공간에서 다양한 커뮤니티 활동을 해왔다. 농경사회에서 공동의 생활문화 공간은 마을이다. 마을이 주거 공간을 기본으로 여가생활의 유희적 공간이고, 마을신앙의 공간이며, 혼례식과 장례식이 거행되는 의례적 공간이었다. 그래서 마을 사람들은 삶의 협력 공간에서 집단의식과 공동체적 가치를 중요하게 여길 수밖에 없었다. 공동체 삶의 질서를 강조하고, 다양한 공동체를 구성하면서 살아온 것이다. 전통적으로 마을에서 구성하고 있는 공동체는 구성적 공동체와 도구적 공동체로 구분된다. 먼저 구성적 공동체는 공동의 실천과 목적, 도덕적 성원 의식을 기반으로 하고, 촌계大洞契가 대표적이다. 이에 비해 도구적 공동체는 개인적 이익을 추구하는 것을 목적으로 하고, 친목계, 혼상계, 상부계爲親契, 서당계, 동갑계, 화수계, 낙찰계 등이 있다.

이들 공동체는 삶의 물리적 기반인 노동방식이 변화하면서 소멸하거나 변화해 왔고, 1960년대 이후 도시화가 마을 인구 구성을 바꾸고 인구를 감소시킨 것과도 밀접한 관련이 있다. 특히 1970년대 새마을운동은 공동체의 변화에 많은 영향을 미친 것으로 보인다.

마을의 대표적인 공동체는 촌계, 두레, 상부계이다. 이들은 마을이나 시기마다 명칭이나 그 성격이 다르지만, 공동의 생활공간을 근거로 한다는 점에서는 비슷하다. 촌계는 마을신앙을 주관하고, 도로 및 우물 등 공공시설을 보수하고 관리하며, 두레와 같은 공동노동조직을 주관한다. 그런 점에서 촌계는 공동의 도덕적 의식을 바탕으로 공동의 목적을 실현하고, 쌍방향 의사소통을 통해 강한 결속력을 구축하는 공동체이다. 무엇보다도 마을 사람들은 의무적으로 가입해야 하고, 반드시 새로 이사 온 사람은 규약에 따라 정해진 기금을 내고 가입해야 한다. 이에 비해 두레는 모심기를 시작할 무렵에 결성되어 김매기가 끝나면 해체하는 노동공동체이고, 상부계는 상장례를 원활하게 거행하기 위해 결성된 의례공동체이다. 그래서 벼농사를 짓고 부모를 모시는 가정에서는 두레와 상부계에 가입할 수밖에 없다. 그렇지만 두레는 일제강점기의 탄압으로 와해 되고, 1970년대까지 두레풍물굿을 통해 파편적으로 지속하다가 단절되었으며, 상부계는 전문장례식장이 등장하면서 중단되었다.

마을의 공동체가 새로운 조직으로 재구성된다. 새마을운동이 중요한 사회적, 국가적인 이념 역할을 하면서 공동체에 많은 영향을 미쳐 왔다. 새마을운동은 1980년 〈새마을운동 조직육성법〉에 근거해 새마을운동중앙본부 중심으로 전환되고, 2011년에는 '새마을의 날'이 국가기념일로 제정된다. 하지만 1979년에 이르러서는 농촌인구 1/3이 감소하고, 농촌에는 장 · 노년층과 부녀자들만 남는 이농 현상이 가속화되었다. 그러면서 마을의 공동체는 와해 되고, 새로운 공동체 조직이 요구되었다. 예컨대 촌계는 마을총회로 바뀌고, 노인회, 부녀회, 청년회 등이 새롭게 결성되었는데, 이들 조직은 새마을운동과 밀접한 관련이 있다. 그와 더불어 두레의 소멸과 상부계의 약화가 가속화되자 새로운 공동체 작목반이 등장한다. 작목반은 1970년부터 농협에 의해 육성되는데, 1980년 전후에 쌀 작목반이 해체되어 새마을영농회로 흡수되고, 원예와 축산 등 성장작목반 중심으로 전환된다. 이것은 상업적 영농의 관심을 높여주고, 작목반이 2~3개 마을로 확대되면서 마을의 경계를 무너뜨리는 계기가 되었다. 여기서 작목반은 새로운 형태의 노동공동체이고, 친목을 도모하고 경제적 이익을 추구하는 공동체 역할을 한다. 그 과정에서 농협이 작목반의 활동에 국가 정책의 교량 역할을 했고, 신품종 보급, 비료와 농약 공급, 각종 농자재 보급과 농업 기계화, 금융 공급 등 마을 사람들에게 적지 않은 영향을 미쳤다. 그리고 농협이 농어촌 벽지에서는 장례식과 관련된 용품을 판매하기도 했다. 이런 까닭에 이젠 마을 사람들에게 농협 가입은 선택이 아니라 필수가 되었고, 농협이 마을의 전통공동체 역할을 담당하는 경우가 많아지고 있는 것이 현실이다.

공동체가 마을 경계를 넘어 외부인과 연대하는 커뮤니티로 변화된다. 1995년 지방자치 부활 이후 문화역사 마을, 문화마을, 농촌관광 마을 등의 <마을만들기사업>이 본격화되었다. 이 사업은 생태, 역사, 문화 자원을 활용하여 농촌경제의 활성화를 도모하기 위한 마을문화상품을 만드는 것이다. 문화마을은 주거생활과 여가생활이 공존하는 곳이고, 전통문화의 의미를 활용하여 미래 문화를 창출할 수 있는 마을이다. 이러한 시대적 환경 속에서 작목반은 국가 정책에 따라 영농조합법인으로 전환되고, 생산자의 이익을 보호하고 확대하기 위한 협동조합으로 발전한다. 무엇보다도 이들 단체는 생산과정과 판매 사업 등을 공동으로 하는, 즉 유통과 가공을 결합하기 위해 마을 경계를 넘어 외부인과의 연대감을 도모하고자 한다. 이것은 생산자와 소비자 간의 직거래를 가능하게 만들기 위해서이다. 여기에는 온라인커뮤니티가 적지 않는 역할을 한다. 마을의 인구 구성을 원주민, 귀향인, 귀농인, 이주민 등으로 확대하고, 커뮤니티 구성에도 많은 영향을 미치고 있는 것으로 보인다.

온라인커뮤니티는 나와 의미 있는 사람들과의 관계이다

커뮤니티는 나와 실제로 의미 있는 관계를 맺고 있는 사람들이다. 온라인상의 모든 사람을 클라우드라고 말한다. 커뮤니티는 그중 일부를 말하고, 온라인상에서 어떤 식으로든 나와 관계된 사람을 의미한다. 대체로 온라인커뮤니티는 구성원이 주로 인터넷을 통해 서로 상호소통하는 가상 공동체이고, 인터넷이 중요한 역할을 한다. 인터넷은 공간적인 측면에서 겪을 수밖에 없는 소통의 장벽을 제거하고, 거리의 제약과 여러 편견을 극복하게 해주며, 새로운 아이디어를 접할 기회를 증가시켜 준다. 그래서 인터넷이 다양한 소통과 재결합을 통해 창의성을 키울 수 있게 해주고, 범위와 규모에서 이전과 비교할 수 없을 정도로 수많은 도전을 가능하게 해 준다. 예컨대 구조적인 측면에서 20세기 산업사회 정보의 보급구조가 라디오, 텔레비전, 인쇄처럼 일방적인 방향이었고, 의사소통은 상명하달식이었다. 그렇지만 21세기 모빌리티사회는 인터넷 덕분에 의사소통이 위에서 아래로, 다시 아래에서 위로 가능해졌고, 정보의 보급은 상호 소통하는 쌍방향의 방식으로 이루어진다. 이러한 수직적이며 수평적인 쌍방향 소통구조를 가능하게 해 주는 것이, 즉 나와 의미 있는 관계를 맺고 있는 모든 사람과 교류하도록 만들어 준 것이 인터넷이다. 그것은 정서적이고 인지적 공감을 공유하는 공동체를 구성하는 데도 매우 중요한 역할을 하게 될 것이다. 무엇보다도 온라인커뮤니티는 생활문화의 변화는 물론 젊은 세대에게 개인적 가치관과 신념을 형성하는 데도 크게 영향을 미칠 것으로 보인다.

모빌리티사회의 개인은 포스트 산업화 시대의 소비적 인간이다. 모빌리티사회는 대도시와 지방 사이의 인구 이동에 따라 소비와 금융시장의 변동이 일어나고, 그에 따라 지식이나 사상도 변화하는 사회로, 기술의 발전과 의학의 발전에 따른 장수사회이다. 이젠 100세 시대라는 말은 꿈이 아니라 현실이 되고, 120세 시대를 꿈꾸는 장수사회가 되었다. 무엇보다도 일상에서 노동의 시간은 줄고, 여가생활 시간이 증가한다. 그래서 산업사회에서 물질적 시간관념을 근거로 한 노동의 시간이 중요했다면, 모빌리티사회는 여가생활이 중요하다. 주로 여가생활은 정서적이고 인지적 경험에 근거한 시간에 따라 이루어지고, 앞으로는 노동보다도 여가생활의 시간이 중요한 시대가 될 것이다. 여기서 여가생활을 중요하게 생각한 사람은 생산보다도 소비에 집중하고, 목적지향적이고 생산적 인간이 과정을 중시하는 소비적 인간으로 변화한다. 이에 따라 개인의 자아도 객관적이고 수직적인 존재에서 주체적이고 수평적으로 변화하게 된다. 이젠 이성적이면서 감성적이고, 감성적이면서 이성적인 존재로, 그 균형을 맞추고자 하는 사람이 많아질 것이다.

흔히 21세기를 4차산업혁명 시대라고 말한다. 특히 도로, 물류, 인터넷 등 세 가지 네트워크가 빈틈없이 갖춰지고, 이것은 물리적 공간 경계를 허물고 하나의 생활권을 구축하는 데 중요한 역할을 한다. 공간 이동에서 시간의 단축은 공간 장벽을 무너뜨리고, 공간 경계를 초월한 전국 모든 지역을 생활 장소로 만들어 간다. 이러한 네트워크를 효과적으로 활용할 수 있는 사람들은 생산성이 집중된 도시를 벗어나고자 한다. 다시 말하면 이들은 물리적 공간 중심의 공동체에서 벗어나기 위해 정서적 공감과 인지적 공감을 공유하는 온라인공동체의 필요성을 갖게 된다. 예컨대 공동구매, 신앙 공동체, 스포츠 동호인 모임, SNS 공동체 등 다양한 커뮤니티가 만들어진 것도 이러한 시대 흐름의 반영이다. 이처럼 초핵가족이 증가하고 있는 시점에서 새로운 커뮤니티가 매우 중요함을 보여준다.

음식의 사회문화적 읽기와 미래식품의 대안은

음식은 사회적이고 문화적인 결정체이다

음식을 먹는 것은 문화를 소비하는 것과 같다. 오늘날 많은 사람은 신속하게 얻을 수 있는 음식을 좋아하고, 무엇보다도 그들은 맛있는 음식을 좋아한다. 그러면서 건강에 좋고 지구에 좋은 음식에 많은 관심을 가진다. 건강에 좋은 음식은 탄수화물, 단백질, 지방, 비타민, 무기질 5대 영양소를 갖추고 있는 음식을 말하지만, 이러한 영양소를 모두 갖춘 음식을 찾기는 쉽지 않다. 그래서 다양한 음식 섭취를 통해 영양소를 획득할 수밖에 없다. 일상에서 음식을 섭취하는 생활은 단순히 생태적이고 물리적인 식생활이 아니고, 그것은 메시지가 있으며, 의미가 풍성한 문화를 소비하는 것을 말한다. 이것은 음식을 통해 미각적 공감을 형성한 사람들과 공동체를 이해하고, 지역문화를 이해할 수 있기 때문이다. 일반적으로 음식은 문화적 상상력이 투영되고, 지역의 대표성을 갖는다. 그래서 미각이 사회적인 이유도 여기에 있는 것이다. 우리는 음식의 미각을 통해 사회를 이해하고, 음식을 이해하는 것은 문화적 상상력을 발휘하여 생태적인 환경과 그 향유집단을 알아가는 과정이라 할 수 있다.

음식은 자연에서부터 분리되어 문화에 상응하면서 사회화된 결정체이다. 우리는 음식이 단순히 생존을 위한 생물학적 용도가 전부가 아니라는 것을 인식할 필요가 있다. 일상에서 음식을 소비하는 것은 문화의 계승 · 발전에도 중요한 역할을 하기 때문이다. 음식은 사람과 사람 간의 관계나, 인간과 신의 상호작용을 위해, 또는 살아있는 사람과 죽은 자 간의 의사소통을 위해 사용된다. 이처럼 음식은 세속적인 세계와 영적인 세계의 소통을 하고, 사회 질서를 표현하고 의미를 전달하는 수단이다. 그래서 지금까지 음식을 문화의 한 부분으로 역사적, 사회적, 자연적 조건에 의해 소비해 온 것이다. 음식이 문화이듯이, 음식의 변화가 인간을 변화시키고, 삶의 변화가 음식을 변화시킨다는 것을 알 수 있다. 대체로 음식의 변화는 다양한 맥락 속에서 이루어지고, 우리는 그 맥락을 통해 음식을 재구성할 수 있으며, 음식이 함축하고 있는 다양한 문화적인 의미를 접하게 된다. 이것은 음식을 문화적으로 이해해야 하는 이유기도 하다.

음식은 정서적 기억의 공감력을 갖게 하는 역할을 한다. 흔히 음식의 공감은 공유하는 삶의 과정에서 발생하고, 어린 시절 가족과 함께 먹었던 음식이나, 친구와 같은 동반자들과 경험했던 음식을 통해 이루어지는 경우가 많다. 이것은 동질적인 문화적 배경을 통해 형성되고, 문화적 배경은 공감 능력을 확대하는 데 중요하게 작용한다. 무엇보다도 음식의 공감은 추억을 만든 근거가 되고, 여기서 추억은 과거 기억 경험의 향기이다. 대체로 인간의 기억은 그 어떤 감각보다도 후각과 미각을 통해 강하게 유지되는 경우가 많다. 음식의 향기와 맛은 냄새와 미각을 통해 느끼게 되고, 그로 인한 과거의 기억이 음식을 통해 소환될 수 있기 때문이다. 우린 음식을 통해 과거의 기억을 재현하여 추억 여행을 간다. 어린 시절에 경험한 음식이 성장 후에도 생각나고, 이러한 추억은 고향에 대한 그리움을 강하게 만들거나, 향수병을 갖게 하는 원동력이 되기도 한다.

한국 음식은 종류와 문화적 의미가 다양하다

한국인의 주식은 밥이다. 우리가 먹고 있는 밥은 찐 밥에서 시작하고, 삼국시대 후기에 끓여 짓는 밥으로 변화한 것으로 알려진다. 여기서 찐 밥을 짓기에 적합한 것은 떡시루이다. 고대국가의 주거지에서 출토된 유물로 떡시루가 많은 것도 당시 식생활과 밀접하게 관련이 있다. 하지만 끓인 밥이 생활화되자, 찐 밥은 술밥이나 약식과 같이 특별 음식으로 자리 잡게 된다. 지금도 제사와 의례의 중요한 음식이 떡인 이유는 찐 밥으로 만들었고 오랜 역사성 때문이다. 이처럼 떡은 곡물 조리에서 밥 짓기보다 앞서 개발된 음식이고, 역사가 길고 토착성이 짙은 음식이다. 그래서 떡이야말로 모든 음식 가운데 가장 원초적 음식인 셈이다. 제사와 의례는 사건의 원초성을 재현하고, 최초의 경험 기억을 소환하여 현재화한다. 그런 점에서 떡이 제물로서 가장 적합하고, 한국인에게 떡은 간식이 아니라 주식이자 밥이다.

음식은 생태적 생업 조건과 사회적 환경의 변화에 따라 다르다. 일반적으로 생태적 환경은 음식의 식재료를 결정하고, 사회적 환경은 식재료의 조리 과정에 많은 영향을 미친다. 그래서 음식을 통해 생태적이고 사회적인 환경을 읽어낼 수 있는 이유도 바로 여기에 있다. 우리의 문화사적 측면에서 보면, 본격적으로 농업을 시작한 삼국시대까지만 해도 장, 술, 젓갈 등 발효음식이 일반화되고, 살생을 금하는 불교의 정착은 채소 음식이 일상화되는 데 중요한 역할을 했다. 그리고 원나라 침입 이후 고기 음식이 성행하고, 술 문화가 더욱 발달하였으며, 특히 조선 중기 전후에 고추, 호박, 감자, 고구마 등이 유입되어 조선 후기에 이르러서는 음식의 종류가 다양해지게 되었다. 그로 인해 조리 기술이 발달하면서 오늘날 한식의 모습으로 정착한 것이라 할 수 있다.

음식은 세계와 세계를 연결하는 문화적 매개물이다. 음식은 일상 세계에서 가족과 외부인을 연결하는 의사소통의 수단이고, 가상 세계인 의례와 종교 집회에서는 신과 연결하는 경의와 봉헌의 음식이다. 다시 말하면 음식은 신체적세속적 음식과 영적가상적 음식이라는 양면성을 지니는데, 세속에서 경험하는 음식이 물리적이고 신체적인 음식이라면, 가상 세계에서 경험하는 음식은 정신적이고 영적 음식이다. 그래서 음식이 일상과 가상 세계에서 인간과 인간, 인간과 신의 매개체 역할을 할 수 있는 것이다. 무엇보다도 음식을 공유하는 것은 그들이 하나 되는 과정을 만들기 위함이고, 일상에서는 식생활을 통해 구현된다. 식생활은 가장 먼저 생태적인 환경이 크게 작용하듯이, 당연히 어촌지역의 음식이 다르고, 농촌지역 음식 다를 수밖에 없다. 그러한 까닭에 우리는 음식의 이해를 통해 그 지역의 생태환경을 파악할 수 있다. 그리고 식생활은 문화적인 배경이 크게 작용하고, 그 영향으로 인해 형성된 음식이 의례 음식이다. 여기서 의례 음식은 일상 음식과는 특별히 구별되고, 지역마다 시대마다 다르며, 특별한 의례적 의미를 지닌 경우가 많다.

음식은 일상 음식과 특별 음식 그리고 보양 음식으로 나누어진다. 일상 음식은 생존의 수단이고, 의례와 명절에서 경험하는 특별 음식은 문화적 의미를 지닌다. 여기서 의례 음식은 인간이 태어나서 죽기까지 경험하는 의례와 관계된 음식이고, 명절 음식은 매년 연례적으로 반복되는 명절에 먹는 음식이다. 의례 음식으로 첫국밥, 백설기, 수수팥떡, 혼례상과 폐백상의 음식, 떡 등이고, 명절 음식은 떡국, 오곡밥찰밥, 송편, 동지팥죽 등이다. 특히 백일잔치 음식인 백설기는 장수를 기원하는 떡이고, 백일잔치와 돌잔치 음식인 수수팥떡은 재앙과 액을 물리치는 역할을 한다. 혼례상과 폐백상의 대표적인 음식은 밤, 대추, 곶감, 닭, 숭어 등으로, 자손의 번창과 기자의 상징적인 의미를 지닌다. 그리고 떡국은 한 해의 풍년을 기원하는 의미를 지니고, 오곡밥과 동지팥죽은 재앙과 잡귀를 물리치는 역할을 하며, 송편은 농사 풍년에 대한 추수 감사의 의미를 지닌다. 우리는 이러한 음식을 통해 한국의 문화적 의미를 읽어낼 수 있는 것이다.

이처럼 한국 음식은 일상 음식과 의례 음식으로 구분되고, 주식과 부식의 구분이 뚜렷하며, 음식의 종류와 조리법이 다양한 것이 특징이다. 농경사회는 쌀과 보리 등 곡물 음식을 비롯해 김치, 장, 젓갈 등 발효음식이 발달했고, 철 따라 먹는 계절 음식의 풍습이 있는 것도 독특하다. 이러한 음식문화의 특징은 음식의 식재료를 구할 수 있는 생태적 환경과 밀접한 관련이 있다. 무엇보다도 한국은 서부와 남부 지역은 논농사가 중심이고, 북부와 동부에서는 밭작물이 주로 생산되며, 삼면이 바다로 둘러싸여 다양한 수산자원을 이용할 수 있는 지형적인 특징을 가지고 있다.

이와 같은 생태적인 환경과 사계절에 따라 생산되는 다양한 식재료는 지역마다 향토 음식이자 지역 음식을 발달하게 하였다.

향토 음식은 지역 음식이자 문화적 브랜드이다

음식은 장소성을 반영하여 정체성의 표지로 활용된다. 음식이 지역마다 차이가 있는 것은 그 장소의 환경이 다른 데서 비롯하고, 장소는 생태적 환경의 영향을 받은 문화적 공간이다. 흔히 우리의 삶에서 기억의 기반을 견고하게 해 주는 것이 장소이고, 장소는 기억을 명확하게 증명하는 역할을 한다. 오늘날 외국인들이 한국의 대표적인 음식으로 김치를 선택하는 경우가 많은데, 이는 김치가 장소성을 토대로 한국인의 정체성을 상징하는 것으로 인식하고 있기 때문이다. 다시 말하면 이들은 김치를 한국의 고유한 문화적 전통의 상징으로 생각한 것이다. 이렇듯 지역 음식 또한 마찬가지이다. 지역 정체성의 표지로 향토 음식을 활용하고, 향토 음식은 기층민들의 지역성과 전통성이 강한 음식이다. 그래서 지역 주민들은 향토 음식을 문화적 전통의 가치 평가 수단으로 생각하고, 지역문화의 전통으로 재해석하고자 한다. 특히 지역 음식이자 향토 음식을 지역축제에서 다양하게 활용하려는 노력은 이러한 의도에서 시작된 것으로 볼 수 있다.

현대사회는 지역축제가 상품화되고 있는 모빌리티사회이다. 오늘날 지자체마다 다양한 축제를 개최하고, 지역 음식을 개발하여 지역의 브랜드로 이미지화하는 추세이다. 축제가 오감각을 만족시키고 감성을 표현하는 종합문화예술행사로서, 농어촌뿐만 아니라 도시에서도 많은 관심이 증가하고 있다. 축제의 가장 중요한 역할은 참여자들에게 강렬한 기억을 각인시키는 것이다. 축제 프로그램을 통한 기억보다도 미각적 기억이 효과적인 경우가 많다. 무엇보다도 그 지역의 독특한 음식이 미각적 기억을 오래 지속시킬 수 있기 때문이다. 여기서 향토 음식은 지역의 정서와 문화를 함축하고, 지역의 이미지이자 문화적 브랜드로서 역할 한다. 그래서 지자체에서 지역의 특색과 장점을 살린 메뉴를 개발하는 노력이 많아지고 있다. 축제의 향토 음식은 방문객을 유인하는 역할을 하지만, 고향 떠나 도시에 머무는 출향민이 즐기는 패스트푸드화된 향토 음식은 지역의 향수를 느끼게 해 준다.

지역 음식을 소개하자면, 서울은 전국 각지의 식재료가 모이는 곳으로, 다양하고 사치스러우며 화려한 음식이 발달하고, 짜지도 맵지 않으면서 궁중음식의 영향을 받은 음식이 많다. 설렁탕이나 육개장이 대표적이다. 이에 비해 경기도는 음식이 소박하고, 양념을 많이 사용하지 않으며, 조랭이떡국, 보쌈김치, 수원갈비, 의정부 부대찌개, 갈비탕 등이 알려진다. 그리고 충청도는 식재료 그대로의 맛을 살리기 위해 양념을 많이 사용하지 않고, 특히 떡 종류가 많으며, 쇠머리떡, 호박범벅 등을 들 수 있다. 산악지역인 강원도는 극히 음식이 소박하지만, 감자, 옥수수, 메밀을 이용한 음식이 다른 지역보다 발달하고, 그 예로 감자밥과 메밀국수를 비롯해 춘천 닭갈비, 강릉 순두부찌개, 비빔국수, 황태국 등이 있다.

경상도는 소박한 음식으로 간이 맵고 짠 편인데, 음식에 산초를 이용하고, 바닷고기와 민물고기를 많이 먹는 편이다. 안동식혜, 헛제사밥, 건진국수, 찜닭, 충무 김밥, 대구의 갈비찜, 마산 아귀찜 등이 유명하다. 그런가 하면 전라도는 음식 재료가 많아 음식의 종류가 다양하고, 해산물 음식과 젓갈이 많으며, 기후가 따뜻해 음식의 간이 센 편이다. 특히 고춧가루 등 양념을 많이 사용하여 깊은 맛을 자아내는 감칠맛이 있는 것이 특징이다. 홍어 음식, 낙지호롱, 꼬막무침, 광주의 떡갈비, 육회, 전주비빔밥, 콩나물국밥 등이 지역 음식으로 알려진다. 그리고 제주도는 주된 식재료가 어류와 해초가 많고, 된장으로 맛을 내는 경우가 많다. 잡곡을 많이 섭취하고, 전복죽, 오메기떡, 갈치조림 등이 있다.

지역성이 강한 음식은 홍어 음식이다

홍어 음식은 호남의 지역성을 대표하는 음식이다. 홍어는 집안의 큰잔치나 대소사의 행사에서 빠지지 않는 음식이다. 흔히 혼기에 찬 총각과 처녀들을 만나면 "언제 국수 먹어 줄 거야"라고 말하는 경우가 많다. 이 말은 결혼식에서 하객들에게 국수 대접을 전제로 한 것이다. 국수는 원래 조, 기장, 수수 등의 곡물을 섭취하던 시절에는 영양가 풍부하고 상류층의 귀한 음식이었지만, 밥과 국수가 주식으로 정착하면서 일반 음식화되고 지역성을 갖게 되었다. 대체로 국수를 주로 대접하는 곳은 단오 명절 권역인 중부 이북 지역이고, 추석 명절 권역인 호남 지역은 하객들에게 국수가 아니라 홍어 음식을 대접한다. 이것은 지금도 결혼식장에서 홍어 음식이 빠지지 않는 이유이기도 하다. 민속적으로 세시 명절을 토대로 보면, 단오 명절 권역은 밭농사가 주류를 이루는 산간 지역이고, 추석 명절 권역은 논농사가 중심이 되는 평야 지역이다. 특히 호남은 농경지가 많은 지역이고, 서남쪽으로 바다를 끼고 있어서 농산물과 해산물이 풍요로운 곳으로, 음식문화가 발달한 곳이다. 그 가운데 홍어 음식은 호남의 지역성을 강하게 반영한다.

홍어 음식은 흑산도에서 전라도로 전파된 음식이다. 우리가 경험하고 있는 홍어 음식의 원초적 근원은 흑산도의 홍어 음식으로 알려져 있다. 본래 흑산도와 다물도에서는 홍어를 말린 뒤 찐 것을 제사상에 올리는 것을 '홍어제숙'이라 부른다. 특히 잔치에서 소나 돼지를 잡을 수 없는 경우에 홍어제숙을 먹었다고 한다. 이것은 홍어제숙이 잔치 음식의 하나이었음을 보여준다. 이러한 음식이 전라도로 전파되기까지는 역사적 환경과 밀접한 관련이 있다. 고려 말 흑산도 인근 영산도 사람들이 왜구의 침입을 피해 육지로 이주하고, 그곳에 영산도 사람들이 정착했다고 해서 영산포의 지명이 유래되었다. 영산도 사람들이 고향에서 경험한 홍어 음식의 미각적 기억을 소환하여 정서적 공감장을 구축하고, 정서적 공동체를 통해 이주민의 공동체 의식을 고취하고자 했을 것이다. 다시 말하면 영산도 사람들이 교류하고 정착하는 과정에서 홍어 음식을 접대 음식으로 사용하고, 이 음식이 영산포로 연결되는 도로와 철로가 개통되자 전라도 내륙지역으로 전파되었다. 무엇보다도 전라도 농촌인구가 광주를 비롯한 수도권으로 이동하면서 홍어 음식도 전국화되고, 이 과정에서 홍어 음식이 장소성의 이동에 따라 잔치 음식으로, 지역성과 정치성에 따라 정치적 음식으로, 축제 활용에 따라 기호 음식으로 그 의미가 확대된 것으로 보인다.

홍어 음식은 지역에 따라 많은 변화가 이루어진다. 영산도에서는 홍어 음식이 홍어를 말리고 쪄서 먹는 음식이었지만, 영산포에 정착하면서 홍어를 발효시켜 날것으로 먹거나 찜으로 먹게 된다. 이것은 영산포에서 싱싱한 홍어를 구하기가 쉽지 않았기 때문이다. 흑산도에서 잡은 홍어를 영산포까지 운송하는 데 많은 시간이 소요되고, 그 과정에서 삭힌 홍어를 경험하게 된다. 그러면서 발효시킨 홍어와 발효시키지 않는 것으로 구분하기 시작하고, 그에 적합한 홍어회와 홍어찜 조리 방법이 개발되었을 것이다. 홍어를 발효시키지 않는 음식은 흑산도 현지에서 선호하고, 발효시킨 음식은 영산포 일대에서 선호하지 않았을까 싶다. 그렇지만 흑산도에서도 1970년대 들어서 관광객이 늘면서 삭힌 홍어를 팔기 시작했다고 한다. 정리하자면 본래 흑산도에서는 싱싱한 홍어회와 말린 홍어찜을 즐겨 먹었지만, 영산포에서는 발효시킨 홍어회와 홍어찜을 선호하게 되고, 지역에 따라 다양한 홍어 음식으로 발전한 것으로 생각한다.

홍어 음식은 넓은 의미에서 홍어와 가오리를 요리한 음식을 말한다. 전라도에서 홍어는 주로 회와 무침으로, 가오리는 무침으로 먹는 경우가 많았다. 여기서 가오리는 남해안에 널리 서식하여 주로 여수항을 중심으로 유통되고, 순천, 광양, 곡성, 보성, 고흥 등이 가오리 음식 문화권으로 알려진다. 이에 비해 홍어 음식 문화권은 영산강과 호남선을 통해 전라도 서부지역으로 확대된 지역이다. 그래서인지 영산강 유역에서는 잔칫날 홍어회를 대접하고, 섬진강 유역에서는 가오리무침을 제공하는 경우가 많으며, 최근 들어 섬진강 유역에서도 홍어회를 즐겨 먹기도 한다. 이처럼 대중화된 홍어회뿐만 아니라 다양한 홍어 음식이 발달하고, 특히 홍어 무침은 홍어에 다양한 양념과 미나리 등의 식재료를 첨가한 음식으로, 홍어회보다 진화된 음식이다. 그리고 홍어 내장에 보리나 나물을 첨가하여 조리한 홍어 애국, 홍어삼합은 삶은 돼지고기와 잘 익은 김장 김치에 홍어회를 첨가한 음식인데, 기본적으로 발효시킨 홍어를 사용한다. 이 또한 진화된 홍어 음식이라 할 수 있다. 무엇보다도 홍어 음식은 1990년 후반부터 수입 홍어가 급증하면서 대중화되고, 일반인들도 쉽게 접근할 수 있는 포장 및 택배 상품으로 탈바꿈하게 된다. 이것은 냉장 및 냉동 기술의 발달과 유통시설 및 유통망의 확대가 크게 작용한 결과이다. 이처럼 홍어 음식이 전국적으로 알려지자, 영산포와 흑산도에서 홍어 축제를 개최하고 있다.

미래식품으로서 배양육은 환경을 보호한다

패스트푸드는 문화적인 것보다 기능적 의미가 크다. 오늘날 많은 사람은 패스트푸드를 선호하고, 그 인구가 날로 증가하는 것이 현실이다. 대도시에서 젊은 세대는 누구나 간편하게 먹을 수 있는 음식을 선호하고, 특히 교통이 혼잡하고 장거리로 출근하는 사람에겐 더욱 필요할 수밖에 없다. 무엇보다도 이들은 바쁘게 일하기 위해 먹는 것이 해결되어야 하고, 그 음식이 바로 편의점의 대표적 음식인 패스트푸드이다. 이 음식으로 아침이나 저녁 가운데 한 끼로 해결하려는 사람이 증가하고 있다. 요즈음 우리가 즐겨 먹고 있는 패스트푸드는 한식으로 구성된 밥과 국물이 있고, 다양하게 조리된 고기 음식과 기호식품이 있으며, 이처럼 소비자의 기호에 따라 선택할 수 있는 음식 종류도 다양하다. 그야말로 이들 음식은 전자레인지만 있으면 해결되고, 간편한 조리가 특징이다. 바쁜 사람들은 지금처럼 음식을 조리하여 준비할 필요 없이 식용 포장지에 담긴 음식을 먹으면 된다. 이러한 식생활은 우리가 음식을 문화적인 메시지가 담긴 것으로 보지 않고, 자동차의 기능적인 연료처럼 생각하도록 할 것이다.

미래식품인 배양육이 머지않아 식탁에 오를 것이다. 우리가 경험하고 있는 인터넷은 공간의 경계를 없애고, 다양한 정보 교류는 물론 물류의 직거래를 활성화하며, 해외여행을 더욱 증가시키는 역할을 한다. 이것은 음식의 소비 과정에서 세계 각국의 맛과 요리를 더 많이 즐기는 데도 많은 영향을 미치기 마련이다. 하지만 세계적인 음식은 문화를 소비하는 긍정적 측면도 있지만, 생태적 환경을 파괴하는 문제도 수반할 수밖에 없다. 특히 패스트푸드화된 고기 음식 소비 증가는 지구 온난화를 더욱 심각하게 만들 것이고, 이에 따라 환경은 더욱 파괴되어 각종 건강 문제와 질병을 초래한다. 이런 문제를 해결하기 위해 식물과 동물을 모방한 형태의 다양한 식품을 개발해야 한다. 그것은 바로 대체식품이고, 그 어느 때보다도 많은 관심을 가질 필요가 있다. 이젠 맛은 어떠하고 건강에 도움이 되며 지구에 도움이 되는가를 따져 보는 소비자가 증가하는 추세이다. 본격적으로 세포로 만든 배양육이 식탁에 오르기 시작하면, 패스트푸드 음식점이나 편의점 운영자는 식물성 대체육에 많은 관심을 가지게 된다. 여기서 배양육은 특정 부위를 개별적으로 배양하여 만든 고기로, 전 세계 인구 건강을 증진하면서 환경을 보호하는 역할을 한다. 그래서 앞으로는 배양육이 미래식품으로 자리 잡게 되고, 식품산업의 중요한 대상이 될 것으로 보인다.

집이 문화적 공간이 아니라 재테크 투자상품으로

집은 사람을 만들고 사람이 집을 만든다

집은 의미 있는 장소이면서 뇌의 휴식처이다. 우리가 사는 있는 집은 단순히 어떤 구조물에 의해 정의된 장소가 아니고, 활동과의 관계를 통해 정의되거나, 기억과 정보에 의해 정의된 장소라고 할 수 있다. 무엇보다도 집은 몸과 마음을 쉬게 하고, 세상일에 지친 우리를 다시 회복시키는데 탁월한 공간으로서, 편안함을 느끼고, 안정감과 안전함을 갖게 해 주는 곳이다. 적어도 집은 바쁘게 살아가는 인간들에게 휴식을 취하고 긴장을 풀고, 잠시 자유를 즐기면서 기분을 전환할 수 있는 곳이자, 뇌의 휴식처로서 역할을 한다. 그래서 집은 주변 환경에서 가장 의미 있는 장소로 인식된다. 그것은 일상에서 집이 물이나 음식을 섭취할 수 있는 곳, 포식자로부터 보호받을 수 있는 곳, 수면에 안전한 공간을 제공하는 곳, 불이 사용되고 유지되는 곳, 휴식하기 좋은 장소를 제공하기 때문이다. 이처럼 인간은 몸과 마음을 안전하게 유지하기 위해 다양한 방식으로 집에 의존해 왔다. 존 S, 앨런의 『집은 어떻게 우리를 인간으로 만들었나』에 의하면, 집은 150만 년 전에 불과 가족의 결합에서 나왔을지도 모르니, 집의 기원이 가족과 관계있을 것이라 말한다. 다시 말하면 우리는 가족을 보호하고 핏줄을 이어가기 위해 집이 필요하고, 나아가서는 어떤 특정한 장소와 연결되어 관계와 유대를 강화할 수 있는 집이 필요했다는 것이다. 이렇듯 집은 산업사회 이전까지만 해도 좀 더 생산적인 활동의 중심이 되고, 다양한 기억과 정보가 남아 있는 곳이며, 집에 대한 우리의 긍정적이고 정서적인 느낌들이 강하게 남아 있다. 하지만 오늘날의 집은 생산적 공간으로서 그 기능은 찾아보기 어렵고, 오히려 휴식처의 기능만 강화되어 나타난 것이 현실이다.

집은 물리적인 세계와 인지적 세계의 중심이다. 집은 아이들이 큰 노력 없이 무언가를 깊이 있게 배우는 공간이고, 자연스러운 학습공간을 반영한 특별한 학습환경이다. 그리고 집은 가족이 문화를 공유하고 계승하는 공간으로, 다시 말하면 부모와 자식, 형제자매 등의 지식을 전달하는 곳이 집이다. 이처럼 집은 단순히 인간이 쉬고 잠자는 곳이 아니라, 집 밖의 세계를 파악할 수 있는 출발점이자 귀향의 종점이라 할 수 있다. 대체로 인간은 집에서 태어나 다양한 삶의 세계를 경험하고, 성장하면서 삶을 마무리하는 욕구를 갖기도 한다. 이에 따라 생활문화 형성이 집을 중심으로 이루어지고, 집의 형태는 생태적이거나 사회적, 역사적 환경이 작용하여 결정된다. 예컨대 이동 생활이 중심이었던 수렵채집사회에서 생명은 동굴 형태의 주거 공간에서 탄생하고, 성장한 뒤 죽음의 공간도 동굴이었다. 이러한 유습은 오늘날 동굴의 매장 풍습으로 남아 있는데, 동굴이 삶의 공간이자 죽음의 공간이듯이, 집은 인간에게 원초적 공간이자 미래 삶의 가상공간이다.

이렇듯 인간이 세상을 바라보는 가치관과 세계관이 형성되었던 곳이 집이고, 그곳은 삶의 지식을 체계화하며, 계승하는 중심점 역할을 해 왔음을 알 수 있다.

집은 인지적 공감과 정서적 공감을 경험하는 공감장이다. 집은 단순히 사람이 사는 장소가 아니라 우리의 마음과 느낌, 정서 등이 가득 채워진 곳이다. 인간은 집에서 태어나 촉각, 후각, 시각, 청각, 미각을 인지적으로 경험하면서 성장하고, 성장하면서 다양한 인지적 공감을 바탕으로 정서적 공감을 경험한다. 나의 인지적 공감을 바탕으로 다른 사람의 정서적 상태나 상황을 이해할 수 있는 곳이 바로 공감장이다. 무엇보다도 집은 정서적 반응의 공감 능력을 증가시키고 확장하는 공감장이고, 공감각을 형성하는 기본 토대이다. 여기서 공감각은 복합적이고 융합적인 감각으로, 인간의 창의성을 창출하는 역할을 한다. 공감각 능력이 뛰어난 사람으로 예술인이 많은 것도 이 때문이다. 공감각은 개별 관계뿐만 아니라 집단의 멤버십이나 동일시에 의해서도 영향을 받는다. 그래서 공감각은 구성원의 동질성을 확보하는 데도 중요한 역할을 하고, 공감 능력이 개인에 따라 다르지만, 가족은 상당수 유사성을 지닌다. 가정을 공유하는 것이 삶을 공유하는 것이고, 공감도 그 영향을 받는다.

집은 정서를 형성한 곳이자 고향의 근원이다

집은 인간의 가장 기본적인 정서가 형성되는 곳이다. 그 정서는 어른이 되어서도 지속된다. 정서란 어떤 자극으로부터 몸과 마음의 반응을 통해 행동으로 연결되는 것을 말하는 것으로, 감성과 같은 개념이다. 정서는 인간에게 기본적인 욕구를 충족시키는 행동들을 유발하고, 부모와 자식 사이의 관계 형성에도 많은 도움을 준다. 일반적으로 우리가 경험한 정서는 문화적 전통과 신념, 관습의 영향을 많이 받는다. 이러한 정서를 형성한 곳이 집이고, 집은 고향의 근원이 된다. 인간은 집에서 태어나고 죽음을 맞이하려는 곳도 집이다. 우리는 흔히 일상생활에서 '집밥'이니 '집 같은 분위기'라고 표현하는 것은 이와 같은 인식을 반영한 것이고, 집을 떠나면 향수병을 갖게 만든다. 향수병은 인간이 분명히 집에 있다는 것을 느끼나, 정서적으로 내 집 같지 않을 때 생긴다. 다시 말하면 향수병은 집의 정서적 느낌들이 당신이 사는 공간과 조화롭지 못하면 생기고, 고향에 대한 그리움이라는 마음의 병인 것이다. 그래서 향수병은 주거지나 특정한 물건, 즉 특정한 사람을 그리워하는 현상이 아니고, 그 집에서 체험했던 전체적 경험을 그리워한다. 이러한 향수병은 우리 삶에서 중요한 관계를 잃을 때 형성되는 정서적 반응이다.

집은 향수병의 근원이다. 향수병은 집에 대한 애착이다. 클린 엘러드의 『공간이 사람을 움직인다』에 의하면, 집에 대한 애착은 공간에 대한 통제감에 의해 좌우된다고 말한다. 맨 먼저 어린 시절에 살았던 집에서 사고와 기억의 틀이 처음 갖춰지고, 이런 생애 초기의 경험과 이후 행동의 연결은 사실상 끊어지지 않고 이어진다. 고향에 대한 향수도 이런 관념을 기반으로 형성된다. 고향의 집은 생애 초기에 형성된 삶의 경험과 기억이 쌓여있는 곳이다. 그래서 고향 집에서 함께 성장한 가족은 몸과 마음의 공통된 경험을 갖는다. 가족들의 식생활이 함께 이루어지고, 가족의 가치관이나 세계관이 공유되면서 동질성을 갖는 것이다. 그것은 가족의 정체성을 형성하는 기반이 되고, 그것을 가능하게 만든 곳이 집이다. 집이야말로 가족의 몸과 마음의 건강을 유지하고 지속시키는 곳이고, 지금도 병원에서 진료받으면 가족의 병력을 문진하는 것도 모두 이러한 이유 때문이다.

고향은 애틋한 경험이 있는 애착의 장소이다. 고향은 어렸을 때 살았던 공간으로, 인지능력과 상상력만 발달하는 것이 아니라, 그 시기에 미적 선호도가 형성된다. 오늘날 현대인은 삭막한 도시 삶에서의 경험과 정서적 공감이 일치하지 않을 때 고향을 그리워하는 경우가 많다. 단순히 부모와 형제만을 그리워하는 것이 아니고, 어려서 경험했던 음식을 그리워하기도 한다. 왜냐하면 미적 선호도는 어려서 형성되어 어른이 되어서도 지속되기 때문이다. 그래서 도시에서 경험한 고향의 음식은 더욱더 고향의 향수를 불러일으키기 마련이다. 여기서 고향은 애틋하고 친밀한 장소로서 애틋한 경험이 있는 곳이고, 깊숙하면서도 고요한 애착의 장소를 말한다. 무엇보다도 친밀한 장소는 집과 같은 곳이고, 애착의 장소는 애틋한 추억과 함께 영감을 주는 곳이다. 이러한 고향은 장소성을 근거로 형성되는데, 장소는 인간 경험이 누적되어 형성된 문화적 공간이고, 장소성은 장소의 정체성 설정과 그 특성을 공유하는 것으로, 장소, 사건, 행위, 물체를 통해 형성되고 구현된다.

고향은 내가 태어난 곳이다. 흔히 고향이라 부르는 곳은 기본적으로 내가 태어난 집이 있는 곳을 말하는 경우가 많다. 엄마는 신체적인 몸의 아이와 영양소의 공급원이었던 태를 동시에 출산한다. 그래서 엄마는 산통을 이중으로 겪는다고 말하는 것이다. 태를 왕실에서는 별도의 풍수적 조건을 고려하여 산에 매장하지만, 농가에서는 지역마다 다소 차이가 있고, 주로 집안에 매장하는 경우가 대부분이다. 그래서 태를 묻는 장소를 고향으로 인식하는 경우가 많았고, 태자리가 고향이라는 관념을 갖게 한 것이다. 아직도 농촌에서 성장했던 사람들이 고향을 떠나 도시에 정착할 때 여전히 고향에 대한 관념이 작동하고 있음을 볼 수 있다. 그것은 도시에서 고향과 가까운 곳이고, 접근성이 적합한 곳에 정착하려는 사람들이 많다는 점이다. 하지만 오늘날에 이르러서는 이러한 관념도 희석되고, 주로 성장한 장소를 고향으로 생각하는 경우가 많아지고 있다. 이처럼 고향에 대한 인식도 많은 변화를 겪고 있음을 보여준다.

집은 가족의 전통을 계승하는 문화적 산물이다

집은 문화적 전통을 반영한다. 집은 인간 사회의 기본 단위이고, 정서와 지위를 전달하는 매개물이기에, 문화적 산물이라 말한다. 문화는 가족을 통해 계승되고 발전하는데, 그곳이 집이고, 집이 모여 마을을, 마을이 모여 지역을 이룬다. 그래서 집을 사회의 최소 단위로 생각하고, 집의 울타리 안에 거주하고 있는 가족을 문화의 최소 단위라고 말한 것이다. 지금까지 집은 가족의 정서를 결정하고, 대외적으로 가족을 대표하는 역할을 해왔다. 주로 가족의 대표자는 바로 가장이고, 가장은 집안의 막강한 권한을 소유한 사람이다. 가장이 가족을 외부에 대표할 수 있는 대표권, 집안의 모든 재산을 관리할 수 있는 재산권, 조상에 대한 제사를 받들 제사권, 가족을 지휘 감독할 수 있는 가독권을 가지고 있기 때문이다. 가장의 역할에 따라 가족문화가 형성되어 지속되고,

집 밖의 마을 문화를 수용하는 곳이 집이다. 그래서 집은 가족의 문화가 반영된 곳으로, 지역문화의 출발 지점이라 할 수 있다. 가족문화가 문중마다 지역마다 시대마다 다르게 나타난 것은 집에 거주하는 가족 환경에 따라 인지적이며 정서적인 공감장이 다른 데서 비롯된다.

집은 삶의 가치를 높이고 생활방식을 바꾸는 그릇이다. 그릇은 다양한 사물을 담아내는 도구로, 그릇 안의 사물과 바깥의 사물은 구분되고, 그릇 안의 사물이 더 중요한 가치를 갖는다. 집을 그릇에 비유하면 집안의 가족과 바깥의 사람으로 구분할 수 있고, 집에서는 가족의 삶의 가치가 지속되고, 바깥의 세상은 도전의 대상이 된다. 그것은 가족들의 삶의 가치관을 형성하는 데 중요한 역할을 하고, 바깥의 환경변화에 따라 가족들의 삶도 변화를 경험한다. 그래서 집은 단절되고 고립되는 곳이 아니고, 끊임없이 바깥의 세상과 교류하는 곳이라 할 수 있다. 대체로 집의 규모에 따라 가족 구성원이 다르고, 집의 위치에 따라 삶의 방식이 달라져 왔다. 선사시대는 인간에게 필요한 필수영양소인 단백질과 탄수화물을 확보하기 위한 생업 방식이 결정되었는데, 그것은 사냥하고 식물을 채집하는 삶의 모습이고, 이에 따라 사냥하고 식물 채집에 적합한 주거문화가 형성된다. 농경사회에서 주거는 정착의 근본인 물의 확보가 효율적인 곳에 형성되고, 그곳에서 도시화가 이루어졌다. 특히 도시화는 생업 방식의 엄청난 변화를 초래한 산업화를 통해 가속화되고, 주거의 개념과 생활문화를 변화시키는 중요한 역할을 하고 있다. 오늘날 농경사회 집의 기능이 산업사회에서 크게 변화를 겪는 것도 이와 무관하지 않다.

안방은 외부와 소통하는 가족문화를 계승한다

안방은 가장의 공간이자 안주인의 공간이다. 농경사회에서 안방은 가정의 핵심 공간이고, 가정의 모든 권한을 가진 사람이 거처하는 방이다. 양반가에서 안채 안방은 안주인이 거처하는 공간이지만, 민가에서는 바깥주인 가장과 안주인이 함께 거처하는 공간이다. 안방은 시부모와 함께 살더라도 가장권과 살림살이 경영권을 가지고 있는 사람이 거처하는 곳이다. 우리는 가장권을 가진 사람을 한 집안의 '가장'이라 부른다. 가장은 가족공동체의 수장이고, 흔히 "남자가 성장하여 결혼하면 한 집안의 가장이 된다"라고 말하며, 가장으로서 책임감을 강조하는 경우가 많았다. 이것은 결혼을 통해 어른이 되고, 어른이 되어야 가장이 될 수 있음을 말한다. 일반적으로 결혼하여 가장의 배우자인 아내는 살림살이 경영권을 갖는다. 무엇보다 중요한 것은 안방이 가장권과 살림살이 경영권을 행사하는 공간이고, 이곳에 거처하는 사람에게는 권위와 위엄을 통해 가족을 다스리는 권한이 주어진다는 점이다.

안방은 가장권의 권위와 살림살이 경영권의 위엄을 보여주는 곳이다. 주로 안방으로 인한 갈등은 가장권과 살림살이 경영권의 주도권에서 발생하는 경우가 많았다. 대체로 시아버지가 가지고 있는 가장권은 아들에게 물려주고, 시어머니가 행사하는 살림살이 경영권은 며느리에게 물려주는 것이 관행이다. 가장권은 문서를 통해 이루어지지만, 살림살이 경영권은 곳간 열쇠를 물려주는 것으로 진행되고, 여기서 열쇠는 자격, 권리, 힘권력, 기회를 상징한다. 이런 이유로 시어머니는 열쇠를 은밀한 상자에 보관하거나, 열쇠를 허리춤에 차고 다니면서 권리를 행사하고 힘을 과시하기도 한다. 이것은 비록 부계사회라 할지라도 가정에서는 가장권보다 살림살이 경영권 소유자의 목소리가 우위에 있음을 보여준다. 일반적으로 가장권의 승계는 자연스럽게 이루어지지만, 살림살이 경영권은 그렇지 않은 경우가 많다. 어떤 가정에서는 가장권이 이미 아들에게 승계되고, 살림살이 경영권은 여전히 시어머니가 행사하면서 안방을 거처한 경우가 있다. 이런 경우 고부간의 갈등 요인으로 작용한다. 며느리가 결혼한 지 오래되어 집안의 살림을 파악하고 운영할 수 있는 능력이 있음에도 불구하고, 시어머니가 그 권한을 물려주지 않았기 때문이다. 이것은 안방을 물려주지 않는 불만으로 연결되기도 한다. 이렇듯 농경사회에서 살림살이 경영권의 상징은 곳간 열쇠이었지만, 오늘날에는 봉급통장과 살림살이 통장, 신용카드가 그 역할을 하고 있지 않을까 싶다.

안방은 한 집안의 가계家系를 계승하는 곳이다. 집안에서 가계 계승은 가족공동체의 문화를 계승하고 이어가는 것을 말하고, 가계 계승이 이루어지면 안방에 머무를 수 있는 주인이 교체된다. 시부모가 아들 내외에게 가계 계승하는 것을 '안방물림'이라 하고, 이것은 지역에 따라 다소 차이가 있다. 경상도 일대에서는 아들이 결혼하여 5~10년 정도 지나면, 집안의 모든 살림살이를 도맡아 처리할 능력을 갖추었다고 판단하여 안방물림을 하는 것이 관행이다. 그래서 안방은 아들 내외가 사용하고, 시부모는 작은 방으로 거처를 옮기는 것을 '은거제'라고 부른다. 하지만 호남 지역에서는 시부모가 돌아가셔야 안방물림이 이루어진다. 시아버지가 돌아가시고 시어머니가 생존한다면, 가장권은 아들에게 상속되고, 살림살이 경영권은 그대로 시어머니가 행사하여 안방을 계속해서 사용한다. 반대로 시어머니가 돌아가시고 시아버지가 생존한다면, 아들 내외에게 안방물림이 이루어지고, 시아버지는 안방에서 작은방으로 거처를 옮겨야 한다. 이러한 것은 경상도보다는 호남 지역에 여전히 모계적인 요소가 많이 남아 있음을 보여준다. 제주도에 모계적인 요소가 많이 남아 있는 것도 호남과 무관하지 않다.

안방은 대외적으로 귀한 손님을 접대하는 공간이다. 농경사회에서 귀한 손님을 맞이할라치면, 안방 청소는 물론 화장실 청소와 온 집안 곳곳의 대청소를 한다. 여기서 귀한 손님은 가장에게 의미 있는 사람을 말하고, 백년손님과 같은 새로운 가족을 일컫는 말이기도 하다. 사윗감을 맞이하는 곳도 안방이요, 사위가 첫날밤을 머무르는 곳도 안방이다. 사위에게는 당연히 처가의 안방에서 잠잘 수 있는 단 한 번의 기회가 주어진 것이다. 중요한 것은 안방이 집 밖의 사람과 가족의 유대관계를 돈독하게 하고, 이웃과 이웃을 연결하는 역할을 해왔다는 점이다. 하지만 요즈음에는 아파트식 주거 공간이 만들어지면서 접대 공간으로서 안방의 기능이 상실되는 경우가 많다. 이것은 아파트가 1958년에 처음 등장하고, 1980년대부터 본격적으로 공급되기 시작했으며, 오늘날 주거 형태 중 아파트가 가장 큰 비율을 차지하고 있는 것과 밀접한 관련이 있다. 게다가 도시에는 초고층 아파트까지 등장하고, 1인 가구가 등장하면서 소형아파트도 증가하며, 단독주택보다도 아파트에서 거주를 선호하는 사람들이 증가하는 추세라는 것도 중요하게 작용한다. 이러한 환경 속에서 안방은 사생활 보호공간으로 축소되고, 외부인의 출입을 제한하는 곳이 되어버렸다.

안방은 가족을 통합하는 공간이다. 가정에서 안방은 자녀들의 양육 공간이고, 의례와 신앙의 공간 역할을 해 왔다. 무엇보다도 가족회의를 하더라도 안방에서 이루어지고, 가족들과 식사, 부모와 대화, 아이들의 양육과 가정 교육 등이 이루어진 장소가 안방이다. 게다가 안방은 혈연 중심의 문화교육이 이루어지는 곳이기도 했는데, 집에서 사람이 태어나서 죽을 때까지 경험하는 다양한 의례를 거행하는 곳도 안방이고, 세시 명절인 설이나 추석 명절날 차례를 지내는 곳도 안방이며, 돌아가신 조상님을 모시고 제사 지는 장소도 안방이었다. 이처럼 안방은 가장의 공간, 안주인의 공간, 접대의 공간, 양육의 공간, 가정 교육의 공간, 가족 통합의 공간, 의례와 신앙의 공간이었음을 알 수 있다. 오늘날 안방은 단순히 가장과 안주인의 휴식처로서 기능만 남아 있지, 농경사회의 안방 권위와 위엄은 이젠 찾아보기 어려운 실정이다.

집은 상품이자 재테크 대상이다

집은 사람을 변화시키는 문화적 공간이다. 사람은 건물(집)을 만들고, 집은 사람을 만들기에, 집은 인간의 삶에 중요한 역할을 해 왔다. 농경사회의 주거는 식생활을 해결하고, 살림살이라는 복합적인 생활공간의 기능을 수행한다. 즉 의례적 공간이자 신앙적 공간이고, 놀이적 공간이면서 교육적 공간으로서 다양한 기능을 수행해 온 것이다. 그것은 주거 공간이 가족문화를 형성하고 계승하는 곳임을 말한다. 우리가 살았던 집은 단순히 주택이나 건조물이 아니고, 기억과 흔적을 근거로 향수가 가득한 장소성을 갖는 곳이다. 그래서 집은 가족들만의 삶의 방식을 통해 정체성을 이어가는 역할을 한다. 이처럼 집은 혈연 정체성을 이어가는 문화 복합성을 갖게 하는 곳이고, 가정마다 제사 풍습이 다른 것도 이러한 것 때문이다.

집은 휴식 공간 기능만 남아 있다. 우리 일상에서 집의 문화적 공간 기능이 소멸한 것은 그렇게 오래되지 않았다. 집에서 행해졌던 신앙생활은 집 밖의 교회나 성당으로 이동하고, 생일잔치나 환갑잔치는 연회장으로, 결혼식과 장례식은 예식장과 장례식장으로, 놀이는 오락실이나 운동장으로, 교육은 학교로 이동하면서 집의 역할이 줄어들고 있다. 게다가 모빌리티사회의 도시 생활은 집 밖의 외식 생활과 배달 음식 등 식생활의 많은 변화를 초래했다. 이러한 식생활은 농촌에서도 이어지고, 농사일하면서 일꾼들에게 대접하는 새참이 사라진 것도 이미 오래된 일이다. 그러면서 주거생활에서 부엌의 기능이 축소되고, 안방도 의례, 신앙, 놀이 등의 여가생활 기능이 축소되어, 단순히 휴식 공간의 기능만 수행하는 경우가 많아지고 있다. 이젠 주거 공간은 생활공간으로서 편리성을 추구하는 경향만 남아 있을 뿐, 이것은 집을 정서적 공간이나 문화적 공간으로 생각하지 않고, 삶의 편리성이 큰 하나의 부동산 상품으로 생각하게 만든다.

집은 부동산 상품으로서 투기성이 있는 투자처일 뿐이다. 집은 단순한 주거지가 아니라 투기성이 있는 투자처의 대상으로 생각되는 것이 현실이다. 도시에서 집을 기본적 욕구로서 삶이 숨쉬는 생활 문화적 공간으로 인식하지 않고, 재산을 축적할 수 있는 도구로 생각하거나, 경제적인 이익만을 추구하려는 투자의 대상으로 생각한다. 그래서 집의 매입은 주거용이 아니고, 집값이 내려가지 않는다는 믿음을 근거로 사고파는 경우가 많아지고 있다. 이에 따라 주택시장에서 집의 투기적인 역할이 점점 커지고,

우리의 생활문화도 근본적으로 많은 변화를 겪을 수밖에 없다. 지금까지 인간은 집의 규모가 크든 작든 화려하든 소박하든 집의 정서를 느끼면서 적응해 왔지만, 경제적인 가치가 그것에 영향을 미치는 것은 피할 수 없게 되었다. 앞으로는 집이 권력과 부의 상징만 남지 않을까 싶다.

집은 이젠 삶의 편리성만 남아 있다

집은 자기중심적 공간 기능이 강화된다. 집에 대한 인식의 변화는 가족과 가정이 점점 작아지는 것과도 밀접한 관련이 있다. 단지 아이들 수가 점점 줄어든다는 것이 아니고, 한 가정으로 여겨지는 확장된 혈육들이 점점 줄어들고 있다는 것이다. 무엇보다도 저출산, 이혼, 비혼, 1인 가족이 증가하고 있는데, 특히 초핵가족의 등장은 농경사회에서 경험했던 혈연적 공감 행동의 기회를 제한하고, 공동생활의 경험을 제한하게 만든다. 이것은 공동체보다는 더욱더 개인을 중시하도록 만들고, 집에 대한 인식의 변화에도 많은 영향을 미칠 수밖에 없다. 이젠 집이 전통적인 주거의 개념에서 벗어나고, 개인의 권리와 가치를 보장받으며, 외부 시선이나 요구를 의식하지 않은 자기중심적 공간 기능이 확대될 것으로 보인다. 게다가 코로나를 경험하면서 재택근무의 확대로 사무실 기능이 첨가하고, 여가생활의 기능마저 집 밖으로 이동하고 있기 때문이다. 특히 젊은 세대는 소형아파트를 비롯해 오피스텔이나 원룸에서 최소한의 주거 편리성만을 추구하려 한다.

집은 인간의 공간적 회귀 장소로부터 멀어지고 있다. 집은 삶의 편리성을 추구하는 곳으로 변화하고, 무엇보다도 집의 공간적

귀속감이 줄어가고 있다. 인간은 성장하면서 정착하기 위해 가장 먼저 집을 마련해 왔다. 집은 세상과 연결하는 통로이고, 지식과 정보를 축적하는 곳이기 때문이다. 집을 나서 세상을 경험하고, 그것을 가지고 다시 집으로 돌아가기 위해서다. 인간도 동물처럼 귀소본능 욕구가 강한 존재인데, 인간 삶의 시작과 마무리가 이루어진 곳이 집이다. 모빌리티사회는 공간에 대한 귀속감이 줄어들고, 이동 수단의 관심이 많으며, 특히 자동차에 대한 인식이 크게 변하고 있다. 산업사회에서 자동차가 재산의 가치가 있고, 사회적 재화로서 의미를 지닌 이동 수단이었다면, 모빌리티사회에서는 캠핑카나 차박이라는 여가 수단으로 변화하는 것이다. 자동차가 단순히 교통수단만이 아니고, 쉴 수 있는 이동식 주거로 인식한다. 요즈음 신혼부부나 젊은 세대들이 경제적으로 안정감을 주는 정주형 주거를 마련하지 않고, 자동차를 가장 먼저 구매하려는 것도 이와 무관하지 않다. 게다가 초핵가족시대를 살아가는 젊은 세대는 혼자 먹고 혼자 놀고자 하는 욕구가 강하고, 그야말로 이동하면서 혼자 술 마시고, 혼자 여행하는 것을 선망한다. 이들에게 집은 어떤 의미일지 궁금하다.

고향 집과 좋은 땅 풍수의 공간 심리학적 의미는

장소는 삶의 터전이고 고향이자 집이다

공간 경험은 문화 형성에 중요한 역할을 한다. 문화는 시간과 공간 경험을 근거로 축적된 생활양식이고, 공간은 기후, 기상, 지질, 토질, 지형, 경관 등의 풍토적 조건으로서 인간의 경험을 결정하는 데 중요한 역할을 한다. 일반적으로 경험은 인간이 환경과 상호작용한 결과물이고, 여기서 환경은 자연환경뿐만 아니라 전통과 제도를 포함한다. 그래서 공간은 사회 구조는 물론 그 안에 살아가는 구성원들의 사고와 행위를 이해하는 토대가 된다. 공간 환경이 외부 세계와 상호작용하는 과정에서 생활양식에 크게 영향을 미치고, 인간은 끊임없이 이러한 환경에 대해 적응하고 극복하는 노력을 해 왔다. 예컨대 인간이 인구밀도가 조밀한 공간에서 살게 되면, 삶을 조화롭게 살아가기 위해 삶의 질서를 강조하고, 즉흥적인 행동을 통제하여 공동체 규약에 따라 실천하려는 경우가 많다. 이것은 상호 간의 관계주의를 중요하게 생각하고, 상업성 등의 심리적 특징이 반영되기 마련이다. 무엇보다도 그들이 생존하기 위해 주어진 환경에 맞추려 노력하고, 그 과정에서 형성된 집단심리적 성향인 공동체성을 확보하려 한다. 그래서 좁은 공간에 사는 사람들은 사건이나 행동 그 자체로만 해석하지 않고, 조화를 꾀할 수 있는 맥락적인 이해를 더 중요하게 여기는 경향이 많다. 그것은 극단적 선택보다는 절충적으로 선택하기 위한 것이다.

인간의 모든 경험은 공간 이동을 통해 의미를 갖게 된다. 인간은 기본적으로 다른 누구와도 나의 경험을 직접적으로 공유하지 않는다. 하지만 공유되지 않은 경험은 어떤 경우든 의미를 가질 수 없고, 의미를 갖기 위해선 반드시 공유해야만 한다. 그것은 타인과 의사소통하거나 공간 이동의 접촉을 통해서만이 가능하다. 그래서 인간이 생존하기 위해서 경험의 공유는 선택이 아니라 필수적이다. 인간이 생존하려면 교류를 통해 그 경험을 다양하게 공유해야 한다. 모든 경험은 인간과 환경의 상호작용에서 발생하고, 의사소통의 과정을 통해 전달된다. 그래서 문화의 원천은 인간의 경험으로부터 출발하고, 그 경험에 공간 환경이 크게 영향을 미친다. 여기서 공간 환경이 변하면 인간의 경험도 변화하고, 그러한 경험은 고정적이지 않고 가변적일 수밖에 없다. 인간은 공간 이동을 통해 그 향유 주체는 물론 그 속성을 변화시키고, 문화가 유동적이라는 이유도 여기에 있는 것이다.

공간은 장소를 형성하는 물리적 기반이다. 공간이 객관적이고 물리적 공간이라면, 장소는 인간이 환경과의 상호작용 속에서 만들어지는 문화적 공간이다. 인간의 경험이 시간의 흐름에 따라 누적된 곳이고, 인간의 심성과 유대가 형성된 곳이 장소이다. 물리적으로 그냥 땅이었던 공간이 역사적이거나 문화적이고 혹은 사회적 의미로 가득 채워지면 장소가 된다. 그래서 클린 엘러드의 『공간이 사람을 움직인다』에 의하면, 장소는 우리를 감정에 휩싸이게 하고, 우리의 움직임을 지시하며, 우리의 의견과 결정을 바꾸는 역할을 한다고 한다. 때로는 우리를 숭고하고 종교적인 체험으로 이끌어 주기도 한다. 일반적으로 장소에 대한 애착이 강한 사람은 행복감을 더 크게 느끼고, 공동체와의 유대감도 강하며, 이기적인 태도와 사리사욕을 갖지 않는 경우가 많다. 특히 타인의 처지에서 생각하는 능력이 더 뛰어나다고 한다. 이러한 장소가 바로 고향으로 인식되는 것이다.

고향은 장소적 관념에 근거하여 그곳 사람들의 정체성이 결합하여 형성된다. 오늘날 고향은 출생 장소, 출생 등록지, 성장기 연고지, 부계의 선대 고향, 본적지, 장기간 거주하여 애착이 있는 장소 등을 기준으로 다양하게 말하고 있다. 하지만 고향은 친밀한 장소에서 애틋한 경험이 묻어있는 곳이고, 깊숙하면서도 고요한 애착의 장소를 말한다. 여기서 친밀한 장소는 집과 같은 곳이고, 애착의 장소는 애틋한 추억이 있는 곳이다. 이렇듯 집은 친밀한 장소이고, 애틋한 장소이며, 애착의 장소를 의미한다. 그래서 고향은 태어난 곳이면서 어린 시절을 보내고 성장한 곳이며, 안전한 장소로서 애착이 강렬한 집과 같은 곳이라 생각한 것이다. 고향에 있는 집은 장소의 중심에 있고, 그곳은 세계의 중심에 위치하며, 집에 거주하는 인간이야말로 세계 중심에 있음을 보여준다. 대체로 인간이 세상을 바라볼 때 사고의 시작과 의미의 조직화가 집에 있는 나로부터 출발한다. 예나 지금이나 집은 가족의 크기, 가족 관계, 가계 계승의 제도, 성별, 세대별 관계 등의 사회적 구조와 공간 조건이 많은 영향을 미칠 수밖에 없다. 지금까지도 집을 짓고 살기에 이상적인 공간 환경을 모색하려는 노력이 이어지고, 그 노력의 하나가 바로 풍수이다.

풍수는 요산요수樂山樂水 공간 관념체계이다

인간은 생태적 환경을 고려하여 집을 짓는다. 생태적 환경은 바람과 물을 근원으로 하는 자연환경을 말한다. 인간은 주거생활하면서 집에서 밖을 보는 일이 일상이고, 집의 내부와 바깥 경치의 관계를 중요하게 여겼다. 그래서 우리는 주변 경관과의 관계를 생각하면서 집의 배치를 결정한다. 기본적으로 건물 뒤에는 북풍을 막아줄 수 있는 산이 있고, 남쪽은 창이 활짝 열리듯이 가려진 것이 없어야 하며, 물을 얻을 수 있는 강이 흐르면 더욱 좋다. 그야말로 요산요수의 공간적 조건을 가장 이상적으로 생각한 것이다. 계절에 따라 바람을 활용할 수 있는 산이 있고, 농업용수와 생명수를 확보할 수 있는 곳이어야 한다. 유현준의 『공감이 만든 공간』에 의하면, 뒤에는 산이 있고 앞으로 강이 흘러야 하는데, 이러한 조건은 대지가 자연스럽게 앞으로 기울어져 있고, 비가 와도 배수가 잘되어 땅의 침하가 적으며, 습기가 적어 나무로 만든 건축물이 오래 유지될 수 있다고 한다. 남쪽으로 기울어진 땅이어야 단위 면적당 더 많은 햇볕을 받게 되고, 비가 온 후에도 땅과 건물이 잘 말라 건축물이 더 잘 유지될 수 있다는 것이다. 그래서 배산임수의 풍수 원리가 나온 것이라 한다.

풍수는 삶의 공간에 대한 관념체계이다. 풍수란 음양오행설과 주역적 사고를 바탕으로 한 일종의 규칙적인 방법과 기술이고, 그 기본 구성 요소는 산과 물, 방위이다. 산과 물이 핵심적이고,

방위가 부차적인 요소이다. 인간은 거처를 안정시키고 삶을 즐기려면, 우선 바람과 물의 재앙을 입지 않을 땅에 집을 지어야 한다. 그래서 인간은 택지를 선정할 때 필수 요건인 바람과 물을 관찰하는 습관을 갖게 되었다. 이런 삶의 공간에 대한 의식이 체계화된 것이 풍수이다. 그런가 하면 김동완의 『사주명리 인문학』에 의하면, 풍수는 자연과 인간을 하나로 생각하는 천인합일天人合一 사상에 근거한다고 한다. 이것은 자연의 법칙, 계절의 변화에 따라 인간의 삶이 결정된다는 생각이다. 다시 말하면 인간을 자연의 축소판으로 생각한 것이다. 인간이 자연이고 자연이 인간이라는 풍수는 기본적으로 땅을 어머니로 인식하는 데서 출발하고, 인간이 자녀로서 어머니의 영향을 받는다는 것이 풍수 사상이다. 일반적으로 풍수의 목적은 단순히 집 지을 좋은 땅을 선택하여 행운을 갖는 것도 중요하지만, 자손의 번창을 꾀할 목적으로 조상의 묘를 좋은 땅에 조성하기 위함이기도 한다.

마을 풍수는 마을 형국을 보완하려는 것을 말한다. 마을 풍수가 부정적인 풍수 조건을 인공적으로 극복하기 위한 것이고, 입석성기석, 조탑, 짐대솟대, 장승, 마을 숲 등이 대표적인 예이다. 마을의 산기슭 혹은 산록의 완사면은 토지가 비옥하고 물이 좋은 지형 조건으로, 물을 얻을 수 있고 바람을 막아줄 수 있다. 무엇보다도 풍수에서 물을 얻는 것이 가장 중요하고, 그다음에 바람을 잠재우는 것이다. 여기서 물을 얻을 수 있는 원천으로서 강의 기운, 바람을 막아주는 산의 기운, 보온과 조망의 의미를 지닌 방위가 마을의 터전을 결정하는 데 중요한 역할을 한다. 이 세 가지 요소가 작용하여 땅을 만물의 어머니로 간주하고, 땅과 하늘의 기운이 조화하여 생명력을 갖춘 곳을 좋은 땅이라 생각한다. 이러한 조건을 갖춘 땅은 제한되어 있고, 인구가 증가하면서 마을의 부정적인 조건을 보완하려는 것이 마을 풍수이다. 마을의 형국이 완전하지 못할 때 인위적으로 보완하기 위해 인공물을 세우는데, 이를 비보裨補라 한다. 비보는 풍수적 산천 인식에 기초하여 파악된 문제점을 해결하기 위한 인문학적 대응 방식이고, 산천의 기운이 조화롭지 못할 때 조화와 균형의 상태로 조정하려는 노력이다.

사람은 집을 짓고 집이 사람을 성장시킨다

풍수는 생태적인 삶의 공간 심리학이다. 바바라 페이팔의 『공간의 심리학』에 의하면, 풍수는 환경과 조화를 이루고 살아가는 삶에 관한 기술이자 학문이라고 말한다. 우주에 있는 모든 만물에는 에너지가 흐르는데, 풍수에서 이것을 기氣라고 설명한다. 일상에서 사람은 에너지가 원활하게 흐를 때 몸과 마음이 편해지고, 몸과 마음이 불편하면 기의 흐름이 원활하지 못해 발생한 것으로 생각하여 기를 보완하면 회복된다고 생각한다. 그래서 풍수는 집뿐만 아니라 나아가 환경, 즉 우주와 조화로운 삶을 지향하고, 집은 그중 일부분이기 때문에 넓은 의미에서 공간 심리학과 유사하다는 것이다. 대체로 사람은 공간을 만들고 공간이 사람을 만드는 것처럼, 공간과 인간의 심리는 밀접한 관계를 맺고 있다. 인간은 기본적으로 집을 통해 나를 지키는 안전 욕구, 편히 쉬는 휴식 욕구, 서로 소통하는 공동체 욕구와 자기표현 욕구, 내 마음대로 하고 싶은 심미적 욕구 등을 실현하고자 한다. 집의 풍수는 이러한 주거의 심리적 욕구를 반영하는 공간 관념이다.

집과 집, 마을과 마을의 연결은 길이다. 길은 사물 간의 관계와 조화를 도모하고, 삶의 방식을 교류하는 역할을 하며, 자연과의 조화, 모든 일의 근본적인 흐름의 통로이다. 그래서 삶의 공간은 반드시 길로서 연결되어야 한다. 길의 연결은 좋은 기운을 받아들일 수 있게 하지만, 좋지 않은 기운이 들어오지 못하도록 차단하기도 한다. 마을에서 길 양쪽 혹은 입구에 인공적인 조형물을 설치한 것은 나쁜 기운을 막기 위함이다. 흔히 좋은 터로서 알려진 공간은 밝고 양기가 넘치며, 따뜻한 기운이 있고 볕이 잘 드는 곳이다. 그리고 그 공간에 들어가면 마음이 편안하고 주변의 온도가 1~2도 높다고 한다. 그런가 하면 좋지 않은 공간은 춥고 어두우며, 스산하고 음침하다고 한다. 그런 곳에 거주하면 마음이 우울해지고 안 좋은 생각이 든다고 생각하는데, 이것은 공간이 인간의 심리작용에 크게 영향을 미친다는 것을 말해 준다. 그런 까닭에 마을 사람들은 좋은 곳과는 길로서 소통하고, 그렇지 않은 곳과는 길을 차단하려 노력하는 것이다.

집의 풍수 원리가 마을과 묘지에도 적용된다. 집의 풍수에서 담장과 같은 울타리가 중요한 역할을 한다. 울타리가 없으면 집안의 기운이 흩어지고, 재산을 없애거나 가족들이 뿔뿔이 흩어지게 할 수 있다. 그리고 외부로부터 부정적인 기운이 들어올 가능성이 크다. 울타리는 너무 높지 않아야 하고, 대문과 현관문이 일직선이 되는 것은 좋지 않다. 안방의 생활이 노출되고, 대문 밖에서 좋지 않은 기운이 안방으로 들어올 수 있기 때문이다. 집의 풍수에서 가장 기본적인 것은 울타리가 있어야 하고, 대문이 있어야 하며, 출입구가 북쪽과 서쪽을 피해야 한다. 마을의 울타리와 입구도 집과 똑같은 원리에 근거하여 인식한다. 집의 풍수 원리는 이처럼 마을 풍수뿐만 아니라 묘지 풍수에도 그대로 적용된다.

동굴에서 생활한 사람은 죽어서도 계속 거기 머무른다고 생각해 왔다. 그래서 현생인류는 묘지를 집과 비슷한 것으로 생각한다. 죽음은 인간에게 정서적인 사건이고, 집이 정서적인 곳이듯이 묘지 또한 정서적인 장소이다. 집의 느낌이 정서상 매장 관습의 원동력이 되고, 묘지 풍수가 집과 똑같은 공간구조 원리를 갖게 된 것이다. 묘지는 죽은 사람에게 제공하는 집이고, 이러한 관념은 죽은 사람의 섬김에 대한 상징적인 표현이다.

동굴은 인간의 탄생지이자 무덤이다. 선사시대에 인간은 동굴에서 생활하면서 아이를 낳고, 모든 일상생활이 동굴에서 이루어지며, 죽음을 맞이하고 묻힌 곳도 동굴이었다. 곧 집은 무덤이고, 무덤이 집이라 관념을 보여준다. 주거생활이 동굴에서 움막집으로 바뀌면서 생활공간과 무덤이 분리되기 시작하지만, 그 공간에 대한 인식은 크게 다르지 않다. 인간은 집에서 태어나고, 조상으로 새롭게 태어나는 곳이 무덤이다. 이것은 인간이 죽어 무덤에 묻히는 것으로 끝나지 않고, 조상신으로 부활하여 새롭게 탄생하는 관념을 갖게 된 것이다. 이러한 관념을 토대로 매장 문화가 형성되어 왔다. 무덤의 봉분이 어머니이고, 그 앞의 망주석은 남자를 상징하며, 이것은 음양의 결합을 통해 번창, 재생, 부활을 기원하는 의미를 지닌다. 인간은 어머니 자궁으로부터 태어나 행복하게 살고, 죽어서 다시 어머니에게 돌아간다고 생각하는 관념이 매장 문화에 반영된 것이다.

치산치수治山治水가 풍수적 관념을 약화시키다

인간은 끊임없이 산과 물을 다스리는 노력을 해왔다. 산은 나무가 무성한 곳이어야 하고, 나무가 많으면 공기가 신선하며, 물이 풍족할 때 요산요수의 관념을 갖는다. 풍수는 자연의 순리에 순응하는 요산요수에 그치지 않고, 치산치수의 실천을 통해 산과 물의 혜택을 넓히려는 노력의 일환이다. 풍수가 순응적 자연의 활용이라면, 비보는 부정적인 자연을 극복하려는 인공적 노력이다. 여기서 비보풍수는 산과 물의 기운이 조화롭지 못할 때 그것을 조절하기 위한 치산치수의 상징적 행위이고, 신앙적 실천 행위이다. 비보풍수는 도선국사가 체계화한 것으로 알려지고, 고려 시대를 거쳐 조선왕조에 이르기까지 정치적 활용은 물론 민간에서도 널리 생활화되었다. 새로운 왕권이 등장할 때마다 도읍지를 천도하고, 지역의 풍수적 결함을 극복하기 위해 사찰을 건립했는데, 이 모두 비보 풍수적 사고에서 비롯한다. 그리고 불의 기운이 강한 마을 앞산을 제압하기 위해 짐대를 세우고, 마을의 지형이 산세가 심해 물이 쉽게 빠져나가지 못하도록 조탑을 세우는 것도 비보풍수의 실천이다. 짐대와 조탑이 마을의 재앙을 물리치고 수호한다고 생각하고, 그곳에 마을 제사를 지내는 경우도 많다.

치산의 풍수적 노력이 비보풍수이다. 치산으로 인공적인 산을 조성하는 경우가 많은데, 흙으로 만든 조산造山이나 돌을 쌓아 만든 조탑造塔이 대표적인 예이다. 이것은 산의 형상을 만들어 땅의 기운을 보완하기 위함이다. 조산은 신앙적 치산 행위이지만, 치산에서 중요한 것은 무성한 나무숲을 조성하는 것이다. 하지만 화전 농업이 성행하고 땔감이 연료이던 시절에는 산림 훼손이 심하여 산사태는 물론이고 물의 확보에 많은 어려움을 겪게 하고, 그 자체가 재앙이었다. 산에는 나무가 무성해야 물이 풍족하고 공기를 신선하게 만들어 준다. 이를 위한 치산의 정책은 1970년대 본격적으로 이루어졌다고 해도 과언이 아니다. 특히 식목일은 치산 정책의 일환이고, 석탄, 전기, 석유 등 다양한 에너지가 등장하면서 산에 나무가 무성해졌지만, 이제는 산에 대한 풍수적 관념보다도 삶의 실용적 용도가 더 중요한 시기가 되었다. 무엇보다도 산은 쉼터이자 휴양지로서 치유 공간이고, 영적이며 생명 공간으로서 관심을 가지게 된 것이다.

농경사회에서는 치수가 치산보다도 더 중요하다. 풍수에서 삶의 터전을 결정하는데 가장 먼저 고려하는 것은 물이다. 물은 에너지이고, 인간 생명의 원천이기 때문이다. 그래서 물을 다스리는 용신을 중요하게 생각한 것도 치수의 신앙적 노력에서 비롯한다. 비가 내리지 않아 가뭄이 들면, 지역이나 민가에서 용신에게 기우제를 지내고, 그래도 비가 내리지 않으면 왕이 직접 제관으로 참여한다. 왕이 제관으로 참여하였음에도 비가 내리지 않으면 왕의 자리에서 스스로 물러나기도 한다. 이것은 모두가 물을 확보하기 위한 신앙적 치수 행위인데, 자연의 순리에 따라 비가 내리면 가장 이상적이나, 그렇지 않은 경우를 대비해 다양한 노력을 해왔음을 알 수 있다. 치수로서 가장 효과적인 방법은 물을 저장할 수 있는 저수지를 만드는 것이고, 김제 벽골제, 제천의 의림지 등 삼국시대의 저수지가 치수 정책에서 비롯되었으며, 오늘날 대규모의 댐 건설도 모두 치수의 목적으로 조성되었다. 2001년 기준으로 대한민국의 댐 및 저수지는 약 18,000개가 있는 것으로 알려지고, 기우제가 소멸한 것도 1970년대 댐이 본격적으로 축조되기 시작하면서이다. 이처럼 치수 정책이 활발해지면서 산과 물의 신앙적이고 풍수적 관념도 옅어질 수밖에 없다.

오늘날 풍수적 관념은 기억 흔적으로 존재해 간다. 도시화로 인한 아파트 주거 형태가 증가하면서 집의 풍수 관념이 옅어졌다. 간혹 아파트가 위치하는 풍수적 조건을 활용하여 분양을 홍보하기도 하지만, 이는 어디까지나 풍수적 관념이 반영된 주거 환경과는 무관하다. 그런가 하면 아파트 공간 활용에서 풍수적 관념을 근거로 가구의 공간 배치를 하는 사람도 있다. 이는 산이나 물과 무관한 방위를 근거로 설명한다. 그것은 어떻게 보면 우리 삶에 풍수적 관념이 아직도 깊숙이 자리하고 있음을 보여주지만, 상업적이고 주술적인 활용에 그친다. 이것도 일부에 지나지 않고, 집의 풍수뿐만 아니라 묘지 풍수 관념도 예전 같지 않은 것이 현실이다. 특히나 화장을 선호하는 장례문화가 정착하여 묘지 조성이 줄고 있고, 안장도 집으로부터 자주 접근할 수 있는 가족 공원이나 공공시설을 활용하는 경우가 많다. 그리고 흩어진 무덤을 하나로 통합하여 접근성이 좋은 도로변으로 이동하기도 한다. 이젠 풍수적 관념에 얽매이지 않고, 자손들이 많이 찾아올 수 있는 장소가 명당이라고 생각하는 사람이 많아지고 있음을 볼 수 있다.

명절이 문화적 경험이었지만 공휴일은 어떤 경험일까

명절은 시간 경험과 삶의 의미 재창조이다

문화는 시간과 공간을 경험한 내용이 축적된 삶의 방식이다. 인간은 시간과 공간의 경험 속에서 다양한 삶의 방식을 만들어 간다. 그래서 시간과 공간의 개념이 변화하면, 그 경험의 내용이 달라지고, 인간들의 집합적인 삶이 변화되기 마련이다. 특히 경험은 시간과 공간 조건이 전제되고, 시간과 공간의 개념은 경험을 통해 사회적이고 역사적으로 형성된다. 대체로 인간 개개인의 사실이나 사건이 시간과 공간 환경과 작용하여 발생하는데, 즉 경험은 인간이 환경과 상호작용한 결과물이고, 그 환경은 시간과 공간의 물리적 기반이자 생태적이고 사회 및 역사적 전통과 제도 등을 모두 포함한다. 인간은 끊임없이 이러한 환경에 대해 반응하고 대응해 왔다. 그것은 주체와 객체, 자아와 세계의 상호작용으로 이루어지고, 인간의 내적 요소와 외적인 환경 요소들의 상호작용을 경험한 것이다. 이러한 경험 내용에 근거하여 형성된 것이 시간과 공간의 개념이라 할 수 있다.

명절은 주기적이고 반복적 시간에 근거한 세시 행사이자 문화적 행사이다. 시간 개념은 운동, 공간, 사건과 같은 다른 개념들과 관계있고, 공간에서 발생한 사건과 운동이 시간보다 더 기본적이고 원초적이다. 중요한 것은 시간이야말로 공간상의 운동과 사건을 근거로 개념화되고, 사건과 운동, 사물의 이동 없이는 시간을 인식할 수 없음을 말한다. 지금까지 인간은 사물의 존재로부터 시간을 인식하기 시작하고, 태양, 달, 별 등 천체의 이동이나 위치를 관찰하여 자연의 순행에 근거해 시간을 인식해 왔다. 예컨대 인간은 신체 내 · 외부의 자연 현상을 통해 시간에 대한 단서를 얻게 되고, 식물과 동물의 성장 과정을 통해 시간을 경험한 것이다. 여기서 동물의 성장 과정을 경험한 것이 직선형 시간이고, 식물의 생장 과정을 경험한 것은 순환형 시간이다. 직선형 시간은 일정한 방향으로 흐르고 반복되지 않으며, 과거 → 현재 → 미래의 흐름 속에서 발생한 모든 사건은 일회적이다. 이에 비해 순환형 시간은 일정한 주기에 따라 순환하고 반복적이다. 가령 3 · 1운동, 5 · 18민주화운동, 8 · 15해방 등은 일회적 사건이지만, 순환형 시간에 근거하여 매년 기념행사하는 것은 일회적 사건의 의미화 작업이고, 문화적 행사로서 의미를 지닌다. 인간의 경험은 일회적이지 않고 반복적일 때 그 의미가 지속하고 확대되기 때문이다. 이처럼 매년 명절을 쇠는 것도 반복적 시간 경험이자, 삶의 풍요를 기원하는 의례적 의미의 재현이라고 할 수 있다.

시간은 삶의 변화와 계절 흐름의 척도이다. 일상 삶 속에서 시간을 안다는 것은 계절을 아는 것이고, 계절을 알아야 농사를 지을 수 있게 된다. 그래서 시간은 우리 주변 세계가 얼마나 많이 달라졌는지를 알려주는 가늠자이기도 하다. 우리가 행동하고 세상을 이해하며 사건을 예측하기 위해서는 시간을 알아야 하듯이, 시간의 경험이 운동을 조율하고 감각자극을 이해하는 데도 매우 중요한 역할을 한다. 우리는 시간을 잘 알아야 계절의 흐름을 이해하게 되고, 농경사회에서 가장 중요한 능력은 계절의 흐름을 파악하는 것이었다. 농부는 계절에 따라 씨뿌리고 기르며 수확해야 하기 때문이다. 이처럼 계절을 안다는 것은 농사철을 인식할 능력을 갖추었음을 의미한다. 여기서 흔히 "저 녀석 철들었다"라는 말은, 농사지을 성숙한 나이가 되었고, 24절기에 근거한 농사철 인식능력을 갖춘 사람한테서 비롯된 말로 생각된다.

시간은 명절을 통해 삶의 의미를 재창조한다. 24절기는 1년을 24단위로 나누고, 태음력과 태양력을 근거로 절일節日을 배치한 것이며, 여기서 절일은 명절이다. 1년을 사계절인 봄, 여름, 가을, 겨울로 나누고, 다시 1월부터 12월까지 12개의 마디로 나누어 명절을 배치한다. 월별로 배치된 세시 명절은 1월의 설날과 대보름날, 2월 초하루, 3월 삼짇날, 4월 초파일, 5월 단오, 6월 유두, 7월 백중, 8월 추석, 9월 중구, 10월 상달, 11월 동지, 12월 제석이다. 이처럼 명절에는 시간의 흐름에 따라 시간관념과 삶의 의미를 조화롭게 하려는 노력이 반영되어 있다. 예컨대 설날과 1월, 7월, 8월의 보름은 오랜 역사성을 지닌 토속적인 명절이지만, 3월 3일, 7월 7일, 9월 9일은 음양 사상을 근거로 형성된 명절이다. 4월 초파일은 부활을 상징하는 연등 행사로 불교문화의 영향으로 형성된 명절이고, 입춘과 동지는 태양력을 근거로 형성된 명절이다. 입춘은 농사가 시작되는 날이고, 동지는 낮이 길어지기 시작하는 날인데, 입춘과 동지는 시작이라는 시간적인 의미를 지니고 있다. 본래 설을 동짓날에 지냈기 때문에 그 유습이 남아 동지를 '작은 설'이라고 불러왔다.

명절은 생태적 경험이자 문화적 경험이다

설날은 가족이 함께하는 가족공동체를 회복하는 날로, 혈연 중심의 명절이다. 설날은 음력 1월 1일로서 한 해의 첫째 날을 뜻하고, 새해의 첫 출발로서 중요한 날이다. 설날을 맞이하기 위해 목욕재계로 몸과 마음을 정결히 하고, 집안 곳곳을 대청소하여 청결하게 한다. 우리는 설을 잘 쇠야 일 년이 무탈하다고 생각하고, 말하기와 행동을 특히 조심해 왔다. 그래서 특별한 경우가 아니면 이른 아침에 남의 집을 방문하지 않는다. 설날의 세시 행사로 세찬, 세주, 설빔, 차례, 성묘, 세배, 야광귀 쫓기, 머리카락 태우기, 복조리, 토정비결 등이 있다. 세찬은 설날에 차리는 음식이고, 설빔은 새 옷 입는 것을 말하며, 세주는 설날에 무병장수를 기원하기 위해 마시는 술이다. 세주는 귀밝이술이나 약주라고도 부르는데, 중동이나 중국에서 술을 약으로 처방한 전통에서 비롯되었고, 술이 약이고 약이 술이라는 관념이 반영되어 있다. 차례는 모든 조상을 한꺼번에 모시는 낮 제사이고, 성묘는 조상의 묘 앞에서 지내는 제사이며, 세배는 살아계신 조상께 인사드리는 것이다.

설날의 대표적인 놀이로 널뛰기, 화투놀이, 윷놀이가 있다. 널뛰기는 설빔을 한 여성들의 활기 넘치는 놀이다. 화투놀이 전래 과정을 보면, 중국의 투전이 유럽으로 건너가 카드놀이가 되고, 카드놀이가 포르투갈 상인을 통해 일본에 유입되어 화투놀이로 변화하였다. 우리나라에는 19세기 말 20세기 초에 전래하여 다양한 화투놀이로 발전해 왔다. 윷놀이는 밤윷놀이와 장작윷놀이로 나누고, 장작윷놀이는 중부지역과 산간 지역에 전승하며, 밤윷놀이는 따뜻하고 온난한 지역인 평야가 많은 호남 지역에 전승한다. 장작윷놀이는 방안에서 윷을 두 손으로 모아 던지는 실내용 윷놀이라면, 밤윷놀이는 마당에 멍석을 펼쳐 놓고 그 위에서 종지기에 윷을 담아 던지는 실외용 윷놀이다. 다른 놀이에 비해 화투놀이와 윷놀이는 오락성이 강하여 도박으로 발전하기도 한다.

대보름은 풍년을 기원하고, 한 해의 농사 풍흉을 점치는 행사가 주류를 이룬다. 대보름은 음력 정월 보름으로, 농사짓기 전의 첫 번째 만월이다. 보름달은 대지의 생산과 여신으로 풍요와 다산을 상징한다. 그래서 대보름은 어느 명절보다도 성대하게 지내고, 세시 행사가 대보름에 집중한 것만 봐도 알 수 있다. 대보름의 세시 행사로 오곡밥, 복쌈, 부럼, 보름차례, 유지지, 뱃고사, 마을신앙, 용왕제 등이 있다. 오곡밥은 풍요를 기원하기 위한 여러 가지 곡식인 오곡으로 짓는 밥인데, 경기도와 전라도에서는 보통 찰밥을 해 먹고, 도시에서는 주로 약밥을 많이 해 먹는다. 복쌈은 밥을 김이나 취나물에 싸 먹는 것을 말하고, 부럼은 무사태평하고 종기나 부스럼이 나지 않게 해달라고 호두, 은행, 무 등을 깨물어 먹는 것이다. 여기서 호두의 속신적 관념은 아프가니스탄 일대 및 중국과도 밀접한 관련이 있다. 보름차례는 설과 마찬가지로 조상께 지내는 차례이고, 유지지는 풍년을 기원하기 위해 만든 볏가릿대로 노적가리라고도 부른다. 뱃고사는 배의 안전과 풍어를 기원하는 배선왕굿이고, 마을신앙은 마을의 안녕과 풍년을 기원하는 마을 제사로, 영등제, 별신굿, 단오제, 당산제, 당제 등으로 부른다. 용왕제는 풍어를 기원하는 제사이다.

대보름의 놀이로 달집태우기, 달맞이, 쥐불놀이, 기세배, 줄다리기, 등싸움, 고싸움놀이, 축귀놀이, 액막이놀이, 연날리기, 지신밟기가 대표적이다. 달집태우기는 농사의 풍요를 기원하고 모든 액을 불살라 정화하기 위함이다. 달맞이는 달이 떠오를 때 맞이하는 행사이고, 쥐불놀이는 어린아이들이 논두렁에 불을 놓고 노는 놀이며, 기세배는 풍물굿의 농기 의례로 7~10여 마을이 모여 행하는 대동놀이이다. 줄다리기는 벼농사 풍년을 기원하는 신앙적 놀이로, 용을 상징하는 암줄과 숫줄을 결합하여 당기는 놀이다. 등싸움은 줄다리기와 연계된 놀이고, 고싸움놀이는 줄다리기의 줄놀이 과정이 발전한 놀이며, 축귀놀이는 여성들이 마을의 잡귀를 몰아내는 행사이다. 액막이놀이는 액을 막기 위해 여성들이 인근 마을의 디딜방아를 훔쳐 와 마을 입구에 세우는 것이고, 연날리기는 액의 상징인 연을 멀리 띄워 보내는 행사이며, 지신밟기는 풍년을 기원하고 액을 몰아내기 위해 마을 집집을 돌아다니며 연행하는 풍물굿이다. 이들 가운데 줄다리기는 본래 농사 풍요를 기원하는 놀이자 축제였지만, 오늘날에는 오직 승부를 결정하기 위한 하나의 체육행사로 진행되고 있다. 줄다리기가 1970년대 학교 운동회의 경기 종목으로 채택되면서 체육행사의 중요한 종목으로 자리 잡게 된 것이다.

단오는 4대 명절설·한식·단오·추석의 하나로, 북쪽으로 갈수록 번성하고, 남쪽으로 갈수록 약하다. 5월 5일은 1년 중 양기가 가장 왕성한 때이고, 세시 행사로 단오 음식, 단오빔, 단오절사, 단오고사, 단오장, 상추이슬분바르기, 익모초즙먹기 등이 있다. 단오 음식은 수리취편, 제호탕, 앵두편, 창포주 등이 있고, 수리취편은 단오의 중요한 음식으로 단오병이라 부른다. 단오빔은 단오에 새 옷을 입는 것을 말하고, 단오절사는 새로 수확한 앵두를 조상께 올리는 제사이며, 단오고사는 집안의 평안과 오곡의 풍년, 자손의 번창을 기원하기 위해 산신에게 지내는 제사이다. 단오장은 여성들이 치장하는 것으로, 단오에 나쁜 귀신을 없앤다는 뜻에서 행해졌고, 상추이슬분바르기는 부녀자들이 아침 일찍 상추에 떨어진 이슬을 모아 얼굴에 바르는 풍속이며, 익모초즙먹기는 산과 들에서 풀을 뜯어 즙을 내서 먹는 것을 말한다.

단오의 대표적인 놀이는 그네타기와 씨름이다. 그네타기는 고려 때 상류층에서 행해지다가 후대에 민간화된 놀이로, 혼자 타거나 둘이 타는 것이 일반적이다. 그네타기의 줄은 쌍줄과 외줄이 있고, 쌍줄이 일반적이지만 외줄은 고싸움놀이 하는 광주광역시 칠석동 마을에서 전해진다. 오늘날에 이르러 그네타기는 주로 어린이의 놀이로 정착되고, 교육기관인 유치원이나 초등학교의 필수 놀이 시설이 되었다. 씨름은 중국 전국시대에 성행했던 놀이로, 우리나라는 고구려 고분벽화에서 확인할 수 있다. 씨름은 주로 단오에 많이 하지만, 추석에도 즐겨 하기도 한다. 힘을 겨루는 씨름은 경기방식에 따라 선씨름, 바씨름, 띠씨름, 왼씨름, 오른씨름이 있고, 왼씨름은 중부나 경상도에서 많이 행해지며, 전라도에서는 오른씨름을 많이 했다. 오늘날 씨름은 왼씨름으로 공식화되었고, 1870년에 아마추어씨름대회가 개최되면서 스포츠로 발전했으며, 1985년 6월 14일에 프로씨름대회인 천하장사 씨름대회를 개최하여 씨름의 전통을 이어오고 있다.

추석은 달의 명절이고, 추수 감사제의 성격을 지닌 제천 의례에서 유래한다. 만월에 행해지는 명절은 대보름과 추석으로, 농사가 정월 대보름에 시작하여 8월 한가위 무렵은 수확의 시기이다. 추석은 "더도 말고 덜도 말고 한가윗날만 같아라"는 속담이 있을 정도로 풍성한 명절이고, 우리나라 4대 명절의 하나이다. 추석의 세시 행사로 벌초, 추석빔, 추석 음식, 차례, 성묘, 올벼 심리 등이 있다. 추석을 쇠기 위해 집안 곳곳을 청소하듯이 조상들의 묘를 둘러보며 벌초한다. 추석빔은 추석을 쇠기 위해 새 옷을 입는 것이고, 추석 음식은 송편, 토란국, 닭찜, 갈비찜, 화양적, 누름적, 배화채, 배숙, 빈대떡 등이 있다. 그 가운데 추석의 중요한 음식은 햅쌀로 만든 송편이다. 차례는 송편을 올려 조상께 지내는 제사이고, 추석에 성묘하기도 한다. 올벼 심리는 올벼 천신이라 부르고, 한 해 동안 농사지어 수확한 것을 가장 먼저 조상에게 바치고 제사를 지내는 추수 감사제이다.

추석의 대표적인 놀이로 강강술래와 중로보기가 있다. 강강술래는 남해안지역에 전승되는 부녀자들의 대표적인 놀이로, 밝은 달밤에 손에 손을 잡고 둥글게 원을 그리며 노래하면서 춤추는 놀이다. 그래서 강강술래는 호남의 정서를 잘 반영한 민요이고, 원을 그리면서 손을 맞잡고 춤추는 무용이며, 다양한 부수적인 행사가 수반되는 놀이라고 하는 것이다. 이러한 강강술래는 일년의 농사를 시작하고 마치면서 하늘에 감사드리는 제천의식에 그 뿌리를 두고 있다. 중로보기는 반보기라 부르며, 시집간 딸이 친정 식구를 보기 위해 중간 지점에서 만나 음식을 나누어 먹으면서 회포를 푸는 풍습이다. 이러한 중로보기는 기억의 흔적으로 남아 있지만, 강강술래는 그나마 그 전통을 이어가려는 노력이 이루어지는데, 문화유산으로 지정하여 전승하기도 하고, 학교 교육 현장에서 운동회의 행사 일환과 수련회의 뒤풀이로 강강술래를 경험하고 있는 것이 그것이다.

명절은 이젠 여가생활이자 안식일이다

국가 공휴일 정책은 세시 명절에 많은 영향을 미친다. 세시 명절은 무엇보다도 생산방식, 가족문화, 주거환경의 변화가 많은 영향을 미치지만, 국경일이나 공휴일 정책의 영향도 적지 않다. 요즈음에는 설날이 공휴일인 까닭에 차례를 콘도나 호텔 등 휴양지에서 지내기도 한다. 이는 조상보다도 자손 편의성에 근거해 차례를 지내는 모습이고, 차례가 조상에게 자손의 살림집을 보여주는 의례라는 점에서 낯설기 마련이다. 그리고 한식날의 세시 행사가 국경일인 4월 식목일로 이동하거나, 10월 상달의 시제가 4월 초파일 등 국경일로 옮겨지기도 한다. 그런가 하면 일부 지역에서 단오 명절은 소멸하고, 오히려 추석 명절이 부각하기도 한다. 고려와 조선 시대의 관공서에서 단오에는 3일 쉬고, 추석에는 1일 쉬었다고 한 것을 보면, 단오가 중요한 명절이었음을 알 수 있다. 그런데 공휴일 정책으로 설과 추석만 공휴일로 지정하고, 단오를 배제한 것이 단오 명절을 쇠퇴하게 만드는 원인이 되었다. 다시 말하면 공휴일 정책이 단오 명절은 쇠퇴시키고, 추석 명절의 전국화를 가져온 것이다. 추석 명절은 한강 이남 서부 평야 지역의 벼농사 명절이라면, 한강 이남 동부 및 이북 지역은 보리농사를 중심으로 한 단오 명절 권역이다.

세시 명절의 본질적인 의미가 변화하고 있다. 오늘날 사람들은 명절이나 기념일을 공휴일처럼 생각하고, 단순히 여가생활 하는 정도로 인식하는 경우가 많다. 무엇보다도 2인 이상의 가족을 형성하고 있는 가정에서 명절 인식의 변화가 크게 일어남을 볼 수 있다. 예컨대 소셜미디어에서 한국 주부들이 제일 싫어하는 날이 설날과 추석이고, 남편들보다 명절을 더 좋아하지 않으며, 남편들은 명절이 연휴라는 점을 가장 싫어한다고 한다. 특히 여성들이 명절을 싫어한 것은 여성의 사회적 지위가 격상되고, 여성의 희생을 강요하는 불만에서 비롯된 것으로 보인다. 게다가 여성들의 사회활동이 확대되고, 더불어 비혼 증가와 저출산 등 1인 가구와 같은 초핵가족이 등장한 것도 명절에 적지 않은 영향을 미친다. 이젠 명절이 전통문화의 계승 발전이나 미풍양속의 하나로 지속하기 어려운 환경에 직면해 가고 있다. 명절을 안식일처럼 휴일로 인식하는 경우가 많고, 가족과 즐거운 일을 함께하거나, 국내 및 해외 여행가는 경우가 많다. 이에 따라 명절이 문화적 경험의 특별한 날이 아니고, 노동하지 않고 단순히 여가생활 하는 날로 인식해 가는 추세이다.

명절과 같은 기념일이 증가한다

오늘날 산업노동을 근거로 한 다양한 연중행사로서 세시 행사가 증가하는 추세이다. 세시 행사가 쇠퇴한 것은 농약과 농기계의 등장과도 무관하지 않은데, 특히 농기구의 기계화가 농촌에 거주하는 사람들의 삶을 변화시키는 데 중요한 역할을 해왔다. 농촌인구의 감소와 도시화가 산업노동의 근로자를 증가시키고, 이들의 권익단체인 노동조합이나 관련 기관의 영향을 받은 다양한 연중행사를 증가시키고 있다. 예컨대 국가의 기념일 정책에 따른 다양한 계층의 기념일이 등장하고, 삼일절, 부처님오신날,

근로자의 날, 어린이날, 어버이날, 스승의날, 현충일, 광복절, 제헌절, 국군의날, 개천절, 한글날, 성탄절 등이 그것이다. 이들 기념일이 공휴일 혹은 임시 휴일로 지정되어 하나의 세시 행사로 정착해 가고 있는 것이 현실이다.

기념일은 한국인의 삶에서 간과할 수 없는 세시 행사이다. 흔히 기념일은 행사 주체에 따라 개인과 공동체 기념일로 구분된다. 개인 기념일은 의례적인 삶을 기준으로 형성되고, 공동체 기념일은 공동체의 가치 구현 목적에 따라 형성된다. 개인이 아닌 우리가 경험하고 있는 기념일은 국가가 어떤 특정한 날을 기념하기 위해 제정한 날이 대부분이다. 무엇보다도 국가기념일 행사의 배경에는 한국인의 자주 독립성과 민족성, 문화적 전통성, 유교적 관념과 가족 공동체성, 종교적 축제성, 사회문화적 복지성, 노동적 가치를 강조하는 국가적 의도성이 잘 반영되어 있다. 그러한 까닭에 국가뿐만 아니라 지자체에서도 지역의 활성화 명분으로 이러한 기념일에 더욱 많은 관심을 가지는 추세이다. 오늘날 산업노동에 종사한 사람들은 노동의 시간을 줄이고, 여가생활을 확대하려는 노력을 많이 한다. 이 과정에서 기념일뿐만 아니라 축제에 대한 많은 관심이 증가하는 것은 당연하다. 축제가 공휴일과 국경일, 기념일과 연계되어 개최되기 때문이다. 이 또한 세시 행사로서 관심을 가질 필요가 있는 것이다.

다양한 직능단체가 지정한 기념일이 세속화되어 세시 행사로 정착하기도 한다. 그것은 주로 생산단체나 나이 혹은 계층별로 이루어지는 경우가 적지 않다. 비록 역사적, 문화적 기원은 없지만, 주로 일본이나 외부의 다양한 경제적 요인이 작용하여 형성된다. 그 대표적인 행사가 발렌타인데이2월 14일, 삼겹살데이3월 3일, 화이트데이3월 14일, 블랙데이4월 14일, 오리데이5월 2일, 로즈데이5월 14일, 실버데이7월 14일, 그린데이8월 14일, 포토데이9월 14일, 와인데이10월 14일, 사과데이10월 24일, 빼빼로데이11월 11일, 허그데이12월 14일, 양말데이12월 14일 등이다. 이들은 연례적으로 반복된다는 점에서 세시 행사이고, 상업목적과 연계된 연인들 행사가 주류를 이루고 있다. 이처럼 점차 경제 목적을 구현하기 위한 기념일이 증가하고 있는 것이 현실인데, 무엇보다도 공동체보다 개인 중심의 기념일이 많다는 점이다. 매월 14일의 행사는 개인적인 연인관계에서 우정의 관계, 가족의 관계 등으로 확대되면서 증가하고 있지만, 이것은 시간의 마케팅으로서 시간을 활용하여 다양한 상품을 판매하고, 경제적 목적을 구현하는 것에 주안점을 두고 있다.

이 시대 축제는 어떤 역할을 해야 하나

축제는 문화예술이자 공연예술의 텃밭이다

축제는 지역의 종합문화예술이자 공동체의 의사소통 방식이다. 축제는 신과 인간의 화해 형식인 제의적 행사이거나, 인간과 인간의 화해 형식으로 이루어진 유희적 행사인 경우가 적지 않다. 본래 축제는 축하하는 큰 규모의 행사, 혹은 축하의 제사를 의미하고, 마을이나 지역에서 행해진 영등제, 용왕제, 단오제, 풍어제 등 공동체 신앙도 제의적 행사로서 축제이다. 여기서 공동체 신앙은 신과 인간의 의사소통 방식으로서, 삶의 안녕과 풍요를 기원하는 마을 축제의 성격을 지닌다. 또한 고싸움놀이나 차전놀이, 쇠머리대기, 줄다리기 등도 축제인데, 인간과 인간의 유대관계를 강화하고, 통합성을 추구하는 축제의 모습을 보여주기 때문이다. 그리고 삼일절과 광복절 등의 국경일 행사도 축제이고, 잔치의 성격을 지닌 결혼식, 회갑연, 장례식 등의 의례도 축제이며, 지역의 특산품 홍보와 매출의 경제적인 행사도 축제의 성격을 지닌다. 이처럼 축제는 제의와 같은 종교적 행사이거나, 놀이와 같은 유희적 행사이며, 의례적 행사 혹은 경제적 행사로 정의된다.

축제는 그 본질이 축제답게 만든다. 축제에 반영된 가장 중요한 근본적인 성질이나 요소가 축제의 본질이다. 이것은 시간이 흐르고 환경이 변화하더라도 지속적이며 관통한다. 흔히 축제의 본질은 오신성, 의례성, 오인성, 생산성, 전도성, 통합성이라 말하고, 그중에서 축제의 가장 기본적 본질은 전도성과 통합성이다. 대체로 오신성은 신을 즐겁게 하는 것으로, 신으로부터 감응을 받아 삶의 풍요를 기원하기 위함이고, 제의적 행사에서 강하게 나타난다. 오늘날 지역축제에서 오신성은 전야제의 행사에서 구현되기도 한다. 그리고 의례성은 인간이 기념할 만한 것을 의례화하고, 그것을 축하하여 경축하는 행사나, 공동체의 가치를 구현하는 세시풍속에서 강하게 나타난다. 그런가 하면 오인성은 인간과 인간의 화해 형식인 놀이에 강하게 반영되고, 생산성은 경제적 목적을 구현하기 위한 축제에서 확인된다. 축제의 본질로서 중요한 전도성은 축제를 통해 공동체 질서를 회복하여 삶의 의미를 더욱더 강화하고, 통합성은 나와 공동체, 인간과 신, 인간과 인간의 의사소통을 통해 화합하고 통합하는 역할을 한다. 오늘날 축제가 이와 같은 본질을 모두 갖추고 있는 것은 아니다. 일반적으로 전통축제에서 주로 확인되지만, 현대축제에서는 다소 미흡하게 나타난 경우가 많기 때문이다.

축제는 종합문화예술로서 최소한 3가지 구성 요소를 갖추고 있다. 그것은 축제를 개최하는 시기시간성와 장소공간성, 축제의 내용콘텐츠이다. 우리는 특별한 시간과 장소에서 비일상적인 행사로 진행되는 것을 축제라고 말하고, 축제를 시간성, 공간성, 콘텐츠를 기준으로 분류하기도 한다. 먼저 시간성을 기준으로 세시축제와 비세시축제, 전통축제와 현대축제, 계절축제 등으로 분류하고, 두 번째로 공간성을 기준으로 가정축제, 마을축제, 지역축제, 국가축제, 국제축제로 분류한다. 여기서 국가축제는 국가가 주관하는 경축일 행사를 비롯해 전국체전, 전국민속예술경연대회 등이고, 국제축제는 부산국제영화제나 광주 비엔날레, 세계올림픽 등이다. 세 번째로 콘텐츠를 기준으로 민속문화축제, 역사인물축제, 생태환경축제, 향토음식축제, 특산물축제, 현대예술축제, 스포츠축제 등으로 분류된다. 이러한 분류체계는 각 지역축제를 이해하는 데 크게 도움이 될 것으로 보인다.

축제는 시공간예술로서 공연예술의 텃밭이다. 일상의 경험에서 눈에 보이는 것은 공간예술이고, 음악은 시간 속에 펼쳐지는 시간예술이지만, 축제는 일상과는 다른 특정한 시간과 장소에서 행해지는 비일상적이고 가상 세계의 행사이다. 여기서 가상 세계는 종교적이거나 의례적인 삶이 구현되는 곳이고, 비일상적인 시간과 장소에서 신을 맞이하여 인간의 소망을 실현하는 세계이며, 인간과 인간의 긴밀한 유대관계를 조성하는 세계이다. 이러한 가상 세계의 삶은 매년 반복적으로 이루어지는 연중행사이고, 축제의 성격을 지니는 경우가 많다. 그래서 정월 보름에 행해지는 마을 제사, 달집태우기, 줄다리기, 고싸움, 혼인 잔치나 환갑잔치, 장례식 등도 축제의 모습을 보여주는 것이다. 서연호의 『21세기 한국공연예술의 양식과 현장』에 의하면, 축제는 의례 또는 의례 일부로서 복합적이고 융합적인 양식이라 했고, 이것은 호남 지역의 상장례 의례가 축제 분위기 속에서 개최되는 데서 확인할 수 있다고 한다. 중요한 점은 축제가 종합문화예술로서 공연예술의 텃밭이라는 사실이다. 일반적으로 축제는 간단한 공연으로부터 복잡한 공연으로, 하루의 행사로부터 수일의 행사로, 끊임없이 융복합되어 진행된다. 이는 축제가 바로 공연예술의 산실임을 보여준다.

축제는 교류의 장이자 문화적 매개물이다

축제의 기능은 축제의 생명력을 갖게 한다. 인간은 축제에서 종교적 체험을 강화하고 성스러운 정화 과정에서 신성성을 경험하고자 한다. 그것은 신성성과 가상 세계의 체험을 통해 현재 삶의 풍요로움을 갖고자 하는 인간의 욕망에서 비롯된다. 이것은 종교적 기능이 강한 제의적 행사를 통해 보여준다. 하지만 축제가 종교처럼 개인적이고 신비적으로만 머물지 않듯이, 공동체에서 사회적 기능을 수행하기도 한다. 왜냐하면 축제가 여러 사람이 함께 어울리고, 사회구성원으로서 자기 확인과 자기 인식, 타인을 확인하는 장이기 때문이다. 우리는 그곳에서 대립과 갈등을 해소하고, 화해를 이끌어 일체감을 조성하고자 심혈을 기울인다. 이것이야말로 정체성을 확립하여 공동체 의식을 고양하고, 지역민들의 결속력을 강화하는 사회적 기능인 것이다. 이러한 사회적 기능은 정치적 기능으로 발전하기도 한다. 축제 준비 과정에서 다양한 계층이 축제 추진위원회 구성에 참여하고, 축제의 개최 절차와 내용을 논의하고 결정한다. 그리고 축제를 통해 지역 정치인들의 다양한 교류가 이루어지고 있는 것이 그 예이다.

축제가 유희성과 경제성을 목적으로 개최되는 경우가 많아지고 있다. 그것은 초월적 신이 아니라 인간 중심의 축제 콘텐츠가 증가하고 있는 데서 확인된다. 축제는 기본적으로 일상적 삶에서 해방되는 자유로움을 만끽하고, 즐거움과 만족감으로 심리적 안정감을 취하도록 해 준다. 이러한 심리적 경험은 축제를 통해 실현되고, 그 축제는 바로 인간의 유희적 본성을 문화적으로 표현한 것이다. 그래서 우리는 축제가 일상적 인간을 놀이하는 인간으로, 축제하는 인간으로, 환상적인 인간으로 바꾸어 준다는 사실에 주목해야 한다. 최근 들어 인간의 유희적 기능만이 아니라 경제적 기능을 강조하는 축제도 증가하는 추세이다. 특히 전통축제보다도 현대축제가 지역경제 활성화를 목적으로 개최하는 경우가 많고, 이 경우 자칫 축제의 본질이 훼손되기도 한다. 무엇보다도 축제의 경제적 기능도 중요하지만, 교육적 기능에도 관심을 가져야 함을 강조하고 싶다. 축제가 종합문화예술 교육의 장이고, 전통문화와 예술을 계승하고 발전시키는 텃밭 역할을 하고 있기 때문이다.

축제는 사람과 공간의 문화적 매개물이다. 축제는 다양한 사람들과 교류하는 문화적 공간이고, 정체성을 확인하는 장소이다. 오늘날 한국 국민은 단일민족으로만 구성될 수 없는 것이 현실이다. 그것은 외국인과의 국제결혼이 증가하고, 그 자녀들을 비롯하여 다양한 민족으로 확대되고 있기 때문이다. 무엇보다도 국제결혼은 다문화 가정을 증가시키고, 귀화인, 외국인 노동자 등 한국 국적을 취득한 외국인의 증가에도 크게 영향을 미친다. 외국인 증가는 한국인의 생활문화와 외국 문화가 혼재하게 만들고, 혹은 융합되어 새로운 문화를 만들어 가게 한다. 특히 다문화 가정은 2019년 기준 전체 인구 5%를 차지하고, 베트남, 중국, 태국 순으로 많은데, 교류를 통해 지역의 사회적, 문화적 환경을 변화시키는 역할을 하고 있다. 그 교류 통로가 축제이고, 축제에서 외국인 이주자들의 행사가 나날이 늘고 있음이 그 예이다. 축제는 지역 주민들의 삶을 읽을 수 있는 문화적 지표이고, 지역과 외부의 쌍방 의사소통이 이루어지는 공간이기도 하다. 축제야말로 다양한 사람들과 교류하고, 다양한 지역으로 확장하는 문화적 매개물인 셈이다.

축제는 공유자원이자 문화상품이다

축제는 지역의 공공성을 실현하는 문화 행사이다. 오늘날 물리적인 자본과 경제 활동이 위축되면, 무엇보다도 무형 자원의 활용 기회가 많아질 수밖에 없다. 무형 자원을 활용한 무게 없는 경제 활동이 물리적 경제 활동의 한계를 극복하는 데 많은 도움을 주기 때문이다. 여기서 무형 자원은 정보와 지식 자원이고, 문화 자원을 말한다. 현대사회에서 문화 자원의 관심은 더욱 증가할 것으로 보인다. 이제는 문화를 소유하는 시대가 아니라 공유하는 공공자원으로 인식하는 시대이다. 문화는 모든 사람에게 필요하고, 모두가 관심을 가지며, 다수 또는 모든 사회구성원이 공유해야 한다. 그런 점에서 문화의 소유가 아닌 공유자원으로 활용하여 공공성을 더욱 확대할 필요가 있다. 앞으로는 공공복지, 공공법률, 공공건축, 공공미술처럼, 공공문화로서 관심을 가지는 것이 필요하다. 문화의 공유자원으로서 그 활용이 바로 축제이고, 축제는 공유자원이자 공공문화행사인 것이다.

축제는 지역경제의 활성화와 관광자원으로서 문화상품이다. 축제가 1992년 지방자치 실시 이후 주민의 화합을 도모하고, 지역성의 강화를 통해 정체성을 확립하며, 경제적 활성화를 명분으로 개최되면서 활성화되었다. 그러다 보니 축제가 지역 주민보다도 외부 관광객 중심으로 개최되는 경우가 많고, 지역 주민은 다소 소외되는 경우가 많았다. 축제를 통해 지역을 홍보하고 경제적 효과는 어느 정도 달성했지만, 지역 주민들의 일체감을 조성하고 정체성을 확립하는 데는 많은 문제가 있는 것도 사실이다. 최근 들어 이러한 문제점을 개선하기 위해 지역 주민들이 참여하는 다양한 프로그램을 개발하고 있는 것은 다행스러운 일이다. 이젠 축제가 지역의 잔치이자 손님맞이 행사로 성장하고, 지역의 브랜드화로서 문화상품화가 이루어지고 있는 것이 현실이다.

오늘날 축제는 지역에서 경쟁적으로 개최되는 추세이다. 지방자치 실시 이후 축제가 2005년도에 601개, 2019년도에 884개, 2024년도 1,170개로 기하급수적으로 증가하고 있다. 지방자치단체별로 2개 이상의 축제를 개최하기도 하고, 많은 예산을 투입하여 축제의 규모를 키우는 경우가 많다. 그것은 오직 축제를 통해 경제적인 목적을 달성하기 위함이다. 이러한 축제가 한국에서만 증가하는 것은 아니고, 선진국에서도 다양하게 축제를 개최하고 있으며, 이것은 세계적인 흐름이다. 예컨대 유럽의 맥주 축제나 브라질의 삼바축제처럼, 축제가 경제적이고 문화적으로 포장하기에 가장 효과적이기 때문이다. 그래서 축제를 지역의 브랜드화 계기로 삼고, 로컬경제의 활성화를 위해 개최하려는 경우가 많아지고 있다. 이것은 축제에서 지역문화의 상품화 혹은 지역특산물의 판촉 행사를 진행하고자 한 것이다.

2부 성장과 가상세계

한 생명의 출생과 성장 과정에 더 관심을 가져야

아이의 잉태와 태교는 엄마의 정성으로 이루어진다

아이는 엄마의 정성과 기도로 잉태된다. 아이의 출생은 결혼을 통해 이루어지고, 여성들이 결혼하면 당연히 아이를 낳아야 하는 부담을 가져왔다. 농경사회에서 결혼은 가문의 대를 이어갈 아들을 얻는 데 있다고 생각해 왔기 때문이다. 그래서 엄마는 아이를 갖기 위해 온갖 정성을 들이고, 지극정성으로 치성을 드리거나, 주술적인 방법으로 아이를 갖고자 했다. 주로 치성드리는 방법은 영험한 산에 가서 기도를 드리거나, 산신당과 칠성당, 교회나 성당에서 기도드리는 것이다. 이에 비해 주술적인 방법은 아들을 잘 낳는 가정의 산모 속옷을 얻어 입거나, 남자의 성기를 상징하는 장식용 도끼를 옆구리에 차고 다닌다. 그리고 결혼식의 폐백 의례에서 시어머니가 밤과 대추를 신부의 치마에 던져주는 것도 아들의 잉태를 기원하기 위함이다. 요즈음은 의학이 발달하면서 의술로 아이를 갖는 경우가 많지만, 아직도 종교적이고 신앙적인 방법에 의존하는 경우가 많다. 아이의 잉태가 전적으로 엄마의 정성과 기도로 이루어지고 있음을 보여준다.

아이는 태몽을 통해 그 미래가 예측된다. 엄마가 임신하면 태몽을 꾸는데, 태몽은 친정어머니나 시어머니, 가족의 누군가가 꾸기도 한다. 여기서 태몽은 한국인이 꿈은 참으로 신성하고 영험하다고 생각하는 데서 비롯되었다. 그래서 일상에서 집안 어르신의 꿈자리가 좋지 않으면, 가족들에게 몸가짐을 조심하도록 말한다거나, 최근까지도 좋은 꿈을 꾸면 복권을 사는 것도 모두 이 때문이다. 태몽에는 꿈을 통해 삶의 방향을 예측하고자 하는 심리가 깊게 반영되어 있다. 꿈에 대한 인식을 바탕으로 가족은 꿈의 영험함에 근거하여 태몽을 통해 아이의 성별을 알기 위함이고, 아이의 미래를 점치고자 한 것이다. 일반적으로 태몽을 해석하는 방식은 개인마다 지역에 따라 다르다. 태몽에 구렁이, 호랑이, 돼지, 소, 가물치, 숭어 등 큰 짐승은 '아들 꿈'이고, 호박이나 꽃, 딸기, 풋고추, 조개, 작은 물고기와 작은 짐승은 '딸 꿈'이라고 해석하기도 한다.

임신 환경이 아이의 건강에 크게 영향을 미친다. 태아가 자궁 속에서 양수에 둘러싸여 성장하는 동안, 태아는 양수의 따뜻함, 엄마의 심장 박동, 자궁의 출렁임을 느끼면서 성장한다. 그래서 태아는 촉각을 통해 느끼고, 촉각이야말로 가장 원초적인 감각인 셈이다. 원초적 감각은 태아의 건강 상태를 확인할 수 있는 출발점이고, 엄마의 임신 환경이 태아의 건강 상태에 많은 영향을 미친다고 알려져 있다. 이것은 농경사회의 설화에서도 확인되는데, 주인공이 팔, 다리, 눈을 하나씩만 가진 신체 반만 가지고 태어난 경우이다. 이처럼 반쪽이가 장애를 가지고 태어난 이유는 엄마가 먹어야 할 음식을 충분히 먹지 못했기 때문이라 한다. 다시 말하면 엄마가 태교하면서 충분한 음식을 섭취하지 못하자, 그로 인해 반쪽 장애가 있는 아이가 태어난 것으로 생각한 것이다. 최근에는 엄마의 독감, 코로나, 흡연 등 엄마의 임신 환경이 태어날 아이의 건강에 크게 영향을 미치고, 태어난 아이의 체중이 큰 경우와 저체중이 성장에 영향을 미친다고 하는 연구 결과도 많아지고 있다. 이는 엄마가 아이를 기르는 데 중요한 역할을 하는 존재이고, 임신 환경의 중요성을 말해 준다.

임신의 환경은 심리적 요인도 중요하게 작용한다. 김현철의 『경제학이 필요한 순간』에 의하면, 임신 중에 스트레스를 받은 산모의 아이는 청소년기에 주의력결핍과다행동장애에 걸릴 확률이 25% 증가한다. 그리고 성인이 되어 불안장애를 겪을 확률과 우울증 약을 먹을 확률이 각각 13%, 8% 늘어난다고 말한다. 이것은 임신 환경의 심리적 요인이 얼마나 중요한지를 잘 보여준다. 중요한 것은 임산부의 임신 환경을 개인에게만 미룰 것 아니라 사회적이고 국가적인 차원에서 관심을 가질 필요가 있다는 것이다. 예컨대 국가는 태아를 바이러스 감염, 음주, 흡연, 영양불균형, 스트레스, 대기오염 등에서 지켜주는 정책을 도입하고, 회사는 직장 여성이 임신기간에 노동시간을 단축하거나, 휴가를 유연하게 쓸 수 있는 제도를 도입해야 한다. 이러한 정책은 불평등 개선뿐만 아니라 저출산으로 인한 인구 정책에도 크게 도움이 되기 때문이다.

아이의 태교는 엄마의 정성으로부터 시작된다. 지금까지 태교는 행동과 음식에 관한 금기를 통해 이루어진 경우가 많았다. 행동에 관한 금기로, 임산부가 보폭을 크게 하여 물체를 건너가지 않도록 하고, 경사진 장소에 앉거나 일반사람들이 통행하지 않는 곳을 가지 못하게 하며, 주변 사람들과 험담이나 말다툼하지 않아야 한다. 이것은 임산부가 태아의 안전을 위해 매사에 몸가짐과 언행을 조심해야 함을 강조한 것이다. 그런가 하면 음식에 관한 금기로, 임산부는 물론 가족들도 개고기를 먹지 않아야 하고, 개고기는 의례와 신앙적으로 깨끗하지 않고 부정한 음식으로 생각해 왔기 때문이다. 그리고 닭고기, 토끼고기, 오리고기, 낚시한 물고기 등도 먹지 않도록 했는데, 이것은 살생을 금하는 불교적 정서의 반영이기도 하지만, 아무 음식이나 먹지 않고 깨끗하고 반듯한 음식만을 먹도록 한 것이 주된 이유이다. 요즈음은 이와 같은 전통적인 태교뿐만 아니라, 독서나 음악 등의 다양한 예술 활동의 정서적 태교도 많이 이루어지고 있다.

아이는 엄마의 정성으로 태어나고 성장한다

아이의 고향은 태胎를 묻는 곳이다. 지금까지 한국인은 어린 시절 성장한 곳이 아니라 태어난 곳을 고향이라 말하는데, 인간의 생명줄인 태를 묻었던 곳을 고향으로 인식해 왔다. 농경사회에서 출산은 집에서 이루어졌고, 개인마다 차이가 있으며, 예컨대 태는 구멍 뚫린 항아리에 담아 마당 가운데 묻거나, 집 주위에 묻는다. 혹은 냇물이나 강물이 있는 경우 흘러가는 물에 띄워 보내기도 한다. 하지만 출산이 병원에서 이루어지면서 태는 더 이상 생명체로서 매장되지 않고, 의료폐기물로 취급받는다. 여러 가지 이유가 있겠지만 고향에 대한 인식도 태어난 곳이 아닌 성장한 곳으로 변화되어 가고 있다. 요즈음 젊은이들은 주로 태어나서 학창 시절을 보낸 장소를 고향으로 생각하는 경우가 많고, 고향이 농촌인 경우보다 도시가 더 많아졌다.

아이는 금줄을 통해 보호된다. 가정에서 아이가 태어나면 아빠는 금줄을 건다. 원시언어에서 어둠을 나타내는 검정과 태양의 흰빛을 나타내는 흰색이 맨 먼저 생기고, 그다음에 불을 나타내는 빨강, 그리고 노랑과 녹색이 추가된 것으로 알려진다. 여기서 음양 사상의 토대가 되었을 것으로 생각하는 어둠과 밝음이 검정과 흰색으로 표현되고, 문화적 혁명을 가져온 불이 발견되면서 빨강이 추가되었으며, 그다음으로 노랑과 녹색을 인지하였을 것이다. 이러한 원초적인 색깔을 잘 반영하고 있는 것이 금줄이다. 금줄은 울타리 안의 출입구인 대문에 건다. 금줄은 숯과 한지를 왼새끼에 끼우고, 아들 금줄에는 고추를, 딸 금줄에는 솔잎을 끼운다. 고추는 아들을 상징하고, 솔잎은 여자들의 침구용인 바늘을 상징한다. 그리고 숯과 한지가 정화의 기능은 물론 번창의 의미를 지니고, 고추가 붉은색이고 솔잎이 바늘과 같아서 외부로부터 유입되는 부정적인 요소를 제거하는 역할을 한다. 이처럼 금줄은 아이의 번창을 기원하고, 외부의 부정적인 요소를 물리치기 위해 대문에 21일 혹은 49일 동안 걸어둔다.

아이는 배냇저고리를 입고 새롭게 탄생한다. 산모는 아이를 출산하고 나서 첫국밥을 먹고, 3일째 되는 날에 아이에게 배냇저고리를 입힌다. 첫국밥은 미역으로 국을 끓이고 쌀로 지은 밥을 말하고, 산모가 출산 후 맨 처음 먹는 음식이다. 특히 산모는 첫국밥을 먹기 전에 아이에게 수유한 유두에 미역국을 바른 다음 먹는다. 그것은 엄마가 아이를 출산하면서 생명의 위험을 경험하고, 그 과정에서 자기보다 아이의 생명을 먼저 걱정하는 엄마의 마음과도 같다. 엄마는 아이가 태어나서 3일째 되는 날 아침에 목욕시키고 배냇저고리를 입힌다. 배냇저고리는 '이레안저고리'라고 부르기도 하고, 가장 부드러운 천으로 만든 옷이다. 여기서 가정에서 출산한 아이는 옷을 입히기 전에 반드시 쑥물로 목욕시킨다. 인간이 일생에서 두 번 쑥물로 목욕한 경우는 가장 먼저 배냇저고리를 입기 전이고, 두 번째는 행복하게 살다가 죽은 뒤 수의를 입기 전이다. 쑥은 오염된 것을 정화하는 역할을 한다. 그래서 단군신화에서 환웅이 동굴 속에서 곰과 호랑이에게 쑥을 먹게 했던 것도, 인간에게 동물적 속성은 오염되거나 부정적이어서 그것을 정화하여 인간으로 탄생시키기 위함이었다. 동굴은 엄마의 자궁을 상징한 것으로, 곰이 엄마를 통해 웅녀로 재탄생한 것이다.

아이는 후각을 통해 엄마를 인식한다. 인간의 삶에서 가장 행복한 일 중 하나가 출산이다. 아이는 태어난 지 몇 시간이 채 지나기도 전에 엄마 냄새를 지각한다. 여기서 엄마 냄새는 아기를 편안하게 해 주고, 아이와 엄마의 관계를 돈독하게 해 준다. 엄마는 아이 냄새를 맡으며 행복해하고, 아이는 엄마 냄새를 통해 편안함을 느끼게 되는 것이다. 다이앤 애커먼의 『감각 박물학』에 의하면, 신생아들에게는 빛, 소리, 촉감, 맛, 냄새가 모두 뒤섞여 있고, 아이는 코를 통해서만 냄새를 지각하지 않고 듣고, 보고, 느낀다고 한다. 그 가운데 후각이 어린 시절에 가장 예민하고, 근처에 누가 있는지를 판단하는 결정적인 단서를 제공한다. 후각은 엄마와 아이 관계를 결정하는 중요한 역할을 하고, 아이가 점차 성장하면서 발달하게 된다. 그러면서 아이는 다양한 감각을 인식해 가고, 무엇보다도 아이는 촉각을 통해 본격적으로 세상을 알아가기 시작한다.

아이는 신체적 접촉을 통해 성장한다. 아이가 태어나면 보거나 말할 수는 없어도 본능적으로 신체적인 접촉을 시작한다. 여기서 신체적인 접촉은 나와 외부에 엄마가 있음을 가르쳐 주고, 삶에 필수적인 물과 햇볕만큼이나 중요하다. 촉각이 동물들에게 매우 중요한 감각인 것처럼 인간에게도 마찬가지이다. 어린 시절에 아이의 머리와 얼굴에서 시작하여 목과 어깨를 쓰다듬어 주고, 팔과 다리를 애무하거나 가볍게 주물러 주면, 반응을 잘하는 것뿐만 아니라 체중증가 속도가 빨라진다고 알려져 있다. 그리고 주변 환경의 적응이 빨라지고 정서적으로 훨씬 안정된다고 한다. 아이에게 엄마의 많은 접촉이 필요한 것은 바로 이 때문이다. 그래서 엄마와 함께 가족이 아이에게 많은 접촉을 해 주어야 하고, 촉각을 발달시킬 수 있는 장난감을 선택해 주는 지혜도 필요한 것이다. 이것은 아동의 발달에서 신체접촉과 촉각 발달이 얼마나 중요한지를 잘 보여준다. 무엇보다도 아이들에게 중요한 것은 오감각을 발달시킬 수 있는 공감각 교육이다. 공감각Synesthesia은 한 감각을 자극하면 다른 감각도 자극받는다는 것을 말한다. 인간은 일상생활에서 누구나 감각의 뒤섞임을 경험하고, 감각의 신경 연결을 통해 공감각을 느끼게 된다. 공감각은 창조성을 키워주기 때문에 어린아이들에게 매우 중요하다.

아이는 직립 인간으로 새롭게 탄생한다

아이의 성장 의례는 이레, 백일잔치, 돌잔치이다. 과거 농경사회에서 이레는 세이레를 치르는 경우가 일반적이나 일곱이레를 지내기도 했다. 그래서 금줄은 21일 혹은 49일 동안 걸어두고, 첫이레 때에는 아이의 이름을 지어주는 경우가 많았다. 가장 호사스럽게 치렀던 백일은 아이가 태어난 뒤 백일째 되던 날이고, 돌은 일 년째 되던 날로 처음으로 맞이하는 생일이다. 대체로 백일에는 수수팥떡을 해서 백 사람에게 나누어 주고, 백 조각의 헝겊으로 백일복을 해 입힌다. 이것은 수수팥떡이 잡귀를 물리치는 역할을 하고, 아이의 장수를 기원하기 위함이다. 그리고 돌에는 돌떡을 이웃에 돌리고, 아이의 돌상을 차려 그 위에 쌀, 실, 노트나 연필 등을 올려놓는다. 이를 '돌잡이'라 하여 아이가 가장 먼저 무엇을 잡는가를 보고 아이의 미래를 점친다. 여기서 쌀은 재복이 많고, 실은 수복이 많으며, 연필은 공부를 잘하여 관복이 많다고 생각한다.

돌잔치는 아이가 직립 이동할 수 있는 출발점이다. 돌잔치는 핵심적인 성장 의례이고, 아이가 이 무렵에 불완전하지만 일어서서 걸을 수 있다는 점에서 의미가 크다. 아이는 태어나는 순간부터 가족들과 의사소통하면서 성장하고, 돌잔치 날에 앞으로 살아가야 할 세계에 첫발을 걷는다. 대체로 생후 4개월이면 지각 · 운동 능력이 완전하게 발달하고, 아이는 손 뻗기와 조작을 통해 사물과 상호 작용하는 방법을 배우기 시작한다. 그리고 6개월이 지나면 다리가 훨씬 강해져 근육도 함께 작용하고, 이동의 능력이 형성된다. 그러면서 아이의 발달 자세와 근육의 협응이 이루어지면 새로운 세계가 열리는데, 먼저 구르고, 몸을 돌리며, 다음으로 긴다. 나중에는 걸어서 주위를 돌아다닌다. 이러한 아이의 이동 능력은 유의미한 사물을 접하고, 드넓고 새로운 세계를 열어준다. 그리고 목표를 달성하고, 의도를 실현할 가능성을 갖게 한다. 인간에게 이동의 능력은 몸의 지각 능력, 운동 기능, 자세, 표정, 정서와 바램을 경험하는 능력을 포함하고, 신체적이고 정서적이며 사회적으로 성장하는 데 중요한 역할을 한다. 그런 점에서 돌잔치가 바로 아이가 처음으로 직립 이동할 수 있는 능력을 축하하는 의례라는 점에서 의미가 크다.

생일잔치는 생물학적 인간과 직립 인간의 탄생 기념일이다. 일생에서 개인의 기념일은 의례와 관계된 생일, 결혼기념일, 기일이 있다. 이러한 기념일은 기본적으로 의례의 일회적 사건을 물리적 기반으로 삼고, 그 사건의 처음을 소환하는 특별한 날이다. 예컨대 생일은 돌잔치를, 결혼기념일은 결혼식을, 기일은 장례식을 근거로 형성된 기념일이다. 주로 생일은 가족 중심이고, 순환형 시간관을 근거로 반복된다. 생일은 엄마가 아이를 낳는 날이고, 아이가 엄마로부터 태어난 날이기에 두 가지 의미를 지닌다. 하나는 엄마로부터 분리된 생물학적 인간의 탄생을 기념하고, 두 번째는 태어나 처음으로 이동하는 직립 인간의 탄생을 기념하는 날이다. 이에 따라 아이가 성장 과정에서 경험하는 생일은 생물학적이고 직립 인간의 탄생 기념일이라 할 수 있는 것이다.

의학의 발달이 출산과 백일잔치를 변화시켰다

고대로부터 농경사회에 이르기까지 출산과 성장 의례는 오랜 역사성을 가지고 지속되었다. 하지만 이를 설명할 수 있는 관련 기록이 많지 않다는 것은 아쉬운 점으로 남는다. 다만 <단군신화>의 내용에 "환웅이 360여 사를 맡아 다스리고, 곰과 호랑이에게 동굴 속에서 쑥과 마늘을 먹고 100일 동안 햇빛을 보지 않도록 하며, 곰은 금기를 잘 지켜 삼칠일 만에 여자가 되었다."에서 보듯이, 세이레, 백일, 돌 등의 성장 의례가 이루어졌을 가능성을 확인할 수 있다. 그리고 주자의 『가례』를 기본원리로 제정된 일생 의례가 왕실이나 지배계층 중심으로 이루어지고, 서민들까지 수용하게 된 것은 17세기 이후부터라고 알려지는데, 특히 『양아록』1552과 『쇄미록』1598, 『지봉유설』1614 등에 돌잡이에 관한 기록이 보이고, 민간에서도 돌잡이가 이 시기 이후에 널리 행해졌을 것으로 보인다.

출산 의례가 의학의 발달에 따라 많은 변화를 겪고 있다. 무엇보다도 아이의 출산 장소가 가정에서 병원으로 이동하고, 농촌인구의 감소와 도시화에 따라 출산 의례의 많은 변화가 이루어졌다. 가령 출산을 준비하는 과정에서부터 출산을 관장하는 의례, 아이를 받아주는 사람, 아이의 순산을 위한 주술적 행위, 태를 처리하는 과정 등에서 확인된다. 대체로 임산부는 출산할 달이 되면 미역, 깨끗한 쌀, 실, 기저귀, 가위, 짚, 배냇저고리를 준비하고, 반드시 미역은 출산할 달에 준비해야 하며, 아이의 출산이 다가오면 윗목에 짚을 깔고 지앙상을 차린다. 지앙상 위에는 쌀, 물, 미역, 가위를 올려놓고, 방바닥에 짚을 깐다. 여기서 짚을 사용한 이유는 아이가 짚자리에서 복을 가지고 태어난다는 관념 때문이다. 흔히 아이를 받아주는 사람을 '산받이'라고 부르고, 산받이는 산모의 시어머니나, 다복하고 아이를 많이 받아본 경험이 있는 여자가 역할을 한다. 출산 과정에서 아이가 난산으로 더디게 나오면 산모에게 머리카락을 물리게 하고, 아빠는 곁에서 지켜봐 주기도 하지만, 솥뚜껑이나 키로 부엌을 부치기도 한다. 그리고 무당이 지앙상(삼신상) 앞에서 비손하기도 한다. 그래서 아이가 태어나면 산받이가 아이의 탯줄을 자르고, 태는 방바닥에 깔았던 짚으로 싸서 윗목에 놓아두었다가, 3일째 되던 날에 아빠가 항아리에 담아 집안 마당에 묻는다. 이와 같은 출산의 절차가 출산 장소가 병원으로 이동하면서 모두 소멸하였다. 오늘날 출산에 필요한 것은 모두 유아용품점에서 구매하고, 출산 의례인 지앙상 의례나 아이의 순산을 위한 주술적인 행위는 의학적인 방법으로 대체되었다. 이에 따라 의사와 간호사가 산반이 역할을 하고, 태의 처리는 생명 가치보다도 의료폐기물 처리 방법으로 이루어지고 있다.

아이의 성장 의례인 이레와 백일잔치가 더 이상 지속되지 않는다. 무엇보다도 아이의 출산 장소가 병원으로 이동하고, 산모의 회복 절차가 산후조리원에서 이루어지면서 이레에 대한 의례적 관념도 소멸하였다. 이레의 의례를 지내지 않는 것도 그렇지만 대문에도 금줄을 걸지 않고, 이젠 민속박물관이나 가야 이레의 의례나 금줄과 관계있는 기억을 소환할 수 있다. 이에 따라 요즈음 백일잔치도 생략하고, 백일 기념사진을 남기는 정도에 그치는 경우가 많다. 본래 가장 성대하게 잔치를 치렀던 의례가 백일잔치와 환갑잔치였다. 아직도 의학이 발달하지 않는 환경에서 아이가 태어나 백일을 넘기지 못하고 죽는 경우가 많았고, 1950년 중반까지만 해도 영아 사망률이 아프리카 개도국들과 비슷한 15%이며, 1970년 이후에는 크게 낮아졌다. 또한 백일을 넘겼다고 하더라도 수명이 짧아 회갑을 넘기기도 어려웠다. 그래서 백일을 넘긴 경우 백일잔치는 부모나 시부모가 성대하게 치러주고, 환갑잔치는 자식들이 지극한 효도로서 성대하게 잔치를 치렀다. 하지만 의학이 발달하면서 아이가 일찍 죽는 경우가 없어지고, 수명이 늘어나 이젠 100세니 120세 시대의 흐름 속에서 백일잔치와 환갑잔치가 없어지고 있는 현실이다.

요즈음 돌잔치는 하나의 퍼포먼스이다

돌잔치는 아이가 태어나 일 년 만에 처음으로 경험하는 의례이다. 지금도 행해지고 있는 돌잔치의 핵심적인 행사는 돌빔, 돌떡, 돌잡이다. 먼저 돌빔은 남녀에 따라 화려한 옷을 만들어 입히는 것이고, 돌떡은 손님을 대접하고 아이의 장수와 다복을 기원하기 위해 이웃이나 친척에게 나누어주는 떡이다. 그리고 돌잡이는 돌상 위의 물건을 잡게 하여 아이의 미래를 예측하는 것을 말한다. 무엇보다도 16세기 문헌의 기록을 보더라도 돌잔치의 핵심적인 행사가 돌잡이였음을 알 수 있다. 돌잡이야말로 직립 이동할 수 있는 아이의 능력을 축하하고, 아이의 장래를 예측하는 행사이기 때문이다. 이러한 돌잔치는 1972년 유신헌법 통과와 더불어 새마을운동의 전개에 따라 영향을 받고, 1973년 6월 1일에 〈가정의례준칙〉이 제정됨에 따라 정부의 규제정책과 주거환경 및 사회적 환경의 영향을 받을 수밖에 없었다. 가장 큰 변화는 의례의 장소가 가정에서 집 밖으로 이동한 것이다. 돌잔치의 장소가 식당이나 호텔의 연회장 등 전문예식장으로 이동했지만, 돌잔치가 가지고 있는 의례적인 의미는 여전히 지속되고, 오히려 다양한 행사가 첨가되어 하나의 퍼포먼스로 진행되어 가고 있다. 일반적으로 돌잔치는 행사 시작 → 성장 동영상 → 입장 및 생일 축하 노래 → 돌잡이 → 퀴즈 등 이벤트 → 식사로 진행되는 경우가 많다.

돌잔치도 이젠 저출산의 영향을 받지 않을 수 없게 되었다. 2023년도에 역대 최저 출산율을 기록했고, 합계출산율이 0.72 명이다. 오늘날 저출산 문제는 사회, 정치, 경제 모든 분야에서 체계적으로 접근해서 해결할 필요가 있다. 무엇보다도 아이를 키울 수 있는 환경을 만드는 것이 중요하다. 김현철의 『경제학이 필요한 순간』에 의하면, 유아기와 성인기의 삶이 서로 연관성 있어서 만 5세 이하의 어린 시절 환경은 성인의 삶에도 크게 영향을 미친다고 한다. 그래서 아이들이 공중보건사업을 통해 유해 물질에 노출되지 않도록 해야 하고, 가정환경을 비롯한 학대와 방임의 영향 등을 개선해 주는 것이 중요하며, 이러한 육아 문제도 이젠 국가 차원에서 관심을 가질 필요가 있다. 이를 위해 출산비, 양육비, 교육비 등 경제적인 지원이 필요하고, 보육시설 및 서비스 확대, 유연한 근무조건, 여성의 사회참여 증진, 교육비 비용 감소, 주거 문제 해결, 문화 변화 촉진 등의 다양한 정책 뒷받침이 이루어져야 한다고 제안한다. 게다가 초핵가족시대에 비혼주의자가 증가하고 있는데, 이들에 대한 국가적 관심도 그 어느 때보다도 필요한 때이고, 비혼주의자의 증가는 인구 감소로 이어지고 저출산의 문제와도 직결되기 때문이다.

청소년이 어른이 되려면 성년식은 어떻게 치러야

성인은 의무와 책임을 갖는 사람이다

성년식은 성인으로서 의무와 책임을 갖게 해 주는 행사이다. 성년식은 가족에서 사회의 일원이 된 것을 축하하는 의례이고, 유교가 전래한 이후 사대부 집안에서 남자는 관례를, 여자는 계례를 올리기 시작했다. 여기서 관례는 남자의 상투를 튼 다음 관을 씌우는 의례이고, 계례는 여자의 땋았던 머리를 올려 쪽을 틀어 비녀를 꽂아주는 의례이다. 이러한 성년식을 치르기 전에는 남자아이나 여자아이들은 머리를 땋아서 다니고, 머리 모양을 보고 성년인지 아닌지를 판단한다. 그 시절에는 성장해서 관례와 계례를 치를 때 머리를 걷어서 올리는 것을 '머리 얹는다'라고 말하고, 머리를 얹어야 비로소 어른으로 인정받은 것이다. 『사례편람』에 의하면, 대개 관례는 남자가 15~20세에 이루어지고, 여자는 15세 무렵에 계례를 치른다. 전통적인 성년식의 이해를 돕기 위해 관례 중심으로 살펴보고자 하는데, 관례는 〈초가례初加禮〉, 〈재가례再加禮〉, 〈삼가례三加禮〉, 〈초례醮禮〉, 〈자관자례字冠者禮〉의 순서로 진행한다.

관례는 어른으로서 책임감을 일깨워 주는 양반가 남자 성년식이다. 관례는 무엇보다도 성인으로서 남을 배려하고, 혈연과 지연의 공동체를 의식하도록 한 것이 중요 목적이다. 그것은 의례 과정에서 읽는 축문을 통해 확인된다. 먼저 〈초가례〉에서는 "어린 생각을 버리고 덕을 이루어 오래 살고, 복을 받으라"는 축문을 읽고, 〈재가례〉에서는 "삼가 위엄을 갖추고 덕으로 행동하여 오래 살고, 큰 복을 받으라"는 축문을 읽으며, 〈삼가례〉에서는 "형제간에 화목하고 덕을 이루어 오랫동안 평안하고, 하늘의 축복을 받으라"는 축문을 읽는다. 이러한 축문은 성인으로서 덕을 이루고, 삼가 위엄을 갖춰 덕으로 행동하며, 형제간의 화목을 강조하고 있다. 그래서 〈삼가례〉가 끝나면 〈초례〉에서 성인으로서 술잔을 받고, 술을 입에 댄 뒤 다시 술잔을 올리고 절을 한다. 이것은 마치 성인으로서 역할과 책무를 상징적으로 보여주는 의례임을 설명한다. 그리고 〈자관자례〉는 성인으로 대접하여 자字를 지어주고, 자는 본래 이름 외에 부르는 이름인데, 관을 쓰고 예복을 입고서 조상과 일가 어른들에게 절을 올리는 과정이다. 그럼으로써 의례의 주인공은 완전히 성인으로서 거듭 태어나는 것이다.

진새례는 민가이자 농가의 대표적인 남자 성년식이다. 관례와 계례는 상층문화로서 주로 양반가에서 이루어지지만, 농가에서는 '들돌들기'라는 진새례가 성년식의 역할을 하기도 했다. 진새례의 명칭은 양반가의 관례에 대한 선망에서 비롯된 것으로 보인다. 양반 자제들이 관례를 치를 즈음에 과거 시험을 통해 벼슬길에 오를 수 있는 관문인 진사進士가 되고자 소망했듯이, 농가에서도 진사의 사회적 위치에 버금가는 노동력을 갖춘 어른으로 인정받고자 진새례라고 부르지 않았나 싶다. 대체로 진새례는 17세쯤 어린 농군이 성인어른 농군의 노동능력과 대등한가를 시험하는 의례로서, 노동능력의 평가 방법은 당산나무 아래 있는 들돌을 들어서 어깨 위로 넘기거나, 아니면 들돌을 안고서 일정한 목적지를 돌아오는 등 다양한 방법이 있다. 그런가 하면 김매는 능력이나, 똥장군을 짊어지게 하는 그 능력을 시험하기도 한다. 무엇보다도 중요한 것은 힘을 조화롭게 사용할 수 있는 요령이 있어야 하고, 몸의 유연성을 동시에 갖춰야 시험에 통과할 가능성이 크다는 점이다. 이러한 과정을 통해 진새례를 통과한 사람은 7월 백중날에 음식을 준비하여 동네 어른들에게 대접한다. 공개적으로 성인 농군으로서 자격을 갖추게 되면, 두레 작업에 참여할 수 있고, 품앗이에서 성인 농군의 대접을 받으며, 머슴살이에서도 어른 몫에 해당하는 임금연봉을 받게 된다.

성년식은 사춘기 의례이자 축제이다

성년식은 고통을 경험하게 하는 사춘기 의례이다. 우리의 성년식이 성인으로서 의례적 내용과 노동능력을 중요시했다면, 사춘기 의례는 고통을 견디는 인내력을 중요하게 생각한다는 점에서 차이가 있다. 세계 곳곳에서 행해져 왔던 사춘기 의례는 대개 고통을 수반하는 경우가 많고, 무엇보다도 중요한 것은 자신의 가치를 증명하기 위해 그 고통을 이겨내야 함을 강조한다는 것이다. 예컨대 소년들이 마취제를 사용하지 않고 포경수술을 하거나, 여성들은 클리토리스를 제거하여 성인식을 치르는 것이 그것이다. 이것은 고통 견디기에 관한 의례적 행동으로 문화권에 따라 다양하지만, 고통은 인간의 경험 중 가장 원초적이면서도 보호적인 경험이고, 인간은 고통 덕분에 위험, 위협, 해악에서 멀어질 수 있다고 생각한다. 다시 말하면 인간은 고통을 이겨내는 능력으로 위험이나 위협을 극복할 수 있다고 믿는 것이고, 이것은 성인이라면 반드시 고통 극복 능력을 갖추어야 함을 강조하고 있음을 보여준다.

성년식은 축제 이상의 의미를 지닌다. 장대은의 『트리비움, 일상수업』에 의하면, 유대인은 남자 13세, 여자 12세에 성년식을 치르고, 가족, 친지, 이웃이 함께 모여 즐기고 축하하며, 그 어떤 기념일보다 화려하게 치른다고 한다. 성년식이야말로 그들이 어린아이에서 성인으로 나아가는 시간이고, 자기 인생의 주도권을 부여받는 시간이라고 생각한 것이다. 무엇보다도 유대인의 성년식은 어린아이의 의존성을 벗어던지고 진정한 성인으로 거듭나야 하고, 공동체의 일원이 됨을 축하하고 기뻐하는 공동체적 선포의 자리이다. 성년식을 치르는 이들에게는 유대교의 율법, 전통 준수의 의무와 책임이 뒤따르게 된다. 그래서 유대인에게 성인이란 유대공동체의 유산을 이어받은 공동체의 일원이 되었음을 의미하고, 그것을 의례화한 성년식을 중요하게 생각해 온 것이다. 유대인에게 성년식은 축제인 셈이다.

헬리콥터 맘이 성년의 주도성과 독립성을 방해한다

관례와 계례는 개화기에 단발령이 시행되면서 의례적 생명력을 잃게 된다. 단발령이 정착되고 근대화가 시작되면서 양반가의 성년식이 약화 된 것이다. 무엇보다도 도시화가 가속화되고 산업사회의 추동력은 의례적인 변화에 적지 않은 영향을 미치게 되는데, 성년식의 의례 절차가 결혼식 이전의 행사로 이동하게 한 것이 그것이다. 예컨대 신랑은 결혼식을 치르기 전에 간단하게 약식 의례로서 관례를 행하거나, 신부가 결혼식 전날 밤에 계례를 치르는 경우가 그러한 예라고 볼 수 있다. 관례와 계례가 혼례의 의식으로 흡수되자, 이제는 성년식을 치러야 어른이 되는 것이 아니고, 결혼을 통해 가정을 꾸려야 어른이 된다는 관념으로 바뀌는 결과를 가져온 것이다.

성년식이 시대의 흐름에 따라 그 의미가 달라진다. 전통적인 성인식인 관례, 계례, 진새례가 소멸하고, 1973년부터 5월 셋째 월요일을 '성년의 날'로 지정하여 기념식을 진행해 오고 있다. 이것은 18세 이상의 청소년들을 기준으로 19세에 성인이 되는 것을 기념하는 행사이다. 그리고 1999년도에 국가 청소년위원회와 성균관의 주관으로 전통적인 성년식을 부활하면서 지금도 향교나 서원 등에서 전통 관례를 시연하기도 한다. 하지만 우리는 1990년대생이 성인기를 맞이하여 스마트폰을 사용했던 반면, 2000년대생은 영유아기 때부터 스마트폰과 디지털 문물을 경험한 세대라는 점을 고려할 필요가 있다. 오늘날 디지털은 수많은 정보를 제공하고, 그로 인해 검색을 통해 합리적인 선택을 할 수 있도록 도와준다. 이에 따라 이들은 전통이나 명분에 집착하기보다는 실리를 선택하고 손해 보려는 태도를 피하고, 문화와 역사를 분리하여 균형적이고 합리적으로 판단하려고 한다. 이러한 세대들은 성년식 관심이 농경사회나 산업사회의 성년식과 같을 수 없음을 보여줄 수밖에 없다.

성년식은 정치적 책임 의식을 갖게 한다. 우리의 일상에서 성인의 기준을 정치적 능력을 기준으로 삼는 경우가 많아지고 있다. 특히 대통령 선거를 비롯해 지자체의 정치적 행사 투표권을 주민등록상의 나이를 기준으로 삼고 있고, 이것은 투표권을 갖는 것이 어른이 되었음을 암묵적으로 인정하고 있음을 보여주기 때문이다. 하지만 중요한 것은 가정에서 부모는 아이가 올바로 자랄 수 있도록 육아의 의무가 있고, 아이가 자라 성년이 되면 독립할 수 있도록 부모의 품으로부터 떠나보내야 한다는 것이다. 우리가 성인까지는 부모로서 육아의 의무를 다해야 하지만, 성인이 되면 부모로부터 홀로서기를 할 수 있도록 독립시켜 주는 것이 바람직하기 때문이다. 이를 위해 최소한 자녀가 성장하여 대학에 진학하면 자립할 수 있도록 해 주고, 이젠 바리데기와 심청의 효도를 자식들에게 요구하거나 기대하지 말아야 한다. 그러려면 성년식을 치르면서 개인의 독립적인 자아를 확고히 해 주고, 경제적인 것을 물론 사회적이고 정치적인 책임 의식을 갖도록 해 주는 것이 중요하다.

오늘날 성년식의 의미는 점차 퇴색해 가고 있다. 우리가 접하고 있는 성년식에서 과연 그 의례적 본질이 지속되고 있는가를 의심하지 않을 수 없다. 무엇보다도 부모는 자녀가 성인이 되었음을 즐거워하고 기뻐해야 하며, 성인으로서 책임감 있는 사람이 되도록 도와주어야 하는데, 전혀 그렇지 않다는 점이다. 이웃 나라 일본이나 유럽에 비하면, 우리는 사회단체나 교육기관에서 성년식의 중요성을 인식하지 못하고 있는 것도 더욱 심각한 일이다. 그리고 자녀를 과잉보호하는 엄마를 초중고에서는 '치맛바람'이라 부르고, 대학교에서는 '헬리콥터 맘'이라는 신조어를 사용하고 있는 것도 어제오늘 일이 아니다. 가장 큰 문제는 성년인 대학생을 과잉보호하는 부모들인데, 부모들의 과잉보호가 자녀들 삶의 주도성과 독립성을 방해한다는 점이다. 그것은 자녀가 신체적 나이로 성년이지만, 정신적으로는 미성숙성을 갖게 만들 수밖에 없다. 우리는 이것이 한 가정만의 문제가 아니라 사회와 국가적인 문제로 연결된다는 점에 주목할 필요가 있다. 우리 사회의 문화와 교육, 법과 제도가 그것을 해결할 수 있도록 해야 하고, 성년식의 국가적 관심이 그 어느 때보다도 중요함을 강조하고 싶다.

문화적 성장 과정으로서 결혼식의 변화와 요즈음 실상은

결혼식은 어른이 되는 문화적 성장 과정이다

결혼식은 인생에서 가장 아름다운 날에 행해지는 의례이다. 인간은 태어나서 백일잔치, 돌잔치, 성년식, 결혼식, 환갑잔치 등 다양한 의례를 경험하면서 살아간다. 그 가운데 결혼식은 인생의 가장 아름다운 시기에 치러진다. 농경사회에서 결혼은 남자가 16~30세에, 여자는 생물학적으로 가장 아름다운 시기인 14~20세에 하는 경우가 많았다. 결혼식은 개인마다 다르고 시대마다 많은 차이를 보여주고, 사회적, 역사적, 문화적 영향을 많이 받는다. 당연히 농경사회나 산업사회, 모빌리티사회에서 결혼식이 다를 수밖에 없다. 어느 시기더라도 결혼식은 기본적으로 신랑과 신부의 사회적 위치도 그렇고, 무엇보다도 부모의 사회적 위상에 크게 좌우된다. 왜냐하면 비용이 가장 많이 드는 행사가 결혼식이고, 짧은 시간에 가족의 사회적, 경제적, 문화적 환경이 압축적으로 공개되기 때문이다. 그래서 결혼은 개인 간의 결합이지만, 가족 간의 결합이라는 관념을 갖지 않을 수 없다. 무엇보다도 결혼의 조건으로 개인적인 것도 중요하나, 가족의 환경을 고려하는 경우가 많았다.

결혼식은 인간이 사회적 존재로 거듭 태어나는 의례이다. 남녀가 부부로 결합하여 가정을 이루고, 당당한 사회적 지위를 획득하며, 가족을 형성하는 계기를 경축하는 의례가 결혼식이다. 인간이 태어나서 한 가정을 이루려면 어른이 되어야 하고, 어른이 되기 위해서는 가족을 대표할 수 있는 사회적 존재로 거듭 태어나야 한다. 그래서 결혼식은 기본적으로 현재에서 내일의 삶으로 변화되는 의례 절차로 구성된다. 그 과정을 통해 개인의 삶을 사회적인 삶으로 변화시키고, 그 변신을 표현한 의례가 결혼식이다. 다시 말하면 결혼식은 변신을 도모하기 위한 의례 행사로서, 여기서 변신은 성장, 발전, 진보, 혁신 등의 의미를 지닌다. 결혼이 성장을 목표로 이루어지고, 성장은 삶의 희망을 제공하는 역할을 한다. 그런 점에서 결혼은 성장을 통해 어른이 되어 가는 과정이다.

결혼식은 가족을 창조하는 문화적 성장 과정이다. 그래서 인간은 결혼식을 문화 형성의 생태적 조건인 자연의 섭리에 근거한 하나의 우주적 과정으로 인식해 왔다. 예컨대 자연은 식량을 만들고, 인간은 아이를 낳는다고 생각한다. 자연의 핵심은 산과 물인데, 산들은 누워 있는 여인 같고, 샘물은 건강한 남성처럼 솟아오른다. 인간이 산수山水를 활용해 식량 생산의 열망을 가지듯이, 결혼은 한 생명을 탄생시키기 위한 출산의 욕망을 표현한 것이다. 이렇듯 인간은 번식과 풍요를 목적으로 결혼하는 것임을 짐작할 수 있다. 혈연집단의 대를 이을 자손을 획득하기 위한 의례가 결혼식이라고 생각한 것도 이와 무관하지 않다. 그리고 결혼식은 가족을 형성하고, 문화를 계승하는 과정으로서 의미를 지닌다. 혈연공동체에서 결혼식을 그 어떤 행사보다도 가장 중요하게 여겨온 것도 바로 이 때문이다.

결혼식의 의례 절차는 개인마다 시대마다 다소 차이가 있다. 무엇보다 아쉬운 점은 결혼식을 이해할 수 있는 문헌이 많지 않다는 점이다. 『사례편람』이나 『백호통』에 의하면, 결혼식은 날이 저물 때 치르는 의례라 말하고, 남녀가 부부가 되는 일은 음과 양의 조화를 이루는 것이니, 바로 하루의 음과 양이 만나는 시간이 해가 저무는 시간, 즉 낮과 밤이 교차하는 시간에 행해진 의례가 결혼식이라 했다. 오늘날 우리의 결혼문화를 『사례편람』의 내용을 근거로 어느 정도 이해할 수 있는데, 결혼식은 크게 결혼식 준비, 결혼식 진행, 결혼식 마무리로 구분된다. 결혼식 준비는 〈의혼〉→〈납채〉→〈날받이〉→〈납폐〉로 진행되고, 결혼식은 〈전안례〉→〈교배례〉→〈합근례〉→〈관대벗음〉→〈신랑다루기〉로 진행되며, 결혼식 마무리는 〈신행〉→〈구고례〉→〈집돌이〉→〈재행〉을 통해 진행된다. 이 절차를 소개하려는 것은 오늘날 결혼 과정에서 발생하는 갈등을 해소하는 출발점으로 삼기 위함이다.

결혼식은 가족 간의 통합을 추구하는 의례이다

결혼식의 준비는 〈의혼〉→〈납채〉→〈날받이〉→〈납폐〉의 순서로 진행된다. 〈의혼〉은 결혼할 당사자가 중매인을 통해 두 집안의 상호의사를 조절하는 과정이다. 이 과정에서 결혼식을 올리기 전까지 모든 절차를 논의하지만, 요즈음 같으면 지인이나 결혼업체의 소개로, 혹은 연애 결혼하는 경우가 많아서 중매인이 개입할 필요가 없다. 대체로 당사자들 간에 결혼 약속이 이루어지고, 양가 가족들이 모여 상견례를 하면, 이것이 〈의혼〉 과정의 역할을 한다. 〈납채〉는 결혼 약속이 성사되고 신랑집에서 신부댁에 혼인의 약속을 해 준 것에 감사의 서찰을 보내고, 그 언약을 확정하는 절차이다. 여기서 서찰은 '사성' 또는 '사주단자'라 하여 신랑의 생년월일시를 기록한 것이다. 이처럼 신랑집에서 사주단자를 보내는 것은 신부에게 청혼하는 것을 의미한다. 〈날받이〉는 사주단자를 받고 혼인을 승낙하는 답례로, 결혼 날짜를 정하여 신랑집에 보내는 것을 말한다. 결혼 날짜는 신부의 월경달거리을 피해야 하기에 신부댁에서 결정하는 것이 관례로 여겨져 왔다.

〈납폐〉는 신랑이 신부에게 혼인의 증표로 납폐서와 예물을 보내는 것으로, 함에 넣어서 보내고, 그것을 운반하는 사람을 '함진애비'라고 부른다. 납폐서는 신랑의 혼인 서약서 역할을 하고, 신부가 그것을 보관해 두었다가 죽을 때 관 속에 넣어서 저승에 가지고 간다. 이승에서 부부는 저승에서도 부부가 된다는 그 언약인 셈이다. 예물은 개인과 지방에 따라 다소 차이가 있고, 혼수도 마찬가지이다. 혼수는 신랑과 신부가 주고받는 살림살이와 예물을 말한다. 논농사가 많은 지역에서는 신부댁이 혼수 상당수를 부담하고, 도서 해안지역이나 산간 지역에서는 신랑집에서 부담하는 경우가 많았다. 원래는 혼수가 신부 지참금의 성격을 지니고, 신랑이 혼수 대부분을 부담하였던 것이 후대로 오면서 변화된 것으로 보인다.

결혼식의 본격적인 행사는 〈전안례〉→〈교배례〉→〈합근례〉→〈관대벗음〉→〈신랑다루기〉로 진행된다. 친영은 신랑이 신부댁에 가서 신부를 맞이하는 절차를 말하는 것으로, 〈전안례〉, 〈교배례〉, 〈합근례〉로 구성된다. 본래 〈전안례〉는 신부댁에서, 〈교배례〉와 〈합근례〉는 신랑집에서 이루어졌다. 하지만 이러한 모든 의식을 신부댁에서 끝내고 신랑집으로 가는 관행이 자리 잡게 되자, 주로 결혼식은 신랑의 집이 아니라 신부댁에서 이루어졌다. 이 관행은 주자학의 보급에도 불구하고 여전히 모계적 관념이 지속되어 왔음을 보여준다.

〈전안례〉는 신랑이 신부에게 기러기를 전하는 의례이다. 원래는 살아있는 기러기를 바쳤으나, 후에 나무로 깎은 목기러기로 바뀌었다. 기러기는 짝을 바꾸지 않는 새를 상징하기에 백년해로하겠다는 맹세의 표시로 생각하지만, 기러기를 칠성신북두칠성에게 바쳐 수복과 자손의 번창을 기원하기 위함이라고도 말한다. 〈교배례〉는 신랑과 신부가 교배상을 사이에 두고 서로 절하는 절차이다. 신부가 두 번 절하면 신랑은 한 번 절한다. 신랑과 신부의 절 횟수 차이가 있는 것은 신부는 음이고 신랑은 양으로, 음과 양에 해당하는 최소한의 수만큼 절을 하기 때문이다. 음양에서 음의 수는 짝수이고, 양의 수는 홀수이다. 〈합근례〉는 '합환주'라 하여 술 석 잔을 마시는 과정이다. 여기서 3은 음^{2}과 양^{1}의 결합을 통해 이루어진 것으로 번창, 생명, 완전의 의미를 지닌다. 한국인이 3의 숫자를 좋아하는 관념도 바로 이러한 의미와 관련된다.

친영의 절차가 끝나면 〈관대벗음〉과 〈신랑다루기〉가 진행된다. 〈관대벗음〉은 신랑과 신부가 예복을 한복으로 갈아입고 방에서 서로 상견례 하는 절차이다. 신랑은 사모관대를 하고, 벼슬이 있고 없음과 상관없이 흉배와 각대를 차며, 결혼식 날은 가장 호사 치레할 수 있는 관리의 복장을 한다. 이처럼 신랑이 예복으로 관복을 입었던 것은 관복이 계급 사회에서 가장 성공한 삶의 지표로 생각되었기 때문이다. 남자들의 사회적 성공의 목표가 관리가 되는 것이고, 관리가 되어야 가문을 부흥시킬 수 있으며, 그것은 신랑이 관료적 존재로 성장하길 기원하는 의미를 반영하고 있음을 보여준다. 〈신랑다루기〉는 신랑과 신부의 친척들이 서로 얼굴을 익히고 친밀한 관계를 맺는 '동상례'라고 부른다. 결혼식이 개인 간의 결합만이 아니라 가족 간의 결합이고, 사회적 단위를 전제로 성립된 의례임을 말해 준다. 이처럼 친영을 비롯해 결혼식의 중요한 절차가 신부댁에서 행해져 왔음을 알 수 있다.

결혼식 마무리는 〈신행〉→〈구고례〉→〈집돌이〉→〈재행〉을 통해 이루어진다. 〈신행〉은 결혼식을 마치고 신부가 처음으로 신랑집에 가는 것이다. 신랑이 결혼하기 위해 신부댁에 가는 것을 '장가간다'라고 말하고, 신부가 신랑집에 가는 것을 '시집간다'라고 말한다. 요즈음은 '결혼한다'라고 말하기도 한다. 농경사회에서 〈신행〉은 결혼 후 1~3년이 지난 후 시댁에 가는 경우가 많고, 신부가 친정에 머무는 것을 '앉은지앙'이라 부른다. 그것은 신랑이 신부 지참금으로서 신부댁에서 농사일을 거들며 노동력을 제공하기 위함이다. 이 기간은 16세기 명종 때에 '반친영제도'를 시행하면서 3일간으로 단축되고, 본격적인 부계사회가 시작되는 계기가 된다. 반친영제도는 사대부 중심으로 이루어지지만, 민가에서는 여전히 관행대로 이루어지는 경우가 많았다. 〈폐백〉은 신부가 신랑집에서 시부모와 친척들에게 절을 올리는 것으로 '구고례'라고도 부른다. 〈집돌이〉는 〈폐백〉이 끝나고 이튿날 신랑의 친척을 찾아다니면서 인사하는 과정이고, 〈재행〉은 신랑집에서 모든 절차가 끝나면 신부가 친정에 가는 것인데, 이를

'지앙간다'라고 말한다.

결혼식은 그 의례와 의미가 변화한다

결혼식은 그 절차가 통합되고 변화한다. 오늘날 전통 혼례의 〈의혼〉, 〈납채〉, 〈날받이〉 과정은 모두 양가의 상견례에서 통합하여 진행된다. 상견례는 결혼식의 시작을 알리는 의례로서, 결혼식을 신랑의 부모가 거주한 지역에서 올린다면, 신부의 부모가 거주하는 지역에서 상견례 하는 것이 바람직하고, 그 반대 경우 서로 교차해서 찾아가려는 것이 좋다. 만남의 시간은 주말 점심 시간이 적당하고, 지방에서 올라온다면 주말 저녁 시간을 선택해야 한다. 상견례는 주로 양가 부모와 결혼 당사자들이 참석하고, 만약 약혼식의 의미가 있다면, 직계가족, 즉 형제와 자매 등도 참석할 수 있다. 대체로 상견례에서 혼주들이 결혼 제반 사항에 대해 논의하고 결정한다. 최근에는 신랑과 신부가 사전에 조율하여 상견례에서 혼주가 확인함으로써 결혼 준비를 마무리하고, 친목을 도모하는 시간으로 활용하는 경우가 많다. 이처럼 상견례가 결혼식 전반을 서로 조율하는 과정임을 알 수 있다.

결혼식은 혼수로 인해 양가의 갈등을 발생시키기도 한다. 혼수 가운데 예단은 신부가 시댁에 드리는 비단을 의미하고, 요즈음은 신부가 시댁 식구들에게 인사로 주는 선물을 말한다. 예단은 현금과 현물을 기본으로 하지만, 현금만 보내기도 하고, 실용성을 추구하여 시댁에서 사용하던 오래된 세탁기나 냉장고를 교체해 주기도 한다. 특히 오늘날 예단 품목에는 전자제품과 돌침대, 현금이나 상품권, 여행상품권, 시계나 보석, 옷모피코트, 정장, 화장품, 명품 가방이나 신발 등이 포함되기도 한다. 물론 이러한 것도 개인적인 차이가 있지만, 신부댁에 부담을 주지 않아야 하고, 균등하게 부담하거나 실용적이면서 검소하게 준비하는 것이 좋다. 무엇보다도 중요한 것은 혼수가 양가의 부모들에게 부담을 주지 않아야 한다는 점이다.

결혼식은 의례 시간이 변하고 스몰웨딩이 증가하는 추세이다. 대체로 〈날받이〉는 토요일이나 일요일 혹은 공휴일 중심으로 결정되고, 예식 시간은 주로 정오를 선호해 왔다. 종래에는 신랑과 신부의 사주를 근거로 좋은 날을 결정하였으나, 요즈음은 하객 중심으로 결정한다. 이렇게 변화한 것은 하객의 축의금과도 밀접한 관련이 있지 않을까 싶다. 청첩장에 계좌번호를 알림으로써 결혼식에 참석하지 않고 축의금만 보내는 경우도 많기 때문이다. 그러면서 도리어 그것이 혼주를 도와주는 것이라 말하기도 한다. 이에 따라 신랑과 신부 중심 결혼식의 참뜻은 약화 되고, 경제적인 행사로 여기는 것 같아 씁쓸하기도 하다. 하지만 2010년대부터 등장한 스몰웨딩이 증가하여 결혼식이 갖는 본래의 의미를 회복하려는 노력은 다행스러운 일이다. 예컨대 결혼식이 주말이나 공휴일이 아닌 주중에 진행되는 경우가 늘어나고, 그리고 시간대도 12~13시를 선호하지 않으며, 오후 5~6시로 결정한 경우가 많아지고 있는 것이 그 예이다.

결혼식은 의례적인 것보다 퍼포먼스로서 성격이 부각한다. 예식장의 결혼식은 기독교의 보급과 보건사회부의 신생활운동이 크게 영향을 미쳤는데, 신식결혼이라는 혼인문화가 형성되면서 이루어져 왔다. 도시에서 가장 먼저 등장하고 농촌까지 확대되자, 1970년 전반부를 기점으로 예식장의 신식혼례가 대중화된 것이다. 여기서 신식혼례는 신랑과 신부의 혼례복이 양복과 드레스로 바뀌고, 집 밖에서 특별한 결혼식을 치른 뒤, 신랑과 신부가 신혼여행을 가고 결혼을 마무리하는 과정을 말한다. 예식장의 결혼식은 신부댁에서 행해진 결혼식과 신랑집에서 이루어진 폐백 의례를 통합한 것이고, 사회자의 진행에 따라 혼주 인사, 신랑과 신부 입장, 주례의 축사, 신랑과 신부의 행진, 폐백 의례 순으로 이루어진다. 이것도 최근 들어서는 주례 없이 양가 부모가 축사하고, 폐백 의례가 생략되는 경우가 많아지고 있다. 그러면서 결혼식의 의례적 의미는 더욱 약화 되고, 퍼포먼스의 성격만 강해지는 추세이다. 예컨대 결혼식이 가족 간의 결합이라는 의미는 퇴색하고, 수중결혼처럼 개인 간의 이벤트 행사로 진행하는 경우가 많다. 무엇보다도 신부댁에서 〈신랑다루기동상례〉가 소멸하고, 예식장에서 〈폐백〉 의례가 생략되며, 신랑집에서 〈집돌이〉 풍습이 소멸한 것도 안타까운 일이다. 신랑과 신부의 친척들 간의 만남의 장이 없어지고 있기 때문이다. 결혼식은 개인 간의 결합뿐만 아니라 가족 간의 결합이라는 사실도 명심해야 한다.

결혼식은 의례가 아닌 메시지가 부각된다

결혼식은 개인주의의 많은 영향을 받는다. 지금까지 결혼식은 가족 간의 사회적 유대관계를 강화하는 중요한 역할을 해왔다. 오늘날 가족 간의 유대관계가 점차 약화 되고, 전통적인 친족의 호칭이 소멸하고 있다. 이와 더불어 초핵가족시대를 맞이하여 문중과 일가친척들의 모임이 와해 되고, 개인주의적인 삶이 확대되어 친인척의 관심이 줄어들고 있는 것이 현실이다. 예컨대 당숙이나 당숙모의 호칭이 사라지고, 외할아버지나 외할머니의 호칭이 지역의 명칭을 첨가한 시골 할아버지나 시골 할머니로 부르며, 고모나 이모 등 삼촌 등의 호칭도 간헐적 사용에 그치고 있다. 친족의 호칭은 혈연공동체의 질서와 유대관계를 강화하는 역할을 하지만, 이젠 이러한 혈연 공동체성을 찾아보기가 쉽지 않다. 앞으로 혈연적이며 가족주의적인 공동체는 더욱 약화 되고, 개인주의를 넘어선 초개인주의가 더욱 확대될 것으로 보이기 때문이다. 송길영은 『상상하지 말라』에서 "2010년 이후 싱글들의 생각을 보면, 42%는 사회적 관계에 관심이 많고, 33%는 취미와 여가를, 25%는 경제와 건강에 대해 고민하고 있다"라고 말한 바 있다. 여기서 결혼에 대한 고민을 찾아보기 어려운데, 이것은 결혼식의 의례적인 절차에도 적지 않은 영향을 미친다는 것을 상상할 수 있다.

결혼식은 메시지의 하나라고 인식하는 사람이 증가한다. 모빌리티사회는 개인의 라이프 스타일로 메시지를 중요하게 여기고, 이젠 결혼식도 의례가 아닌 메시지로 간주하려는 경향이 많다. 이에 따라 결혼식의 의례 절차에서 메시지를 만들기 위해 개인의 개성을 반영하고, 결혼의 메시지를 통해 그 의미를 부각하려 한다. 메시지와 감성적인 공감을 자기만의 라이프스타일로 구현하고자 한 것이다. 결혼식이 웨딩하우스, 야외공간, 소규모공간 등 다양한 공간으로 확대되고, 의례 절차가 신랑과 신부 중심으로 이루어지며, 주례 없이 행해지는 결혼식이 많아진다. 예컨대 교회에서 경건하게 치르는 채플웨딩, 집에서 결혼식을 올리는 하우스웨딩, 웨딩홀의 결혼식에서 간단한 이벤트를 준비하는 이색웨딩이 증가한다. 이러한 이색웨딩은 일반적인 결혼식에서 벗어난 모습이다. 요즈음은 스쿠버다이빙이나 스카이다이빙 등 기발한 아이디어의 결혼식까지 등장한다. 다양한 아이디어를 바탕으로 새로운 결혼 풍속이 자리 잡아가고 있다. 이에 따라 의례가 간소화되고, 다소 의례적인 것보다 유희적인 의미가 강조되는 경우가 대부분이다.

요즈음 결혼식 준비는 어떻게 할까? 국민룰에 따라 결혼식을 준비하는 시대에 여전히 전통적인 결혼 조건이 작용하고 있다. 가정환경, 교육 수준, 직업, 자산 등이 지표화되어 사회적 위치와 경제적 위상이 중요한 조건으로 작용한다. 연애 결혼하는 경우는 결혼 조건이 당사자 중심으로 결정되지만, 업체의 소개나 소개팅을 통한 결혼 조건은 전통적 결혼 조건을 고려한다. 상견례를 통해 결혼식이 결정되면, 혼수, 예식 준비, 스드메[스튜디오, 드레스, 메이크업], 상견례, 한복, 예복 대여, 신혼여행, 예단 등을 준비한다. 이러한 준비 과정은 결혼 이후 생활에 초점을 맞춰 혼수에 신경을 쓰거나, 결혼식 행사 자체를 중요하게 생각하는 경우 그에 따라 다르다. 결혼식 준비 과정에서 신랑과 신부가 공동으로 부담한 것은 웨딩홀 대여료, 신혼여행 경비, 결혼식 사진, DVD 촬영비, 청첩장 비용, 주례답례비, 피로연 경비, 축하 연주 등이고, 신랑의 부담은 신혼집, 예단, 신부 예물, 신부 예복과 한복, 그 밖의 소품, 턱시도, 사회자 사례 등이다. 신부의 부담은 가구와 가전제품, 주방용품, 생활용품, 예단, 신랑 예물, 신랑 예복과 한복, 그 밖의 소품, 웨딩드레스, 메이크업과 헤어, 폐백, 이바지 음식, 부케 등이다. 빅데이터에 근거한 국민룰[국룰]은 개인적이고 가정환경을 고려하지 않는 평균치이고, 상당 부분 거품이 포함되어 있다. 중요한 것은 이러한 결혼식도 봉급쟁이 월급만으로는 결혼식을 치르기 어렵고,

부모의 지원 없이는 도저히 결혼식을 치를 수 없다는 점이다. 이것은 젊은이들이 자연스럽게 비혼주의를 결심하는 계기를 만들기도 한다.

결혼식 준비는 어른이 되는 성장 과정이다. 비혼주의 젊은이들이 증가하고 있음에도 불구하고, 여전히 어른이 되기 위해 결혼을 준비한다. 결혼은 개인의 변신이자 성장의 디딤돌이다. 성장의 모습을 보여주기 위해 당사자가 직접 결혼식을 준비하기도 한다. 이것을 '위킹'이라고 부르고, 위킹은 신랑과 신부가 원하는 업체를 골라 방문하여 예약까지 진행하는 방식이다. 웨딩홀, 신혼여행, 혼수, 스튜디오, 드레스, 메이크업 등을 하나하나 알아보고 준비한다. 많은 준비시간이 필요한 경우 '웨딩플래너'의 도움을 받기도 하고, 결혼예산 짜기, 결혼식 장소 선택, 신혼여행 예약, 혼수품 장만, 웨딩이벤트 준비, 신혼집 마련까지 결혼의 모든 과정을 해결한다.

결혼기념일은 결혼했던 당시를 기억하고 의미화시키는 날이다. 기억된 과거는 정체성 확보의 수단이자 현실의 해석이고, 미래 가치의 정당화로 연결된다. 그래서 결혼기념일은 개인의 정체성을 확보하는 데 중요하게 작용하고, 현재의 삶을 진단하여 미래의 희망적인 삶을 갖게 하는 역할을 한다. 결혼기념일이야말로 인간의 성장을 촉진하는 의례인 셈이다. 일반적으로 기념일은 일회적이지 않고, 1년을 주기로 반복적으로 거행되는 연중행사이다. 결혼식은 한 개인이 사회적 존재로 변신하는 의례이다. 사회적 인간으로서 남녀 간의 결합을 통해 새로운 가족을 탄생시키고, 하나의 공동체를 만들어 가는 의례로서 의미를 지닌다. 따라서 결혼기념일은 사회적 인간의 탄생 기념일이고, 매년 그날마다 결혼의 출발점을 소환하여 현재의 결혼생활을 진단하며, 미래의 꿈과 희망을 실현할 수 있는 계기로 삼아야 한다. 결혼기념일은 부부의 삶을 반성하고 서로 감사하며 성장적인 삶을 설계하는 날로 정착해 가는 것이 바람직하다.

죽음이 마지막 이별인가 아니면 새로운 탄생인가

인간은 죽음 이후 영적인 세계를 믿는다

인간은 왜 집에서 죽음을 맞이하고자 소망했을까? 많은 사람은 태어난 곳에서 행복하게 살고, 그곳에서 죽음을 맞이하고 싶은 욕망이 있다. 그래서 인간은 집에서 태어나고, 그곳에 태를 묻으며, 집에서 죽음을 맞이한 것을 큰 복으로 여겨왔다. 우리는 집에서 맞이하는 죽음 이외에도 죽음의 장소에 따라 객사, 고독사, 병원사 등으로 구분하기도 한다. 특히 객사는 집 밖에서 발생한 재난이나 교통사고, 바다나 강에서 익사, 자살 등의 죽음을 말하는데, 농경사회에서 집에서의 죽음은 정상적인 의례 절차에 따라 처리하지만, 집 밖의 죽음은 장례식을 치르기 위해 시신이 대문을 통해서 들어오지 못하고, 비일상적인 방법으로 담을 허물고 모셔오는 경우가 많았다. 이러한 까닭에 사람들은 집에서 죽음을 맞이하고자 한 것이다. 최근 들어 집에서 주변 사람들과 단절된 채 무관심 속에서 홀로 살다가 아무도 모르게 생을 마감하는 경우가 증가하고, 이것을 고독사라 하는데, 2021년도에 3,378명으로 꾸준히 증가하고 있는 현실이다. 이젠 고독사 이외 집에서 죽음을 맞이하는 사람은 드물고, 거의 병원에서 죽음을 맞이하는 병원사가 대부분이다.

한국인은 죽으면 영적인 세계로 간다고 믿는다. 우리가 인식하고 있는 영적인 세계는 내세이자 사후세계로, 영적인 존재만이 갈 수 있는 곳이고, 생물학적인 인간은 갈 수 없는 곳이다. 그래서 생물학적인 인간은 영적인 세계를 알기 어렵고, 다만 죽음을 체험한 사람들이 영적인 세계의 경험을 이야기하는 경우가 많아, 그것을 통해 어느 정도 가늠해 볼 뿐이다. 이러한 농경사회의 사후세계는 환생 설화를 통해서 확인되기도 한다. 예컨대 장례식을 거행하기 위해 입관 절차를 마쳤으나 망자가 소생하기도 하고, 그리고 매장을 마치고 삼우제 지내러 갔는데, 무덤이 갈라져 있어서 파묘를 하자 망자가 소생하기도 한다. 이렇듯 그 체험담을 통해 사후세계를 어느 정도 이해할 수 있다. 하지만 의학이 발전하면서 1970년대 중반부터 임사체험을 통한 사후세계를 이해할 수 있는 단서들이 나타나기 시작한다. 그것은 심폐소생술의 발달로 의학적 사망진단 이후 다시 소생하는 경우가 많아졌기 때문이다. 마이클 텀의 『사후세계의 비밀』에 의하면, 혼이 몸 밖으로 이탈하여 나의 몸을 바라보거나, 긴 터널을 통과하고, 밝은 빛을 경험하며, 천상의 풍경을 관찰하기도 한다. 그리고 이미 세상을 떠난 가족이나 친지를 만나는 경험 등이 그것이다. 이러한 내용에 대해 심리학자와 정신과 의사들의 관심이 증가하고 있다.

사후 세계관은 삶의 터전인 장소의 환경을 반영한다. 일반적으로 한 인간의 죽음을 '돌아가셨다'라고 표현한 것은 인간의 원초적 고향인 본래의 그곳으로 돌아갔음을 의미한다. 그래서 바닷가 사람들은 인간은 바다로부터 왔다가, 다시 바다로 돌아간다고 생각하는 경향이 강하다. 그들은 용왕의 자손임을 강조하고, 용궁을 영적인 세계로 인식한다. 예를 들면 수로부인 허황옥이 미지의 세계인 먼바다 건너로부터 왔다거나, 바닷가에 표류한 상자에서 영웅이 탄생하고, 문무대왕이 동해의 용이 되어 왜구를 막겠다는 유언으로 만든 문무대왕릉대왕암이나, 왕건이 용의 혈통을 계승했다고 강조하는 것은 모두 바다와 관련된 사후세계, 즉 해양타계관의 관념을 반영한 것이다. 그리고 심청이가 인당수에서 죽은 뒤 용궁에서 재탄생한 것도 해양 타계관과 밀접한 관련이 있다. 하지만 내륙지역 사람들은 인간은 하늘로부터 왔다가 다시 하늘로 돌아간다고 생각한다. 예컨대 단군이 천신의 혈통으로 태어나 죽은 뒤 아사달의 산신이 되었다는 것은, 산신은 천신의 변이 형태로서 하늘로 돌아갔음을 의미한다. 여기서 하늘은 미지의 세계이자 사후세계라는 천상의 공간이고, 그곳으로부터 가장 가까운 곳은 지상의 공간인 산이다. 그래서 사람이 죽으면 산에 매장하는 경우가 많고, 산이 아닌 평지의 무덤은 그 주위에 인공적인 산의 공간구조로 보충하기도 한다. 이처럼 한국인의 사후 세계관은 생태환경과 역사적 환경에 따라 해양 타계관과 천상 타계관이 병행하고 있음을 알 수 있다.

사후세계의 믿음은 죽음의 공포를 극복하는 신앙적 믿음으로 발전한다. 인간이 다른 생물처럼 소멸하여 흔적 없이 죽는다면, 어쩌면 죽음의 공포가 매우 클 수밖에 없다. 하지만 우리가 죽음 이후에도 또 다른 삶이 있다고 믿는다면, 무엇보다도 죽음의 공포를 극복하는 데 크게 도움이 된다. 일반적으로 농경사회에서는 죽음이 임박하면, 그 사람의 몸에서 '혼불' 나간다고 인식해 왔다.

목격자들에 의하면, 남자의 혼불은 꼬리가 달린 불덩이고, 여자 혼불은 둥글고 작은 불덩이처럼 생겼다고 한다. 이러한 혼불이 바다 멀리 가기도 하고, 산으로 가기도 하는데, 혼불이 가는 곳은 현실과 다른 영적인 세계로서 사후세계이다. 여기서 혼불이 바다로 간다고 생각하는 관념은 해양 타계관이고, 산과 하늘로 간다고 생각하는 것은 천상 타계관이다. 대체로 바닷가 사람들은 해양의 사후세계를 가지고, 내륙지역은 천상의 사후세계를 가지고 있는 경우가 많다. 모든 종교는 죽음의 문제를 해결하기 위한 사후세계를 설명한다. 그것은 종교적 경험을 통해 설명하고, 바로 그것을 의례화한 것이 장례와 제사이다. 따라서 장례식이나 제사가 기독교나 불교 등 종교마다 다른 것도 바로 이 때문이다.

인간은 공간 이동을 통해 어머니 품으로 돌아간다

장례식은 현세의 인간을 내세의 조상신으로 변신시키는 의례이다. 인간은 고래로부터 지금까지 시간적, 공간적으로 많은 제약을 받으면서 살아왔다. 그것은 무엇보다도 시간과 공간의 제약이 인간의 삶에 많은 영향을 미친다는 것을 의미한다. 대체로 인간은 공간 이동에 따라 존재론적인 모습이 변화하는데, 그것은 주로 죽음을 통해 일어난다. 죽음 의례인 장례식은 이승에서 내세의 존재로 변화시키는 의례이고, 그 의례는 공간 이동을 통해 이루어진다. 기본적으로 공간 이동은 물리적 경계와 심리적 경계를 통해 이루어지고, 여기서 물리적 경계는 몸의 경계로서 신체적 경계, 내 방이나 내 집의 공간으로서 공간적 경계, 소유권의 울타리로서 소유의 경계로 나누어진다. 그리고 심리적 경계는 언어와 정서적 경계를 말한다. 이러한 경계의 극복으로 이루어진 공간 이동은 인간의 존재를 변화시키기 위한 수단이라 할 수 있다. 가장 대표적인 공간 이동 의례가 장례식이고, 장례식은 크게 준비, 본행사, 마무리로 구성된다. 준비는 〈임종〉→〈호상〉→〈부고알림〉→〈습염〉으로 진행하고, 본행사는 〈혼백〉과 〈영좌상청〉→〈성복제〉→〈조문〉→〈상여놀이밤샘〉→〈발인제〉→〈운구행렬〉→〈치장〉→〈하관〉→〈평토제〉와 〈반혼제〉로 진행하며, 마무리는 〈삼우제〉로 진행한다.

장례식은 〈호상〉의 결정으로부터 시작한다. 〈임종〉은 숨이 그치는 과정을 지켜보는 것이다. 숨이 멈춘다는 것은 더 이상 촉각, 시각, 후각, 미각의 기능이 정지되고, 마지막으로 약간의 청각 능력만 남은 상태를 말한다. 그래서 자손들이 마지막으로 인사하는 것이 임종이고, 인간이 출산한 시간을 중요시하듯이, 죽음의 시간 또한 중요하게 생각한다. 〈임종〉이 끝나면 가족은 가장 먼저 〈호상장례준비위원장〉을 결정해야 하는데, 〈호상〉은 상주를 도와 상장례 제반 사항을 집행하는 사람으로, 상주의 일가친척 가운데 상장례에 대한 절차를 잘 알고, 사회적으로 신망이 있는 사람으로 정한다. 〈호상〉은 〈부고죽음을 알리는 사람〉를 통해 고인의 친척이나 친구들에게 죽음을 알리도록 한다. 장례 준비의 마지막 단계로서 〈습염〉은 시신을 목욕시키고 수의를 갈아입히는 일과 시신을 묶어 관에 입관하는 일을 말한다. 시신의 목욕은 어머니 경우 딸이나 며느리가 하고, 아버지 경우 아들이나 일가친척이 하지만, 요즈음은 장례지도사가 〈습염〉의 모든 절차를 수행한다. 특히 목욕시키는 물은 향물과 쑥물을 사용했으나, 지금은 맑은 물을 사용한다. 입관은 발인 전날에 하는 것이 원칙이지만, 죽음 이후 바로 입관하는 경우가 많은 것도 현실이다.

입관은 망자를 어머니 품에 누이는 절차이다. 입관에서 가장 먼저 목욕이 끝나면 수의를 입히고, 시신을 일곱 매듭으로 묶은 뒤, 아기처럼 천을 싸서 관에 넣는다. 이것은 대지의 엄마 자궁으로 돌아가기 전에 다시 어머니 품에 눕히는 과정으로, 인간은 어머니로부터 태어나 다시 대지의 어머니 품으로 되돌아간다는 관념을 반영한다. 그래서 무덤이 음적인 상징이면서 어머니 자궁을 의미하는 것도 바로 이 때문이다. 인간이 동굴에서 주거 생활했을 때도, 인간은 동굴에서 태어나고 동굴 속에 묻혔는데, 동굴이야말로 어머니의 자궁이자 내세의 세계인 것이다. 단군신화에서 호랑이와 곰이 햇빛이 차단된 동굴에서 100일 동안 쑥과 마늘만을 먹으며 살도록 하고, 이것은 동물적인 속성을 정화하여 인간으로 탄생시키기 위함이었다. 곰과 호랑이가 생활한 동굴이 어머니의 자궁으로, 다시 말하면 곰은 금기를 잘 지켜 삼칠일 만에 어머니 자궁을 통해 인간 웅녀로 재탄생했음을 설명해 준다.

〈조문〉은 망자의 새로운 변신을 영접하는 과정이다. 입관이 끝나면 망자는 더 이상 이승의 존재가 아니고, 새롭게 변신한 존재이기에 그에 따른 절차가 진행된다. 먼저 〈혼백[영정사진]〉을 만들어 〈영좌[상청]〉에 모시고, 상주들은 상복을 갈아입고서 곡을 하며 〈성복제〉를 올린다. 농경사회의 상복은 성별에 따라 구분된다. 부친상은 바느질 갓을 밖으로 하지만, 모친상은 안쪽으로 한다. 그리고 지팡이도 부친상은 대나무로, 모친상은 오동나무나 버드나무로 만든다. 이에 따라 상복과 지팡이를 보고 부친상인지 모친상인지 구분한다. 우리가 기억해야 할 것은 입관과 〈성복제〉가 끝나야 본격적으로 조문객을 맞이할 수 있다는 점이다. 〈조문>하는 과정에서 상주하고 1회, 고인에게 2회 절하는 것은 음양 사상에 근거해 질서화된 것으로, 음의 숫자 짝수 가운데 최소의 수 2, 양의 숫자 홀수 가운데 최소의 수 1이다. 음은 죽음이고, 삶은 양이다. 그래서 산 사람에게 한 번, 신이나 죽은 사람에게 두 번 절을 한 것이다. <조문>이 본격적으로 이루어지면 <상여놀이 밤샘>를 한다. 특히 <상여놀이>는 본래 상여를 운구하기 위해 미리 연습하는 것으로, 씻김굿이나 놀이판이 벌어지기도 하고, 무엇보다도 축제의 면모를 보여준다. 이러한 것은 죽음 의례가 이승의 삶을 마무리하는 이별의 잔치가 아니고, 조상신의 탄생을 알리는 축제로 인식하는 데서 비롯된 것임을 알 수 있다.

발인은 망자가 이승과 이별하는 과정이다. <발인제>는 망자가 집에서 장지를 향해 떠나는 절차이고, 장지를 떠나기 전에 마을 앞에서 지내는 제사를 <노제>라고 말한다. 요즈음 <발인제>는 모두 장례식장에서 이루어지고, <발인제>가 끝난 뒤 <운구행렬>은 맨 앞에 영정사진, 운구차, 상주와 가족 등의 순서로 장지로 이동한다. 이 행렬은 이승의 끝자락에서 저승의 초입으로 이동시키는 상징적 의미를 지닌다. 운구차가 장지에 도착하면 본격적으로 <치장묘역 준비>을 하고, <하관>의 시간에 따라 관을 내려놓는다. 상주들이 조금씩 흙을 넣으면 묘역 일꾼들이 본격적으로 주변의 흙을 채워 봉분을 만든다. 이러한 매장 의례가 끝나면, 상주 일행의 귀가는 이승에서 저승으로 갔던 길로 되돌아오고, 상주는 영정사진을 집으로 모시고 와 <반혼제>를 지낸다.

인간은 어머니 품에서 조상신으로 새롭게 태어난다

한국인은 사람이 죽으면 매장하고 무덤을 둥글게 만든다. 왜 무덤을 둥글게 만드는 것일까?, 자현의 『사찰의 비밀』에 의하면, 공자가 최초로 어머니의 무덤에 봉분을 만들었다고 하는데, 무덤을 표시할 만한 석물을 갖출 수 없어 봉분을 만들어 표시했다고 한다. 이를 근거로 무덤이 둥근 이유를 공자에게서 시작되었다고 말한다. 그렇다면 공자의 영향권에서는 모두 무덤을 둥글게 만들어야 하지만 그렇지 않다는 점이다. 이에 비해 무덤이 둥근 이유를 신화학적으로 난생신화에서 찾기도 한다. 인간은 알에서 태어나 행복하게 살다가 다시 알의 품으로 되돌아간다고 생각하고, 그것을 설명하기 위해 봉분을 둥글게 만들었다는 것이다. 주몽이 천신의 후광을 받아 유화가 낳은 알에서 태어난 것이나, 박혁거세가 알에서 태어났다고 하는 것은, 모두 난생신화의 표현이다. 난생신화 지역인 마한의 문화권인 영산강 유역과 가야 그리고 신라 지역에서 많은 원형 고분이 축조되었는데, 이러한 것을 후대의 민가에서도 자연스럽게 수용하여 무덤을 둥글게 만든 것으로 상상해 볼 수 있다.

탈상은 조상신을 내세의 공간인 저승으로 통합시키는 의례이다. 탈상은 상복을 벗는 절차라 하여 탈복이라 부른다. 장례식은 상중제례喪中祭禮를 통해 마무리되는데, 상중제례는 상장례가 완전히 끝나지 않았음을 의미하고, 망자를 조상신으로 변신시켜 저승에 통합시키기 위한 의례로서 〈흉제凶祭〉를 통해 마무리된다. 그래서 〈흉제〉는 현세이승와 내세저승의 경계 의례로서 성격을 지닌다. 민가에서 지내는 〈흉제〉는 〈삼우제三虞祭〉, 〈소상小祥〉, 〈대상大祥〉으로 구성되는 경우가 많다. 일반적으로 〈삼우제〉는 매장 의례가 끝나고 3일 만에 묘역을 둘러보고, 간단한 음식을 차려 놓고 지내는 제사를 말한다. 그리고 〈소상〉은 죽은 지 1년 만에 지내는 제사이고, 〈대상〉은 죽은 지 두 돌 만에 지내는 제사이다. 〈대상〉을 지낸 다음에는 〈영좌상청〉를 철거하고, 상복 등의 모든 물건을 태우기에, 〈대상〉을 탈상脫喪이라 부른다.

탈상 기간은 인간이 조상신으로 변신하는 기간이다. 죽음으로부터 탈상이 끝난 2년은 망자의 시신이 완전히 육탈이 되는 기간이고, 인간이 조상신으로 변신하는 기간이다. 육탈이 된 시신은 다시 선산으로 모셔 매장하지만, 선산은 조상신의 거주 공간으로서 육탈이 되지 않은 시신은 매장할 수 없는 곳이다. 한국의 농경사회에서는 주로 2차장 매장 풍습이 이루어져 왔는데, 1차장은 육탈하기 위한 풍습으로 초빈草殯을 하거나, 별도의 장소에 매장한다. 초빈초분은 관을 방안에 둘 수 없을 때, 일정한 장소에 관을 놓고 이엉으로 눈비를 가리는 것을 말한다. 그래서 육탈이 완료되면 2차장으로 뼈만 수습하여 선산에 매장하고, 이를 흔히 '이장移葬한다'라고 부른다. 이처럼 탈상이나 이장이 끝나면, 망자는 완전히 조상신으로 새롭게 탄생하게 된다. 이때부터 지내는 제사를 바깥 제사와 구분하여 '방안 제사'로 부르고, 인간이 조상신으로 변신해야 제사의 장소가 실외의 마당에서 실내인 안방이나 사당으로 이동할 수 있는 것이다. 여기서 안방과 사당은 조상숭배의 실천적인 공간으로서 의미를 지닌다. 따라서 장례식과 탈상은 죽음과 매장 의례를 통해 이승과 이별하고, 영적인 세계의 조상신 탄생 의례라고 할 수 있다. 조상신은 생물학적 인간이 사회적 인간으로 활동하고, 종교적 인간으로 개념화된 존재이다.

오늘날 죽음 의례가 변화하지만, 꽃은 중요한 제물이다

〈습염〉 의례는 정화 의례로서 시체에 대한 사자死者 의례이다. 〈습염〉은 사자의 시신을 목욕시켜 수의를 입혀 입관하는 절차로, 습, 소렴, 대렴을 통칭하는 개념이다. 〈습염〉은 『주자가례』를 통해 체계화되고, 『사례편람』을 통해 한국적인 〈습염〉으로 정착되고 일반화된다. 〈습염〉은 이승에서 마지막으로 죽음을 확인하는 절차이기도 하지만, 그것은 이승에서 오염된 것을 정화하여 영적인 존재로 변신시키는 의미를 지닌다. 〈단군신화〉에서 곰과 호랑이에게 쑥과 마늘만을 먹게 한 것에서 확인할 수 있듯이, 시신을 정화 시키는 의례는 오랜 역사성을 가지고 지속되어 왔다. 오늘날까지도 〈습염〉의 절차가 지속하는 것은 정화 의례로서 관념이 강하게 남아 있기 때문이다. 〈습염〉은 1973년 〈가정의례준칙〉에 따라 습 - 소렴 - 대렴이 한꺼번에 시행되도록 규정하면서 크게 간소화되고, 1990년대 이후부터 장례식이 집이 아니라 장례식장에서 이루어지면서 장례지도사 중심으로 이루어지고 있다.

매장 의례는 영혼에 관한 변신 의례이다. 매장의 관행은 조상숭배의 관념이 반영된 2차장의 묘제이다. 1차장은 땅속에 매장하는 경우가 대부분이지만, 고대사회에서는 시신을 임시로 매장하기도 하고, 사람이 죽으면 시신을 다섯 달 동안 집에 두기도 했다. 시신을 오래 둘수록 좋은 것으로 생각하기 때문이다. 그러면서 집안에 빈소를 만들어 놓았다가 2년이 지난 뒤 길일을 가려 장사를 지내고, 이러한 전통이 초분의 풍습으로 이어지기도 한다. 초분은 조선 말기와 일제 강점기 초기까지도 전국적으로 진행되고, 1970년대 대부분 사라졌으며, 서남해안 일부 섬 지역에 남아 있었다. 하지만 2차장 묘제는 1990년대 들어 급격히 약화 되어 단일

묘제1차장로 바뀌는데, 특히 망자의 화장을 통해 봉안 및 매장 방식이 바뀌면서 2차장의 묘제가 약화 되었다. 최근 들어 화장문화를 선호하는 가족들이 기하급수적으로 증가하면서 매장 의례가 많은 변화를 겪고 있다.

장례식장에서 꽃은 중요한 의미를 지닌다. 장례식장에 마련한 〈영좌상청〉는 영정사진을 중심으로 꽃으로 화려하게 장식하여 꾸민 것인데, 꽃으로 장식한 〈영좌〉는 서천서역국에 있는 꽃밭이고, 내세를 꽃밭으로 재현하는 것이다. 여기서 꽃밭은 향이 넘쳐나는 곳으로서 재생의 공간이자, 안락의 공간을 의미한다. 그래서 죽은 사람은 꽃밭에서 재생하고, 내세에서 안락한 삶을 살아간다고 생각해 왔다. 종교마다 다르겠지만 조문객이 분향하고 절을 하거나, 기도하고 꽃을 봉헌하는 경우가 있다. 무엇보다도 국화꽃을 영정 앞에 바치려는 것은 꽃의 향기를 바치는 것으로, 꽃을 제물로 생각하는 데서 비롯된다. 본래 서양의 장례식에서 흰 장미를 바치는 관습이 있는데, 개화기 이후 그 영향을 받아 한국에서 흰 장미를 구하기 어렵게 되자, 흰 국화로 대신하게 된 것으로 보인다. 인간이 신에게 바치는 동물 가운데 가장 큰 제물이 인간이었던 것처럼, 꽃이야말로 식물 가운데 가장 큰 제물이다. 이것은 꽃을 봉헌함으로써 영적인 세계에서 망자의 재생 · 부활을 기원하려는 의도가 반영되어 있다. 그런가 하면 장례식장의 조화도 단순히 애도의 뜻만이 아니고, 정성스러운 제물을 바친다는 뜻을 갖는다. 꽃의 향기를 바치는 것이야말로 전통 의례에서 향을 피우는 것과 같고, 향을 피우려는 것도 제물을 바친다는 의미를 지닌다. 이처럼 의례에서 꽃은 향기향수를 의미하고, 향기는 곧 제물인 셈이다.

제사가 신의 잔치인가
기억의 재현인가

조상신은 초월적 존재이자 종교적 인간이다

조상신은 자손들의 안녕과 번창을 관장하는 신이다. 제사는 기본적으로 이승과 저승의 공간을 연결하는 의례이고, 망자에 대한 기억을 소환하여 재현하고 추모하는 의례이며, 조상신에게 자손들의 안녕과 번창을 기원하는 신앙적인 의례이다. 특히 『주자가례』와 성리학적 이념은 제사를 조상숭배의 한 방법으로 간주하고, 조상신을 섬기는 의례로 정착시켜 왔다. 지금까지 조상신을 섬기는 것은 자손의 번창을 기원하는 종교적인 행위로 지속되어 왔는데, 조상신의 거주 공간은 선산이고, 여기서 선산은 신성한 공간이자 비일상적인 공간을 의미한다. 그래서 조상신의 자격을 갖춘 자만이 선산에 매장될 수 있고, 조상신의 상징물은 육탈이 된 신체의 뼈이며, 뼈만을 수습하여 선산에 매장하는 것이 원칙이다. 우리가 신앙생활하고 있는 절이나 교회가 거룩한 공간인 것처럼, 선산 또한 조상신을 모시는 신앙적인 공간이고, 이곳에서 자손들이 성묘 의례를 수행한다. 무엇보다 문중이나 가족들이 선산을 꾸미고 관리하는 노력도 이러한 신앙적인 맥락에서 이루어진다. 게다가 자손들이 풍수적 명당을 찾아 선산을 옮기려는 것도 모두 이 때문이기도 하다. 이처럼 자손들이 발복을 기원하고, 정치적으로 혹은 경제적인 목적을 달성하기 위해 선산을 옮기는 경우가 그러한 예인 것이다.

조상신은 생물학적 인간이 종교적 인간으로 개념화된 존재이다. 조상신은 초월적 개념을 지니고, 초월은 원초적이고 강렬한 힘의 원천이라 할 수 있다. 그래서 인간은 초월을 열망의 대상으로 인식하고, 삶의 원천으로 삼는다. 여기서 조상신의 초월성은 우리의 한정된 인간적 형태를 벗어버리고, 무한성으로 이어지는 능력을 말한다. 인간은 삶의 조건이 제한되고 완전하지 않으며, 아픔이나 죽음을 경험할 수밖에 없는 존재이다. 게다가 소외되고 의존하며 사랑이 부재한 경우가 많아, 우리는 이러한 유한성을 극복해 주는 존재가 바로 초월적 조상신이라 믿는다. 다시 말하면 조상신은 자손들의 유한성을 극복해 주고, 무한성으로 이어지는 능력을 제공해 주는 섬김의 대상인 것이다. 우리 인간은 태어나서 섬김의 대상인 조상신이 되는 과정은, 즉 생물학적 인간으로 태어나서 직립 인간으로, 다시 사회적 인간으로, 마지막으로 종교적 인간이 되는 절차는 한국인의 일생이며 삶의 과정이라 말한다. 그런 점에서 보면 제사는 망자가 종교적 인간이자 조상신으로 탄생한 것을 기념하는 신앙적 의례라고 할 수 있다.

조상신은 조상의 기일忌日에 지내는 생일잔치의 주인공이다. 우리가 경험하고 있는 기제는 이승과 이별한 조상을 소환하여 추모하는 제사이고, 새롭게 태어난 조상신을 축하하는 잔치이다. 이를 기제사忌祭祀라고 부르고, 일반적으로 기제 대상의 친족명을 붙여 '할아버지 제사', '아버지 제사'라고 부르기도 한다. 이처럼 기제가 제사이고, 제사를 기제라고 생각해 온 것이다. 기제는 4대조 조상까지 집안에서 지내는 제사이지만, 선산에서 지내는 제사는 시제時祭 혹은 '시향時享 지낸다'라고 부르고, 5대조 이상의 조상을 문중 단위로 지내는 제사이다. 이러한 제사는 『사례편람』에 근거해 지내더라도, 가가례家家禮라고 하여 가정마다 생활문화가 다르듯이 다소 차이가 있는 경우도 많다. 중요한 것은 제사의 주인공이 조상신이고, 모든 의례의 내용은 조상신을 섬기는 내용으로 이루어진다는 점이다. 그래서 제사는 조상과 자손과의 의례적 의사소통이고, 자손 간에 가족 중심의 혈연적 유대감을 갖게 하며, 정서적 유대감을 유지하는 데도 중요한 역할을 한다. 가족의 기본적인 질서와 호혜적 관계를 유지하기 위한 장치가 바로 제사이기 때문이다.

제사는 종교적 구조를 갖춘 실천 의례이다

분향焚香과 독축讀祝 그리고 음복飮福이 제사의 중요한 절차이다. 분향은 제사에 참석한 모든 사람이 배석하고, 제주가 신위조상신 상징물 앞에 꿇어앉아 모사에 꽂아 놓은 향에 불을 붙이며, 재배하는 것을 말한다. 이는 조상신의 강신을 청하는 것이고, 가장 먼저 제물을 바치는 과정이다. 그리고 독축은 제주의 초헌이 끝나면, 축관이 제주 옆에 앉아 제문을 읽는 과정이고, 음복은 제사가 끝난 뒤 제사에 참여한 사람들이 제사음식과 준비한 음식을 나누어 먹는 행위이다. 여기서 분향은 본격적인 제사의 시작을 알리는 의미를 지니고, 독축은 자손들이 왜 제사를 지내는지 그 이유를 설명하는 과정이며, 음복은 제사를 마무리하고 자손들이 하나 되는 절차이다. 그래서 제사에서 다른 절차는 생략해도 분향, 독축, 음복은 반드시 이루어진다. 이 가운데 하나라도 생략하면 제사를 지내지 않는 것과 다를 바 없고, 무엇보다도 음복하지 않으면 제사에 참여하지 않은 것과 같기 때문이다.

분향에서 피우는 향은 조상신에게 바치는 제물이다. 향을 피우는 것도 제물이지만, 불 위에 던져지는 향도 신에게 바치는 제물의 하나이다. 특히 향은 세속에서 시작되어 신들의 영역으로 올라가는 제물이고, 잡귀를 물리치는 역할을 하기도 했다. 본래 향은 신들에게 바쳐졌던 것이나, 후대의 지배계층이나 귀족들이 향유하고, 다시 그것이 대중화되면서 인간 중심의 향기 인식으로 변화한 것으로 보인다. 중국에서는 주로 제사를 지낼 때 제사용 향로를 이용해 향을 피우는 경우가 많다. 그리고 다이앤 애커먼의 『감각의 박물학』에 의하면, 메소포타미아에서는 신들에게 바치는 향은 제물로서 태우는 동물의 고기 냄새를 향기롭게 할 목적으로 사용되고, 축귀 의식, 병자의 치료, 성교 후에도 사용되었다고 한다. 이러한 향기로운 연기는 세속에서 시작하여 재빨리 신들의 영역으로 올라간다고 생각하는 것이다. 이에 비해 이집트인들은 향수를 시신의 부패를 막는 방부제로 사용하고, 종교의식에서 향수의 향을 아낌없이 사용하기도 한다. 또한 이슬람식 장례식에서는 향로를 죽은 사람의 발 앞에 놓는데, 이것은 죽은 사람의 영혼이 향로에서 나오는 향에 이끌려 천국으로 간다는 믿음을 가지고 있는 것으로 알려진다. 그런가 하면 기독교에서는 동방박사가 하나님의 아들인 아기 예수가 탄생했다는 소식을 듣고, 예수의 탄생을 축하하기 위해 황금과 유향 그리고 몰약을 바쳤다고 한다. 여기서 황금은 왕권, 유향은 하늘과의 관계를 토대로 신성함, 몰약은 죽음의 고통을 상징하고, 동방박사의 선물은 막 태어난 아기 예수의 미래를 예언하는 의미를 지닌다. 유향은 신을 위한 것이고, 향을 피울 때 공중으로 올라가는 연기는 하늘로 향하는 기도를 의미한다고 한다. 이와 같은 것을 보면 제사의 분향에서 향은 조상신에게 바치는 제물이자 신과 인간의 매개물임을 알 수 있다.

독축은 후손들의 소망을 기록한 글을 조상신에게 율문 형식으로 읽는 절차이다. 그러한 글을 제문 혹은 축문으로 혼용하여 부르지만, 제문은 죽은 사람이나 혈연적인 조상신에게 고하는 글이고, 축문은 지연적인 마을신, 고을신 등 공동체 신에게 고하는 글이다. 따라서 기제사에서는 읽는 글은 제문이고, 마을 제사에서 읽는 글은 축문으로 구분하여 사용할 필요가 있다. 하지만 조선 시대 이래로 제문과 축문을 혼용해 사용하면서 제문이 축문이고, 축문이 제문이라는 의미로 사용해 왔다. 일반적으로 제문은 서두, 본문, 상향의 구조로 이루어진다. 서두에서 제사를 지내는 날짜와 제사의 대상이 되는 조상신을 밝히고, 자손으로서 제주의 이름을 밝힌다. 본문에서는 조상신의 영험함을 찬양하고, 자손들이 바라는 소망의 내용을 말한다. 그리고 상향尙饗으로 마무리하는 것은 "조상신께서 제물을 받으소서", 혹은 "소망의 내용이 이루어지게 해 주소서"의 의미를 지닌다. 이것은 기독교 기도문에서 '아멘'과 같은 역할을 한 셈이다.

제문은 언어적 기호로서 인간과 신이 소통할 수 있는 매개물이다. 언어적 기호는 단순히 문자 기호만을 지칭하지 않고, 율문 형식인 문자 기호를 음성적으로 표현한 것을, 즉 노래처럼 부르는 것을 포함한다. 스님이 목탁을 두드리며 노래하듯이 불경을 구송하거나, 무당이 춤추거나 반주하면서 노래하는 것 모두 언어적 기호이다. 이렇듯 제문은 기본적으로 인간의 소망을 신에게 전달하는 글이고, 노래이며 구술물이라 할 수 있다. 그래서 독축은 노래하듯이 제문을 읽어야 한다고 말한다. 이러한 독축의 과정을 통해 자손들의 요구를 신에게 전달하고, 이에 따른 신의 응답을 자손들에게 전달하는 계기를 만들어 준다. 이처럼 노래하듯이 부르는 제문의 형식은 고려 시대 한시의 영향을 받아 갖추어졌지만, 그 이전에는 아마도 망자에 대한 기억을 소환하여 추모하거나, 소원을 말하는 비손, 즉 비나리와 같은 구술물 형식이지 않았을까 싶다. 여기서 비손은 손으로 비비면서 음성적으로 기도하는 행위를 말한다.

음복은 신과 인간의 연결이면서 접촉이다. 의례 음식은 세속적신체적 음식과 가상적영적 음식이라는 양면성을 지는 경우가 있는데, 그 가운데 가장 대표적인 것이 제사음식이다. 제사음식은 신체적인 음식이자 영적인 음식의 의미를 지니고 있어서, 음복에서 자손들은 물질적인 신체적 음식을 먹으며 서로 소통하고, 조상신은 무형적인 영적인 음식을 먹으며 소통한다. 그래서 음복은 제사음식을 나누어 먹고 복을 서로 나누는 것이고, 제사음식을 먹음으로써 신과 자손이 공유하여 결합 되었음을 의미한다. 그것을 경험하고자 하는 것이 음복이다. 이러한 음복은 조상신과 자손의 일체성신명성, 자손과 자손의 통합성, 나아가서는 개인에서 가족으로, 마을로 확장되는 공동체성을 구현하는 절차이기도 하다. 다시 말하면 음복은 수직적으로 조상신과 후손의 결합을, 수평적으로 가족과 친척 등 혈연적 통합을 경험하려는 것을 의미한다. 그래서 제사에서 음복이 중요한 절차로 인식되어 온 것이다. 음복은 기본적으로 제사상에 차려진 음식을 나누어 먹는 것이지만, 별도의 음식을 준비해 가족이나 이웃과 함께 나누어 먹기도 한다. 제사를 지낸 다음 날 이웃이나 마을 사람들을 초청하여 음식을 나누어 먹는 것도 음복이다. 이것은 음복 문화가 가족에서 마을로 확대되고, 제사가 축제의 성격을 보여주는 것도 바로 이 때문이다.

제사 방법과 제사음식이 변화한다

제사는 고정적이지 않고 유동적이다. 지금까지 제사는 국가의 이데올로기나 사회적 환경 및 종교의 영향을 받아 많은 변화를 겪어왔다. 우리의 제사 전통은 고대의 제천의례와 왕실의 시조묘 제사로 거슬러 올라가는데, 삼국시대의 시조신에 대한 제사 내용을 구체적으로 알 수는 없으나, 고구려가 조각상을 세우고 제사를 지낸 것을 보면 다분히 무속적이었을 것으로 보인다. 그렇지만 불교가 유입되자 제사의 공간은 사찰로 이동하고, 제사 내용 또한 불교적인 요소가 강조된다. 그러면서 고려 말까지 자녀들이 윤회봉사 방식으로 제사를 지내고, 즉 아들딸 구분하지 않고 균등하게 순서에 따라 제사를 지냈다. 이러한 제사는 오늘날처럼 가정에서 제사를 지낸다면 많은 어려움이 있지만, 제사를 사찰에서 지내기에 가능한 일이었다. 그것은 자식들이 돌아가면서 제사 비용만 부담하면 되기 때문이다. 이러한 전통도 조선이 건국되자 성리학적 이념에 따라 예학이 정립되고, 불교식 제사가 폐지되면서 변화된다. 그로 인해 제사를 사찰이 아닌 가정에서 지내도록 하고, 제사 내용도 성리학적 이념에 따라 많은 변화를 겪어야 했다. 이것은 주로 지배계층 중심으로 이루어지고, 제사에서 딸은 배제되고 아들 중심으로 지내는 것이 17세기까지 지속되지만, 18세기 이후에는 아들 중에서도 장자 중심으로 제사를 지내게 되고, 그 전통이 오늘날까지 이어지고 있다.

제사음식은 집의 기능적 변화와 밀접한 관련이 있다. 1990년 이후 일상에서 의례적 공간이 집 밖으로 이동하면서 제사음식의 변화도 이루어진다. 대체로 농경사회에서 살림집은 가정신앙과 무속신앙 등의 신앙적 공간이고, 생일잔치, 결혼식, 환갑잔치, 장례식, 제사 등의 의례적 공간이며, 세시 명절의 놀이적 공간이었다. 이러한 전통적인 공간의 기능이 집 밖으로 이동하자, 제사에 대한 관념도 변화를 겪게 된다. 다시 말하면 신앙생활은 교회나 성당에서 하고, 잔치는 전문적인 예식장이나 연회장에서 이루어지며, 유희적 공간은 스포츠시설이나 오락실로 이동했는데, 이러한 변화가 제사에도 영향을 미치기 마련이다. 그것도 아파트와 같은 도시형 주거환경이라면 더욱 그럴 수밖에 없다. 여기서 주거환경이 제물의 준비 과정에 많은 영향을 미치고, 이것은 제물의 변화로 이어질 수밖에 없는 것이다.

제사음식은 집에서 조리하지 않은 맞춤형 음식으로 변화한다. 오늘날 주거환경의 변화가 가족들의 식생활을 배달 음식으로 대체시키고, 농촌에서는 새참과 점심을 대중식당이나 배달 음식으로 대체시키고 있다. 이러한 환경 속에서 제사나 차례를 휴양지에서 지내는 경우 맞춤형 제사음식을 활용하는 경우가 증가하고, 이제는 가정에서도 많이 사용하고 있는 것이 현실이다. 하지만 무엇보다도 조상이 살아생전에 좋아했던 것을 제사음식으로 차리는 마음가짐이 중요하다는 것을 말하고 싶다. 왜냐하면 조상을 기억하는 것은 후각과 미각을 느낄 수 있는 음식이 가장 효과적이기 때문이다. 또한 제사에서 조상과 자손이 공유할 수 있는 음식을 차리는 것도 필요하고, 이는 자손들의 많은 참여를 유도하기 위함이다. 따라서 이제는 지나치게 유교 제사음식에만 집착하지 않고, 현실적인 측면에서 유연하게 생각할 필요가 있다. 대체로 제사음식은 시대의 흐름에 따라, 혹은 가정마다 지역마다 따라 다른 것이 일반적이다.

제사가 기억하는 추모행사로 변화한다

제사의 변화는 매장 문화와 선산에 대한 인식과도 관련된다. 요즘처럼 장례식에서 매장이 급격히 줄고, 화장법으로 납골당이 증가하는 것이 제사에도 많은 영향을 미친다. 심지어는 선산에 모신 조상을 화장하여 통합해 모시는 경우도 늘고 있다. 과거에 선산은 자손들에게 복을 주는 풍수적 신앙을 근거로 조성되는 경우가 많았다. 그러다 보니 접근성이 불편한 경우가 많고, 그래서 이를 극복하기 위해 선산을 도로 인접 지역에 조성하기도 한다. 이젠 풍수적 명당이 좌청룡 우백호의 길지가 아니고, 주차장이 넓고 접근성이 편리한 장소로 변화하는 것이 현실이다. 이것은 조상보다도 자손의 배려를 우선시한 것이고, 제사도 조상보다도 자손 위주의 관념을 반영하게 만든다. 예컨대 제문에서 한자가 아닌 한글로 표기하고, 추모 형식의 내용이 많아지며, 제문마저 생략하고 구술로 구연하기도 한다. 그리고 제삿날 성묘하면서 제사를 지내거나, 혹은 성묘만 하고 식당에서 식사하는 것으로 제사를 마무리하기도 한다. 이러한 것은 모두 매장 문화와 선산의 인식이 제사와도 밀접한 관련이 있음을 보여준다.

제사의 통합은 의례 절차를 간소화한다. 오늘날 핵가족의 확산과 초핵가족의 증가는 제사의 통합을 가져오고, 의례적 절차도 간소화시킨다. 본래 제사는 조상의 개인별로 지내는 것이 원칙이어서, 부모에서 4대조 조상인 고조부모까지 1년에 최소한 8번 이상 제사를 지내야 한다. 하지만 자손들 생활환경의 변화와 조상숭배 관념의 약화가 제사를 통합시키는 계기가 되고, 제사 지내는 날을 공휴일 중심으로 옮기기도 한다. 이젠 제사가 조상신의 신앙적 관념보다는 의례적 과제 해결이라는 의무감에 그치는 경우가 많아지고 있다. 자손들이 지금까지 누대에 걸쳐 행해졌던 제사를 거를 수 없어서, 마치 의무를 다하기 위한 가족 행사의 하나로 생각한 것이다. 그러면서 자연스럽게 제사의 본질적 의미가 퇴색되고, 제사에 대한 태도 또한 변화하며, 제사 참여집단의 축소로 혈연 집단의식이 옅어지게 된다. 과거에는 제사가 돌아가신 분을 주축으로 살아있는 자손들의 혈연적 유대관계를 돈독하게 해주는 것이 그 본질이었다.

제사가 초핵가족시대에 추모제 형식으로 변화한다. 오늘날 기독교의 영향도 크지만, 제사가 조상숭배로서 혹은 의례적인 의미를 갖기보다는 기억하기 위한 행사로 그친 경우가 많아지고 있다. 그것은 가족보다도 개인의 기억에 의한 추모제 형식으로 제사를 지내는 것이다. 예컨대 자손들이 돌아가신 분을 모시고 있는 장소를 방문하여 추모하는 것으로, 이것도 당대 부모들이 주 대상이지만, 조부모 이상의 증조부모, 고조부모 등은 생략된 조상이 되어 가는 것이 현실이다. 이러한 관념은 선산 관리에도 많은 어려움을 갖게 만든다. 무엇보다도 추모제 형식의 제사에서 가장 중요한 제물은 꽃인데, 제사에서 방안 제사기제사와 바깥 제사성묘에 꽃을 바치는 경우가 많아지고 있다. 제물은 음식만이 아니라 꽃도 제물의 하나이고, 꽃은 그 향기를 신이 가장 좋아하는 제물이다.

꽃은 신들에게 바치는 제물이다. 불교에서 꽃을 바치거나 장식하는 것 모두가 제물이고, 굿판에서 굿당을 꾸밀 때 꽃의 장식은 서천 꽃밭을 재현하는 것으로, 이는 신성 공간의 의미를 지닌다. 본래 꽃은 신들을 위한 제물이었고, 후대에 꽃향기를 맡을 수 있는 인간들의 기호식물로 정착한 것이다. 일반적으로 냄새는 원초적 감각으로, 위험, 사랑, 진행, 정지 등 인간 삶의 기본 정보를 제공하고, 다양한 감정을 발생시킨다. 냄새를 맡는 후각은 뇌의 감정과 기억 중추에 가까운 영역이고, 특히 예민한 반응을 보인다고 한다. 그래서 예민한 반응을 통해 보여주는 꽃향기야말로 신에 바치는 최고의 제물이라 할 수 있는 것이다. 이처럼 식물로서 꽃과 향이 신에게 바치는 최고의 제물이듯이, 동물 가운데 최고의 제물은 인간이었다. 그것은 신들에게 사람을 바친 여러 문화권의 사례에서 확인되고, 우리의 인신공희 설화에서 확인할 수 있는데, 〈심청전〉에서 심청이가 인당수에 바쳐진 것도 그 유습의 하나이다.

우리는 장수 시대에 세속적인 삶과 어떻게 이별해야 하나

인간은 잘 죽지 않고 늙지 않는다

현대 의학의 발전은 인간 수명을 연장한다. 무엇보다도 수명 연장은 진료 개선을 통해 이루어지고, 놀라운 의학 발전이 모든 질병을 만성질환으로 변화시켜 가고 있다. 이에 따라 사람들은 늙고 아프더라도 좀처럼 죽지 않을 수 있다. 그러다 보니 죽음이 늙어감보다 쉽지 않고, 이젠 늙어가는 일도 쉽지 않다고 말한다. 1970년대까지만 해도 환갑잔치가 가장 경사스러운 의례 행사 중의 하나였다. 그것은 환갑잔치가 자식들로부터 받을 수 있는 효도 가운데 가장 큰 선물이고, 수명이 짧은 시기에 가장 호사스러운 잔치였기 때문이다. 예전에는 아이가 태어나서 백일을 넘기는 경우가 쉽지 않고, 백일을 넘겨 아무리 오래 산다 한들 환갑을 넘기는 경우가 많지 않았다. 그래서 백일잔치가 부모가 베풀어 주는 가장 큰 잔치라면, 환갑잔치는 자식들이 바치는 가장 큰 선물이라고 생각해 온 것이었다.

오늘날 백일잔치와 환갑잔치는 기억에 남아 있는 의례에 불과하다. 요즈음 아이들이 태어나 백일을 넘기지 못해 일찍 죽는 경우가 거의 없고, 그에 따라 백일잔치를 경험하기도 쉽지 않다. 이젠 백일잔치 대신 백일사진을 찍고 기념하는 정도이고, 그 의례는 기억의 흔적으로 사라져가고 있다. 무엇보다도 의학이 발전한 모빌리티사회는 장수하고 젊게 사는 사회로 변화시킨다. 그에 따라 환갑잔치의 의미가 예전 같지 않고, 환갑잔치를 치르지 않고 여행가는 경우가 많으며, 요즈음 환갑잔치 사진을 구경하기도 어려운 상황이다. 하지만 과거엔 환갑잔치가 삶을 정리하는 단계로서 장수의 상징이지만, 오늘날은 60대가 중년이고, 50대 후반을 청년이라고 지칭하는 경우가 많다. 이것은 환갑에 대한 인식을 변화시키고, 과거보다 일상적인 삶의 변화 수용성이 높아진 데서 비롯한 것으로 보인다.

장수 시대에 인간이 성장하려면 삶의 변화 수용 능력이 중요하다. 무엇보다도 일상에서 변화 수용성은 창조적 활동을 통해 인간이 성장하는 데 중요한 역할을 하기 때문이다. 앞으로 노화 및 노화 관련 질병을 정복하고 태반 줄기세포를 이용하게 되면, 모든 사람이 더 오래 건강하게 살 수 있는 시대가 온다. 즉 운동 능력이나 인지능력, 아름다움까지도 훨씬 오랫동안 유지하여 100세가 아니라 120세의 장수 시대가 온다는 것이다. 그래서 장수 시대에 건강하게 살기 위해서는 끊임없이 성장해야 하고, 성장하기 위해서는 변화를 수용해야 한다. 중요한 것은 인간의 성장이 변화를 통해 이루어지고, 즉 성장이 멈추는 것은 창조적 삶의 중단이자 죽음을 의미한다는 점이다. 그런 까닭에 인간은 변화 수용성을 통해 창조적 삶을 이어가고, 시대의 흐름에 잘 적응할 수 있어야 한다. 우리가 일상의 변화에 적응하는 것은 삶의 지속성을 갖도록 하고, 장수 시대의 노년층이 더욱 성장하도록 도와준다. 예컨대 시대의 흐름에 잘 적응하는 노년층은 젊은 층이 선호하는 외식 브랜드도 좋아하는 것처럼, 노년층의 소비문화가 젊은 세대와 다를 바 없음을 보여주어야 한다.

노인은 존엄한 존재가 되고 싶어 한다

노인들의 삶은 무의미해지고 공허한 경우가 많다. 그것은 주로 노동과 관계있는 경우가 많지만, 무엇보다도 노인들의 생활에 삶의 활력소가 없기 때문이다. 요즈음 제2의 육아에 매달리는 노인들이 점차 늘고 있는데, 심지어는 지방에 사는 노인들 가운데 자식들이 거주한 도시나 수도권에 상경해서 육아하는 사람도 많다. 흔히 이를 "1년 살이 혹은 3년 살이 하러 간다"라고 말한다. 그리고 주중에 육아하고 주말에 귀향하는 주말부부 노인들도 늘어나는 추세이다. 이런 육아는 가족 간의 호혜성의 차원에서 도움이 되나 그렇지 않을 수도 있다는 점도 유념해야 한다. 그것은 육아가 노인들에게 미치는 영향이 반드시 긍정적이지 않기 때문이다. 긍정적인 부분은 육아가 자존감, 가족 결속력을 높여주고, 신체적 활동 및 건강을 유지하는 데 도움이 된다. 하지만 육아가 노인들에게 육체적이고 정신적으로 많은 부담이 될 수 있다는 점도 기억할 필요가 있다.

노인의 문제가 우리 사회의 중요한 이슈로 등장한다. 장수사회가 되면서 환자 돌봄의 사회문제가 심각해지자, 그것을 어떻게 해결할 것인지에 많은 공론이 이루어지고, 결국 2008년에 노인장기요양보험이 도입된다. 이것은 개개인이 환자 돌봄의 필요한 비용을 미리 마련하기 어렵게 되고, 이것을 해결하기 위해 국가가 사회보험의 형태로 나선 것이다. 그렇지만 요양원에서 노인들의 삶은 여전히 열악한 상태인데, 노인들은 규칙적인 단체생활을 해야 하고, 노인의 인권 문제가 개선되지 않고 있다. 그래서 노인들이 요양원 입소를 꺼리기도 한다. 그렇더라도 돌봄의 필요가 더 크다거나, 건강이 더욱 나빠지고, 또 돌봐줄 가족이 없다면, 요양원에 입소할 수밖에 없는 경우도 많은 것이 현실이다. 이런 점에서 그 어느 때보다도 존엄한 노년을 위해 국가적 차원의 관심이 이루어져야 하고, 다각적인 방안을 모색해야 할 필요가 있다.

노인들은 다양한 욕구를 갖고자 한다. 인간이면 누구나 나이 들고 늙어감을 피할 수 없으며, 기억력이 노화와 함께 자연스럽게 둔화해 간 것이 사실이다. 무엇보다도 노년에는 노화에 따른 신체적인 변화가 일어나고, 개인으로서 담당해야 할 역할과 사회적 인간관계의 상실이 크게 일어난다. 그리고 개인의 존엄성은 더욱 상실되고, 공동체로부터 소외와 고독이 많이 발생한다. 그래서 노년은 죽음을 준비하고, 스트레스를 관리하며, 의미 있는 역할 부여가 필요한 것이다. 또한 경제 관리, 인간관계, 운동, 건강 관리 등이 무엇보다도 중요한 시기이기도 하다. 대체로 노인들은 젊은 사람 못지않게 집단 내에서 적극적으로 참여하려는 욕구가 있고, 게다가 일상에서 벗어나 여가를 즐기고 싶은 욕구가 크며, 명예를 중요하게 생각한다. 그리고 오래 살고 잘 죽고 싶은 욕구를 갈망하는 등 다양한 욕구를 갖고자 한다. 특히 노인들은 그 누구도 죽음의 문제에서 벗어날 수 없는데, 죽음은 인간에게 일회적이면서 경험의 세계를 초월하는 정서적 사건이라는 점이다. 모든 사람은 죽고, 혼자서 죽으며, 빈손으로 죽는다. 우리는 좋은 죽음을 맞이하기 위해서 삶의 질을 높여야 하고, 다시 말하면 웰리빙에 관심을 가져야 하고, 웰다잉을 준비해야 한다.

웰리빙은 웰다잉이다

인간은 성장하려면 끊임없이 학습해야 한다. 인간은 다양한 관계를 통해 행복과 불행을 경험하는데, 그것은 삶의 70%가 인간관계에서 경험한 것이라 한다. 인간관계는 개인적인 것보다도 공동체와 연계한 삶의 비중을 높여주고, 공동체와 연계한 삶은 한 개인을 성장시키는 데 크게 도움이 된다. 존 듀이는 인간이 성장하기 위해 끊임없이 경험해야 하고, 죽음을 통해 경험이 멈추면 성장도 멈춘다고 말한다. 이것은 성장이 어린 시절이나 청소년기에만 이루어지지 않고, 죽기 전까지 지속된다는 것을 의미한다. 그래서 인간은 성장을 위해 끊임없이 노력하고 창조적으로 활동해야 한다. 여기서 창조적 활동은 생존을 위한 부단한 노력이고, 변화에 대응하기 위한 삶의 적응 활동이다. 대체로 창조성은 모방과 학습을 통해 이루어지는 경우가 많고, 이러한 창조적인 활동이야말로 삶의 질을 높여 잘 살 수 있게 해 준다. 이젠 잘 살아야 잘 죽을 수 있는데, 달리 말하면 웰리빙이 웰다잉이 되는 시대라는 것이다.

잘 사는 것은 죽음을 준비하는 것이다. 우리가 잘 산다고 말한 것은 부유한 삶과 다르고, 부자로 사는 것은 물질적 풍요로움은 있을지 몰라도 잘 사는 것은 아니다. 가난해도 잘 사는 사람이 얼마든지 많기 때문이다. 여기서 잘 사는 것은 반드시 물질적인 것만으로 결정되지 않고, 부자로 살면서 감사함을 잊지 않고 남에게 베풀 줄 아는 삶, 즉 물질적인 것뿐만 아니라 정신적인 행복이 충만한 삶이 잘 사는 것이라고 할 수 있다. 그리고 나의 행복이 내 주변의 모든 사람과 내가 속한 공동체에도 흘러가게 하고, 모두가 행복한 삶을 살도록 영향을 미치는 삶을 말한다. 이러한 삶은 죽음을 준비하고 행복한 삶을 마무리하는 데 중요하게 작용하기에, 행복한 죽음을 위해서는 잘 사는 것이 무엇보다도 중요한 것이다.

죽음을 준비하는 것은 죽음을 이해하는 노력이다. 이것은 죽음의 참된 의미를 깨닫고, 죽음에 대한 바른 태도를 유지하며, 삶이 더욱 건전하게 살아가도록 하는 데 목적이 있다. 이를 위해 무엇보다도 죽음의 준비교육이 필요하다고 생각한다. 그것은 죽음을 이해시켜 죽음에 대한 심리적, 정신적 적응력을 높여주고, 죽음 불안을 감소시켜 주며, 남은 생애를 보다 안정되게 보내도록 하는 데도 크게 도움이 된다. 오늘날 우리가 웰다잉이라고 말하는 것은 준비된 죽음을 통해 잘 죽는 것을 의미한다. 이처럼 잘 살아야 잘 죽을 수 있듯이, 잘 죽기 위해서는 죽음을 준비하는 것이 중요하고, 그것은 죽음을 이해하는 노력이라 할 수 있다. 무엇보다도 그것은 우선 심리적으로 죽음 불안을 완화하고, 자기 죽음에 대한 설계와 남아 있는 가족을 배려하며, '좋은 죽음'을 맞이하기 위한 것이다. 즉 고통 없이 편안하고 존엄하게 죽는 것이 웰다잉이다.

웰다잉은 웰리빙이다

웰다잉은 죽음 앞에서 후회를 최소화하는 이별이다. 언제, 어디서, 어떻게 다가올 줄 모르는 것이 죽음이다. 흔히들 인간은 태어나는 것은 순서가 있어도 죽는 것은 순서가 없다고 말한다. 그것은 죽음이 예측 불가능하기 때문이다. 그래서 지금 경험하고 있는 이 시간을 소중히 여겨야 하고, 지금 수행하고 있는 일에 최선을 다해야 하며, 지금 나와 함께 하는 사람에 감사할 줄 아는 삶의 태도가 중요하다. 과거의 삶을 되돌아보면서 현재의 삶을 진단해 보고, 현재의 삶을 토대로 미래의 삶을 어떻게 살다가 죽을 것인가를 생각해야 한다. 우리가 경험하고 있는 삶과 죽음은 둘이 아니라 하나인데, 여기서 삶과 죽음을 연결하는 의례 장치가 바로 장례이고 제사이다. 그러한 까닭에 장례와 제사를 삶과 분리해 이해하기보다는 그 연장선상에서 관심 가질 필요가 있는 것이다. 인간의 죽음은 그것으로 살아있는 사람들과 단절하지 않고, 새로운 관계를 만들어 준다. 그것은 조상과 자손의 관계를 통해 영적인 삶을 누리게 해 주고, 영적인 삶은 종교적인 영향을 많이 받기에 개인마다 다르다. 우리는 세속적인 삶과 잘 이별하기 위해 준비해야 하고, 이를 준비하는 것이 바로 웰다잉이다.

죽음의 준비는 무의미한 생명을 연장하지 않도록 해 준다. 죽음의 준비로서 연명치료를 하지 않겠다는 <사전연명의료의향서>를 등록하는 것이 필요하다. 이것은 삶의 존엄성을 확보하고, 의료적 낭비를 줄여 남아 있는 사람들에게 부담을 주지 않기 위함이다. <연명의료결정법>은 2018년 2월부터 시행되고 있는데, <호스피스 완화의료 임종 과정에 있는 환자의 연명의료 결정에 관한 법>을 말한다. 이 법은 원치 않는 연명의료를 시행하지 않고, 환자가 존엄한 삶을 마무리하도록 하기 위한 것이다. 흔히 연명의료는 심폐소생술, 혈액투석, 항암제 투여, 인공호흡기 착용 등 임종 과정에 있는 환자에게 치료 효과 없이 행하는 처치가 포함된다. 2024년 6월 약 250만 명이 <사전연명의료의향서>를 작성한 것으로 알려지고, 최근 들어 무의미한 연명의료 중단에 대한 사회적 공감대가 점차 확산하고 있다. 그리고 나의 몸과 마음의 가치를 확대하기 위한 생명나눔 실천이 절실하고, <장기 기증신청서>를 제출하는 것도 의미 있는 행동이다. 16세 이상이면 누구나 장기 기증등록신청서를 작성할 수 있다. 생명나눔은 생체 또는 장기를 기증하는 것, 사후 인체조직 기증, 각막 기증, 조혈모세포 기증, 헌혈 등이다. 매년 이식 대기자가 3,000여 명씩 꾸준히 늘어나고 있는 것을 고려하면, 우리 모두 관심을 가져야 할 중요한 사회적 문제 중 하나이다.

자신의 장례가 가족에게 부담을 주지 않아야 한다. 그러려면 가족들을 위해 <사전장례의향서>를 준비하는 것이 바람직한데, 장례가 망자에 대한 기억을 소환하여 추모하는 의례가 되어야 하고, 망자가 살아왔던 삶을 흠모하고 기억하여 항상 잊지 않겠다는 실천적 행사이어야 한다. 이젠 장례에서 분향하고 헌화하는 것만이 전부가 아니고, 결혼식에서 신랑과 신부의 살아온 흔적을 보여주고 앞으로 잘 살겠다고 맹세한 것처럼, 장례식도 그래야 한다. 이것은 망자 삶의 흔적을 보여주면서 영적 세계인 미래 세계에서 잘 살겠다고 언약하고, 살아남은 사람들을 안심시켜 주어야 하기 때문이다. 그러려면 죽음을 잘 준비해야 하고, 우리가 죽음을 준비하는 것으로 유언장 쓰기, 용서와 화해하기, 자서전 쓰기 등을 살아생전에 실천하는 것도 필요하다. 여기서 자서전 쓰기는 자존감을 높여주는 데 도움이 되고, 사진 자서전, 영상 자서전, 책 자서전, 그림 자서전 등이 있다.

죽음은 좋고 멋있어야 한다

죽음을 맞이하는 곳이 이동한다. 한국인은 죽음을 맞이하는 이상적인 곳을 태어난 장소라고 생각해 왔다. 인간은 집에서 태어나서 행복하게 살다가 집에서 맞이하는 죽음을 큰 복이라고 생각한 것이다. 이것은 농경사회에서는 거의 실천적으로 이루어졌지만, 이젠 도시화와 산업화가 본격적으로 이루어지면서 집에서 맞이하는 죽음은 쉽지 않다. 오늘날 주로 죽음을 맞이한 장소가 병원인데, 병원에서의 죽음은 집 밖에서 죽은 사람이라 하여 객사로 인정하는 경우가 많다. 그래서 1980년대까지만 해도 한동안 임종을 앞둔 환자가 퇴원하여 집에서 죽음을 맞이하기도 했다. 그러다 보니 도시의 아파트에서는 장례식을 주차장에서 거행하고, 무엇보다도 집에 모신 망자의 관을 운구할 때 곤도라를 이용하는데, 그로 인해 주민들이 정서적 불편함도 적지 않았다. 이것은 점차 아파트에서의 장례식을 어렵게 하고, 병원에서 죽음이 일상화되면서 장례식장이 본격적으로 등장하는 계기가 된다. 오늘날은 죽음을 맞이한 곳이 요양원이나 병원이고, 그 죽음을 처리하는 장소가 장례식장으로 정착해 간다. 이것을 바탕으로 우리는 그 어느 때보다도 죽음을 새로운 환경 속에서 고민할 필요가 있다.

좋은 죽음은 가족과 잘 살다가 이별하는 죽음이다. 일반적으로 잘 살다가 자연스럽게 죽는 생물학적인 죽음을 아름답고 깨끗한 죽음이라고 말하는 경우가 많다. 그것은 전통적으로 인식해 왔던 죽음의 과정을 말하고, 살면서 천수를 누리고 집에서 죽음을 맞이하며, 가족과 친지들 곁에서 죽음을 맞이하는 것을 이상적인 죽음이라고 생각한 것이다. 이를 좋은 죽음이라고 말한다. 이은

영의 『죽음의 시공간』에 의하면, 좋은 죽음의 설문조사를 통해 주변 사람을 배려하는 죽음, 내 집에서 맞이하는 죽음, 편안한 모습으로 죽음, 준비된 죽음, 원하는 삶을 누리다가 가는 죽음, 가족과 작별 인사는 나누고 떠나는 죽음, 준비하고 맞이하는 죽음이 좋은 죽음이라고 말한다. 정리하자면 첫째로 좋은 죽음은 가족과 삶의 마지막을 함께하여 관계적 고독사에서 벗어나는 죽음이어야 하고, 두 번째로 좋은 죽음은 육체적이고 정신적 아픔을 포함한 전인적인 치료를 통해 맞이하는 죽음이어야 한다는 것이다. 보건복지부 발표에 의하면, 2017년부터 2021년까지 5년간 발생한 고독사가 8.8%의 연평균 증가율을 보인다고 한다. 이러한 환경 속에서 좋은 죽음은 가족이나 주변과의 관계를 정리하고 떠나는 죽음이어야 하고, 인생의 마지막에서 자신의 영적 상처를 정리하고 이별하는 죽음이어야 함을 알 수 있다.

죽음은 개인적 죽음과 국가적 죽음으로 구분된다. 본인의 소망과는 달리 원치 않은 죽음을 맞이하는 사람도 많다. 우리가 경험하는 교통사고나 익사 등 사고로 인한 죽음은 자연 수명을 지키지 못하고 집 밖에서 죽는 경우이다. 흔히 이러한 죽음을 슬픈 죽음이자 안타까운 죽음이라 말한다. 이에 비해 본인의 의지에 따라 자연 수명을 거스르는 사람이 많은 것도 현실이다. 삶의 어려움에서 겪는 절망으로 인한 자살은 무책임한 죽음으로 인식되기도 한다. 무엇보다도 한국이 선진국 가운데 자살률이 높은 것은 안타까운 일이 아닐 수 없다. 통계에 의하면 2023년에 자살한 사람이 13,770명으로 2022년도에 비해 6.69% 증가했다고 한다. 이러한 죽음은 모두 개인적인 죽음이지만, 국가적인 죽음도 있다. 이웃을 사랑하고 국가와 민족을 위한 죽음은 사랑과 헌신적인 죽음이고, 멋있는 죽음으로 기념된다. 그 기념의 장소는 기념비가 세워진 곳이고, 추모 공원과 국립묘지가 그곳이다. 특히 국립묘지는 국민이 국가와 민족을 위해 희생한 죽음을 기념하고, 신성화한 장소이다. 이곳은 신성한 장소로서 성역화된 곳이자 죽음을 기억하기 위한 공간이다.

코뮤니타스인 마을신앙과 문화 브랜드로서 로컬리티 의미는

마을신앙은 코뮤니타스를 형성한 마을 축제이다

마을신앙은 공동체의 신앙이자 마을 축제이다. 마을은 협력 공동체로서 삶의 터전이자 창조적 사고의 텃밭이라 할 수 있다. 그곳에서 사람들은 마을살이를 하면서 어떤 식으로든 흔적을 남기고, 그 흔적은 삶의 질서와 방식의 근간으로서 다양한 기억자료를 만들어 낸다. 이처럼 기억자료인 마을의 흔적은 마을살이의 삶을 파악하게 해 주고, 그 하나가 마을신앙이다. 마을공동체와 구성원은 제례 의식을 통해 가상 세계에 진입하고, 거기서 경험한 제례 의식은 일상의 구조를 뒤집으면서 코뮤니타스를 형성한다. 이것은 민속놀이나 축제에서도 흔히 확인된다. 일반적으로 마을신앙은 일상의 삶을 긴장시키고 새로운 질서를 창출하며, 상황에 따라 다양한 의미를 지닌다. 마을신앙이 종교적 기능을 수행하고, 사회적, 정치적, 예술적, 축제적 기능의 역할을 한 것이 그것이다. 그래서 마을 사람들은 주기적으로 창출된 질서를 통해 꿈과 희망, 넉넉함과 풍요로움을 기대한다.

마을신앙은 고대국가로 거슬러 올라가는 오랜 역사성을 지닌다. 부여의 영고, 예의 무천, 고구려의 동맹, 삼한의 천신제, 백제의 제천 등이 마을신앙의 뿌리이고, 모두 마을신앙처럼 농사의 풍년을 기원하고, 추수 감사제의 내용을 가지고 있다. 이러한 제의가 삼국시대에 하늘과 산천에 제사하고, 시조묘를 세워 시조신에게 제사 지내는 것으로 지속된 것이다. 신라가 삼국을 통일한 이후에도 명산대천의 제사를 왕과 제후들이 주관하고, 고려 시대는 통일신라의 예악 제도를 답습하여 오악, 명산대천, 용신에게 제사를 많이 지냈다. 오악에 관한 제사는 산신에 대한 제사이고, 산신은 후에 서낭신이나 당산신으로 변화하지만, 서낭신은 성황신으로 인식되기도 한다. 여기서 성황신은 중국으로부터 유입된 신으로, 고려 중엽부터 숭배된 것으로 알려져 있다. 불교에서 유교 국가로 바뀐 조선 시대는 고려 시대의 제사를 상당 부분 계승하지만, 유교적 이념이 많이 반영되어 제사 내용이 조정되고, 민간이나 마을 제사에도 많은 영향을 미치게 된다. 특히 제사 내용은 무속적인 내용과 유교적인 것으로 서로 혼용되고, 지역에 따라 완전히 유교적인 내용으로 바뀌는 경우도 많다. 불행히도 일제강점기에는 마을신앙을 미신행위로 간주하여 천민들의 신앙으로서 '부락제'라 불렀는데, 일본에서 부락은 천민들이 거주하는 마을을 의미한다. 그리고 국가 제사인 사직제를 지낸 사직단을 공원화시킨 것도 이러한 인식이 그 저변에 깊게 깔려 있다. 오늘날 사직공원의 등장이 이러한 배경에서 이루어진 것이다.

마을신은 마을 사람들이 갈망하는 안전과 번영을 실현하도록 해 준다. 인간은 몸에 근거하여 세계와 끊임없이 상호작용하는 존재이다. 인간의 마음이 몸의 확장이듯이, 마을신은 마을 사람들의 기호적 확장이고 세계의 확장이다. 이처럼 우리의 몸과 마음이 분리되지 않듯이, 마을신은 마을공동체와 세계관의 상호작용을 통해 형성된 신이다. 그래서 마을 사람들은 그들의 경험으로부터 발생한 마을신을 거룩한 존재로 숭배하고, 마을신이 초인간적이고 초자연적인 능력을 지닌다고 믿게 된 것이다. 이러한 마을신이 마을마다 다른 것은 세계 경험의 내용이 다른 데서 비롯된다. 마을신은 당산신, 동신, 서낭신 등 일정한 장소에 정주하는 신이거나, 신이 머무를 수 있는 장소가 이동하는 경우가 있는데, 모두 마을 사람들이 경험하는 내용이 다르기 때문이다. 마을신앙에서 제당이나 제사의 명칭은 신의 성격이나 명칭에 근거하여 붙여지는 경우가 많다. 예컨대 서울 · 경기도에서는 도당, 부군당, 군웅당, 서낭당, 산신당이 많고, 강원도에서는 서낭당과 산신당이 많다. 그리고 충청도에서는 산신제와 장승제, 영남에서는 골맥이 동신제와 별신굿, 호남에서는 당산제와 당제, 제주도에서는 본향당굿과 포제라고 부른다.

마을신앙은 하나의 종교적 형태이다

마을신앙은 종교적 체계를 갖춘 신앙이다. 종교적 인식의 지적 표현으로 신화와 교리가 있는데, 이는 믿음 체계이자 가치체계라고 말한다. 이렇듯 마을신앙도 종교적 표현으로 당신화가 있고, 제사를 지내는 방법 및 행동 구술목록들을 갖추고 있다. 여기서 전자는 신앙의 정당성을 설명하지만, 후자는 신앙인이 종교적 삶에 대한 규제의 원리를 설명하고, 이것은 체계적이면서 정교하게 다듬어지지는 않았으나 교리의 역할을 한다. 그리고 신을 모시는 제당은 인간의 의지가 아니라 신성한 존재에 의해 결정되고, 즉 신의 계시나 혹은 징표의 계시는 예언적 능력을 지닌 도사나 스님 등을 통해 이루어진 경우가 많다. 대개 마을신앙은 제사의 시기가 새해의 첫 달인 정월이라는 점에서 신년 축제의 성격을 지닌다. 새해의 첫 달은 천지창조의 순간에 원초적 시간을 회복하고, 우주의 창조를 재현하는 시기이기 때문이다. 그래서 새해의 마을 안녕과 농사의 풍년을 기원하는 신앙적 행위가 제당에서 이루어지고, 제당은 신의 상징물인 나무, 나무숲, 당집, 장승, 조탑, 짐대, 입석 등으로 구성된다.

마을신앙은 세계의 중심이자 장소의 중심에 위치하도록 만들어 준다. 장소가 인간 삶의 중심지이기에, 마을신앙의 제당은 종교적 인간의 실존 장소이다. 여기서 장소는 체험적 공간이자 문화적 공간이고, 자연적 공간에 삶의 의미가 가득 채워져 있으면 장소가 된다. 그래서 장소는 일상적으로 경험하는 생활세계이자 인간 실존의 중심지이고, 끊임없이 변경하거나 변화할 수 있는 가변성을 가진 문화적 공간이기도 하다. 마을신앙의 제당은 천상계와 지상계, 다시 말하면 신의 세계와 인간계를 연결하는 통로이고, 종교적 의미가 강한 장소성을 갖는다. 그 장소성은 제당에 있는 나무나 나무숲, 당집, 장승, 조탑, 짐대, 입석 등 자연물이나 인공적인 물체를 통해 형성되고 구현된다. 제당은 마을 사람들의 개인적, 집단적 체험이 축적된 종교적 의미가 형성되어 장소성을 갖게 되는 것이다. 이러한 장소성을 근거로 마을 사람들은 마을신과 의사소통하고자 한다.

인간은 초월적인 신과 의사소통하는 방식에 관심이 많다. 인간과 신의 소통방식은 인간의 의사소통 방식에서 비롯되고, 그것을 은유적으로 표현한 것이다. 인간이 신을 섬기는 다양한 제의 내용이 제물, 몸짓, 소리, 언어 등 다양한 방식으로 표현하는 의례로 구성되어 있기 때문이다. 일반적으로 일상에서 손님을 맞이하여 융숭히 대접하고 일체화를 통해 배웅하듯이, 마을신앙은 <청신맞이 과정 → 오신유희 과정 → 송신배웅 과정>의 의례적인 절차로 진행된다. 이것은 인간의 소통방식에 근거하여 인간과 신이 함께 소통할 수 있는 방식으로 의례화한 것임을 보여준다. 모든 지역의 마을신앙은 이러한 의례적 구조를 갖추고 있다. 마을신앙이 지역과 시기에 따라 다르지만, 제의 내용에 근거해 유교제사형, 풍물굿형, 무당굿형, 불교의례형 등으로 나누기도 한다. 대부분 마을신앙은 줄다리기, 줄감기, 달집태우기, 갯제, 헌식놀이 등 다양한 대동놀이를 수반하고, 그래서 마을신앙을 단순히 신앙적으로만 이해하지 않고 축제로서 관심을 가져야 하는 이유이기도 하다.

마을신앙은 전통문화이자 문화상품이다

마을신앙은 전통문화 계승의 대상이 된다. 오늘날 산업노동이 중심인 도시에서 시간은 자원이자 돈으로 인식된다. 이와 같은 물질적 시간관념이 농업노동을 기반으로 한 마을신앙을 전통문화자원으로 인식하도록 만들었다. 다시 말하면 마을신앙의 신앙적 의미보다 문화유산으로서 가치를 더욱 강조하게 된 것이다. 이러한 인식은 마을신앙이 많은 변화를 겪게 하고, 특히 문화유산으로 지정된 마을신앙은 무엇보다도 공연 예술적 의미가 강화된다. 무대 위에서 연행된 별신굿은 더 이상 마을신앙이 아니고, 전통 공연예술이자 민속공연예술이다. 당연히 많은 관객은 별신굿을 공연한 무당을 종교인이 아니라 예술인으로 인식하고, 마을신앙에 참여한 모든 사람은 신앙인보다도 퍼포먼스의 연기자로 생각한다.

마을신앙은 지역의 문화사업 소재로 사용된다. 지자체는 생산성 향상 시스템을 통해 농촌의 경제적 기반을 구축하고, 농촌의 유입 인구를 늘리기 위해 삶의 질을 높이는 문화마을 만들기 사업에 관심이 많다. 마을신앙이 <전통 마을 만들기> 사업의 소재가 된 것도 이러한 환경과 밀접한 관련이 있다. 이 사업은 특히 <민속마을> 지정 사업으로 확대되고, 그 과정에서 마을신앙을 비롯한 다양한 민속행사를 지속시키는 교두보 역할을 한다. 이젠 마을신앙은 종교적 행사가 아니고, 전통문화 행사 혹은 전통문화체험 프로그램의 행사로 인식한다. 마을신앙이 마을의 문화 자원이자, 외부인과 함께 공유하는 공공자원의 성격을 지니게 된 것이다. 공공자원으로서 마을신앙은 다양한 문화사업의 소재로 활용되고 있다.

마을신앙은 지역축제로 확대하여 활용된다. 이것은 기본적으로 마을 만들기로부터 시작하고, <나의 마을 유산 답사기 만들기>를 비롯해 <마을의 브랜드화 만들기>, <마을의 의미 만들기>, <로컬화 만들기> 등 다양한 기획을 통해 이루어진다. 그것은 마을신앙을 종교로서가 아니라 문화유산의 가치를 더 중요하게 생각하고, 농촌 삶의 체험학습과 농산물의 상품화 등을 통해 마을 축제로 활용하는 것이다. 그 대표적인 예가 <진도 회동마을 영등제>나 <광주 고싸움놀이축제>처럼 마을신앙을 지역의 축제로 확대하는 경우이다. 이와 같은 마을 축제는 마을의 의미 만들기와 브랜드로서 가치를 창출하는 역할을 한다. 이것은 이야기를 담은 마을로서 마을의 관광 자원화를 증가시키고, 마을 문화를 활용한 마을의 브랜드 만들기를 증가시키는 데도 크게 도움이 될 것이다.

농촌 마을도 인터넷과 SNS를 통해 소통한다

최근 들어 도시의 인구가 농촌으로 이동하는 경향이 증가하기도 한다. 1970년대만 해도 도시화가 본격화되고, 농촌인구의 도시 유입이 많아졌다. 그로 인해 농촌인구는 급속도로 감소하면서 마을 사람들의 연령대가 고령화되고, 급기야는 마을의 존립마저 위협하기도 한다. 그렇지만 일부 지역에서는 2010년대에 들어서 경제 환경의 영향을 받아 농촌인구 유입이 증가하는데, 특히 2023년도 인구통계에 의하면 도시 근교 지역에 50~60대 연령대가 집중되어 69.8% 비중을 차지한다. 그리고 일부 농촌 마을에서도 도시의 인구가 유입되는 현상이 증가하는 추세이다. 비록 1인 가구가 많지만, 풍요로운 자연 속에서 일거리를 만들어 내거나, 일과 삶의 균형을 찾으려는 사람들이 늘고 있는 것도 주목된다. 그것은 환경과 지방의 가치가 변화하고, 인터넷과 SNS를 통해 다양한 소통을 할 수 있는 것이 배경이 된 것으로 보인다. 대체로 농촌으로 이주한 사람을 귀향, 귀농, 귀촌인이라 부르고, 마을은 이들에 의해 변화되어 지속되고 있는 것이 현실이다.

농촌에서 삶의 개방성과 익명성이 공존하는 경우가 증가한다. 마을의 도시 인구 유입은 마을의 개방성과 도시의 익명성이 공존하도록 만든다. 농촌은 얼굴이 보이는 공동체가 사회의 기반이었으나, 최근 젊은 세대를 비롯한 귀향인, 귀농인 등이 이주하고, 지연과 혈연이 다소 옅어지면서 익명성을 갖기 시작한다. 그러면서 마을은 개방성과 익명성이 공존하는 새로운 모습으로 변해간다. 마을의 개방성은 농촌의 전형적인 특징으로, 마을 사람들은 농업의 노동방식이 노동 집약적이어서 공동체 생활을 중요하게 여길 수밖에 없었다. 이것은 이웃 간의 돈독한 유대관계가 상당 부분 삶을 공유하게 만들고, 한 가족처럼 간주하게 만들어 준다. 그야말로 이웃 간의 비밀이 없는 것이다. 그렇지만 익명성은 철저하게 개인과 한 가정의 삶이 드러나지 않는 전형적인 도시인의 삶이다. 이러한 익명성이 외부에서 이주한 사람들에 의해 구현되고, 그것은 농촌 생활문화의 변화를 주도하며, 마을신앙의 변화에도 적지 않게 작용하기 마련이다.

로컬 지향성에 근거한 농촌 마을의 다양한 문화적 관심이 증가한다. 지금까지 농촌 마을의 관심이 생산성에 근거한 경제 고용 인구 따위의 양적인 척도만 언급하는 경우가 많았다. 그에 따라 경제적인 측면에서 농촌과 도시를 비교하여 상대적 삶의 빈곤을 부각하는 결과만 가져온 것이다. 현실적으로 농촌 마을에서 고용을 창출하고, 인구 유입을 늘리는 정책이 절실하지만, 결혼을 장려하고, 출산율을 높여 그에 따른 육아를 지원하는 시스템 구축도 중요하다. 그리고 무엇보다도 앞으로 마을의 브랜드화가 중요한 시기이고, 이를 위해 공동체 문화에 관심을 가져야 하며, 로컬리티 형성의 근간인 마을신앙에도 많은 관심을 가져야 한다. 그 어느 때보다도 문화적 관심이 필요하다.

여성의 생산 권력으로부터 신모계사회 등장하기까지

한국인의 삶은 음양 사상에 근거해 질서화된다

여성은 모계사회에서 상당한 권력을 행사할 정도로 그 위상이 높다. 그것은 여성이 신체적으로 연약하지만, 공동체 계승이나 종교 생활에서 강력한 영향력을 행사한 것에서 알 수 있다. 그러한 모계사회가 가축과 사유재산이 늘어나면서 부계사회로 서서히 발전해 온 것이다. 대체로 모계사회에서 혈통 계승은 어머니 쪽의 계보가 형성되고, 모계 혈통을 중심으로 우월한 지위를 유지한다. 그리고 비록 여성들의 노동 부담은 컸지만, 실질적으로 여성들이 더 존경받는 사회이다. 여자는 육아와 요리를 담당하고, 식물채집 하면서 농사를 짓기 시작했으며, 남자는 사냥하면서 가축을 시작하게 되었을 것으로 생각한다. 여기서 남자는 본격적인 가축을 통해 잉여재산을 축적하게 되고, 남성들의 위치가 공고해지자 남성 중심의 사회로 전환하는 계기가 된다. 이러한 과정에서 남자와 여자 역할의 분업화가 이루어지지만, 서로 경쟁하면서 호혜성이 이루어진 사회를 유지해 왔을 것으로 보인다.

남자와 여자의 호혜성은 음양 원리의 시발점이다. 인간의 생명력은 남녀의 결합을 통해 이루어지고, 고대사회에서 남녀의 성 행위는 생산을 기원하는 성스러운 행동으로 인식되었다. 그것은 여성이 생산의 담당자이자 풍요의 상징으로 발전하게 된다. 무엇보다도 중요한 것은 농경사회에서 여성신의 섬김이 여성의 생산성에 근거했다는 사실이다. 그러한 전통이 오늘날까지 이어지는데, 마을신앙에서 남성신인 당산 할아버지는 마을의 질서를 담당하지만, 주로 농사의 풍요를 주관하는 여성신은 당산 할머니이다. 여기서 여성은 천지의 근원이자 음을 상징한다. 모든 인간은 어머니 자궁으로부터 태어나 죽어서 엄마에게 돌아간다고 생각하였다. 그래서 여자인 음을 상징하는 무덤의 봉분을 만들고, 무덤 앞에 남자인 양을 상징하는 망주석을 세운 것이다. 이것은 남녀의 결합을 통해 죽음으로 끝나지 않고, 재생한다고 생각하는 관념을 반영하고 있다. 우리는 흔히 음양 사상에서 양음하지 않고 음양이라 말한다. 이처럼 음을 맨 앞에 배열하는 모습은 음양의 기원이 여성생식기 숭배 혹은 모계사회 관념에서 비롯되었기 때문이다. 우리 삶에서 음양 원리가 천지 만물의 조화를 이루는 근본이 되고, 이러한 관념이 음양 사상이다.

사물의 배열은 삶의 질서로서 당시 사회적 이념을 반영한다. 음양 사상은 농경민적 사고와 여성의 생식기 숭배, 모계적 질서를 기반으로 형성된 사유체계이다. 이에 따르면 사물을 배열할 때 여성이 먼저이고, 남성과 관계있는 것은 다음 순위에 자리매김한다. 이것은 여성이 남성보다 더 가치화되고 우열한 위치를 점유하고 있음을 보여준다. 그래서 자녀의 생산에서 아들보다 딸을 더 선호하고, 여성 중심으로 혈통 계승이 이루어진다. 그런가 하면 부계사회는 남성이 주도권을 가지고 있기에, 사물의 배열이 남성이 먼저이고, 여자는 다음 순위에 배열한다. 예컨대 하늘과 땅에서 하늘은 남자이고 땅은 여자로서 천지로 배열하고, 태양과 달도 일월, 남자와 여자의 관계도 남녀로 배열하며, 혈통의 계승은 당연히 아들 중심으로 이루어진다. 그렇지만 우리의 일상에서 보면 삶과 사물의 질서에서 여성과 남성의 배열이 혼재한 경우가 있는데, 이는 모계사회가 부계사회로 전환되면서 이루어진 것으로 보인다. 중요한 것은 음양 사상은 기본적으로 모계사회를 물리적 기반으로 형성되었다는 점에 주목할 필요가 있다.

한국인의 삶은 음양 사상에 근거해 질서화된 경우가 많다. 음양 사상에 따르면 신은 음적인 존재이고, 인간은 양적 존재이다. 낮과 밤이 양과 음이듯이, 인간은 낮에 활동하고, 신은 밤에만 활동한다. 인간과 신이 하나의 공간을 교대로 사용하는데, 인간이 활동하면 신은 잠을 자고, 반대로 인간이 자면 신은 활동한다. 그래서 제사를 지내는 시간이 밤이었음을 알 수 있다. 지금까지 한국인은 오른손과 왼손을 구분하여 사용해 왔다. 여기서 오른손은 삶과 관계있어 양에 해당하고, 왼손은 죽음과 관계있는 음에 해당한다. 그러한 까닭에 오른손은 살아있는 사람 손이고, 왼손은 죽은 사람의 손이자 신의 손을 뜻한다. 우리는 흔히 오른손이 하는 일은 왼손도 모르게 하라고 말한다. 이것은 사람이 하는 일을 신도 모르게 하라는 말과도 같은 말이다. 마을신앙에서 당산나무나 제당과 같은 신성 공간에 두르는 금줄은 오른쪽이 아니라 왼쪽으로 비빈 새끼줄이다. 그리고 일상에서 살아있는 사람과 악수하거나 물건을 주고받을 때 오른손을 사용한다. 이처럼 생활문화 속에서 살아있는 사람과 관련된 행동은 오른쪽이고, 죽은 사람 혹은 신과 관계있는 것은 왼쪽으로 질서화된 것이다. 이러한 이유로 한국인은 왼손잡이를 터부시하고 오른손잡이가 많았다. 하지만 오늘날 왼손잡이 혹은 양손잡이가 두각을 나타내는 경우가 적지 않아, 이러한 관념은 점차 희석되어 가는 것이 현실이다.

여성은 종교권력자이자 풍요의 생산신이다

여성신은 농사 풍요를 주관하는 역할을 한다. 성신앙性信仰은 남성과 여성의 생식 의례를 근간으로 하고, 세계 곳곳에서 확인할 수 있는 인류 보편적인 신앙이다. 우리나라 산천 곳곳의 남근바위남자의 성기를 상징하는 바위, 공알바위여자 성기 바위, 여근곡여자의 성기를 상징하는 골짜기은 모두 성신앙의 반영이다. 이러한 성신앙은 오랜 역사성을 가지고 있고, 가장 오래된 것으로 알려진 것은 경북 울주 반구대 암각화로, 교미 자세를 취한 동물이 새겨져 있다. 그런가 하면 전북 정읍시 칠보면 원백암리에는 동네 앞 할머니 당산나무 아래에 원통형의 남근석을 세워 놓았다. 이것은 당산 할머니인 여성신과 남근석의 결합을 뜻한다. 이 외에도 전북 순창군 산동리 남근석을 비롯해 충북 제천군 공알바위와 경북 경주시 여근곡 등 많은 성신앙 유적이 전승되고 있다. 기본적으로 이와 같은 성신앙은 남녀 간의 결합을 통해 아들을 잉태하게 해달라고 기원하고, 풍어, 풍농 등 풍요로운 생산을 기원하는 것을 주목적으로 한다.

칠성신은 인간의 생명을 관장하는 신이다. 칠성신은 기자신앙에서도 중요한 신이고, 기자신앙은 남근바위 앞에서 부녀자들이 자식을 얻기 위해 은밀하게 치성을 올리는 의례이다. 대개 그런 경우 서울특별시 서대문구 부암동에서 보듯이, 남근바위를 기자암이라고 부른다. 그리고 기자신앙은 칠성바위를 그 대상으로 삼고, 여기서 칠성바위는 칠성신의 상징물로, 칠성신은 북두칠성을 신격화한 도교적 신이다. 주로 인간의 수명을 담당하고, 한 생명을 점지해 주는 역할을 칠성신이 담당한다. 이런 점에서 칠성신은 생산신의 성격을 지닌다. 인간은 칠성신의 품으로부터 태어나 다시 칠성신에게 돌아간다고 생각한다. 그래서 사람이 죽으면 입관할 때 시신을 일곱 매듭으로 묶는 것도 바로 이 때문이다. 상장례에서 망자를 입관하기 전까지 임시로 모시는 받침대를 칠성판이라 부르고, 관청에서 죄수를 체벌할 때 죄인이 누워 있는 받침대를 칠성판이라 부른다. 이것은 죄인을 죽을 만큼 체벌한다는 의미이다. 칠성신의 숭배는 산신신앙과 더불어 청동기 이래로 가장 오랜 역사성을 지닌 한국인의 신앙적 지주로서 역할을 해왔다. 사찰에 가면 대웅전 뒤에 칠성신을 모시는 칠성각을 안치하고, 산신을 모시는 산신각을 안치하는 경우가 많다. 이것은 한국인의 핵심적인 신앙임을 보여주고, 불교의 대중화 전략과도 맞물려 있는 것으로 보인다.

성신앙은 거북 신앙의 근원이다. 거북 신앙은 거북이가 장수를 상징하여 수명장수를 기원하는 신앙이다. 그래서 칠성 신앙과도 밀접한 관련이 있다. 거북이의 외적인 모습에서 거북이의 움츠린 모습과 몸통은 여자의 자궁을 상징한다. 여성의 성기와 관련된 거북이를 숭배하는 것은 풍요로운 생산력을 갖도록 해 주는 성신앙이 물리적 기반이다. 지금까지도 마을 주변의 산상이나 명산에 거북바위가 많고, 마을의 이름이나 땅이름으로 거북이 들어간 명칭이 많으며, 특히 호남 지역에 분포하고 있는 고인돌 가운데 거북바위라고 부르는 고인돌도 많이 남아 있다. 이러한 것은 모두 거북 신앙의 반영에서 비롯된다. 따라서 거북 신앙은 성신앙을 근거로 형성되었고, 성신앙은 줄다리기에 잘 반영되어 나타나기도 한다.

줄다리기는 성신앙과 여성의 생산성을 놀이로 표현한 것이다. 줄다리기가 중국, 일본, 미얀마 등 여러 나라에서 행해지고 있으나, 우리나라는 중부 이남 지역에 집중적으로 분포한다. 줄다리기는 <줄의 제작>, <줄놀이>, <줄다리기>, <줄의 처리> 과정으로 구분된다. 줄은 외줄과 쌍줄이 있고, 쌍줄은 한강 이남 서부 평야 지역에서 주로 사용한다. 줄이 제작되면 <줄놀이>라 하여 놀이꾼은 용을 상징하는 줄을 매고 동네 안이나 논밭으로 돌아다닌다. 이것은 용신을 모시고 다니는 행위이고, 마을의 샘물이 잘 나오고 농사 풍년을 기원하는 데서 비롯한다. 농경사회에서 용은 물을 관장하는 수신이고, 농사에서 물은 풍년을 결정하는 중요한 요소이다. 물의 풍요를 기원하기 위해 용신을 모시는 의례가 바로 <줄놀이>인 것이다. <줄놀이>가 끝나고 <줄다리기> 장소에 모이면 암줄과 숫줄을 결합하는데, 이는 마치 성행위를 간접적으로 묘사하듯이, 숫줄의 진격을 통해 암줄과의 결합을 시도한다. 특히 전북 부안군 보안면 우동리에서는 숫줄과 암줄에 신랑과 신부를 태워 혼례를 치르고 결합한다. 암줄과 숫줄을 결합하면 본격적으로 <줄다리기>를 시작한다. 대체로 승패는 암줄 팀이 이겨야 풍년이 든다는 속신을 가지고 있고, 곧 여성팀이 이겨야 풍년이 든다는 것은 여성의 생산성 때문이다. 팀을 나눌 때 남자와 여자로 나누기도 하지만, 윗마을과 아랫마을, 동부와 서부의 경우 아랫마을과 서부가 여성팀을 상징한다. <줄다리

기〉 후의 〈줄 처리〉는 마을마다 다르고, 불사르거나 물에 띄워 보내기도 하며, 소의 먹이로 주거나 농사의 퇴비로 사용하기도 한다. 그런가 하면 주로 평야가 발달한 호남 서부지역에서는 줄을 마을 앞의 당산나무나 입석에 감아놓기도 한다. 이처럼 줄을 감아놓는 것은 줄이 용신을 상징하기에 용신을 모시는 행위인데, 그 앞에서 마을 제사를 지내는 경우가 많다.

모빌리티사회는 신모계사회를 증가시킨다

여성은 창의성과 사회성이 뛰어나다. 모계에서 부계로 전환된 가부장적인 사회는 여성들을 긍정적으로 파악하지 않고, 도리어 억압하는 경우가 많았다. 기본적으로 여성들은 남성보다 삶의 물리적 능력이 떨어진다고 인식되온 것이다. 여성들에 대한 억압은 남성들의 전투와 힘이라고 하는 물리적인 능력에 근거한 것이고, 남성 중심의 부계사회를 강화하기 위한 수단으로 작용하였다. 그러면서 지금까지 여성은 출산 능력에 근거한 생산성의 상징적 의미로 인식되고, 여성들의 능력을 제대로 평가하지 못한 경우가 많은 것이 사실이다. 하지만 여성들은 일반적으로 언어를 순발력 있게 구사하는 능력이 뛰어나고, 우정을 깊고 진지하게 유지하는 능력이 있으며, 갈등과 분쟁을 조정하고 화해시키는 능력이 탁월하다고 한다. 또한 상대의 표정과 목소리만으로도 심리 상태를 짐작할 수 있는 능력이 뛰어난 것으로 알려진다. 이러한 능력은 여성들의 창의성과 사회성을 창출하는 데 중요하게 작용한다.

여성이 남성과 대등한 위치를 차지한 시기가 21세기인 모빌리티사회이다. 수렵 · 채집사회에서는 어머니들에게 권력이 집중되던 시기이지만, 농경사회로 전환되면서 그 권력을 유지할 능력이 없어지고 부계사회의 등장을 가져오게 된다. 이처럼 모계사회는 여성들이 진정한 권력을 행사하는 사회를 말하고 과거에 존재했으나, 오늘날에도 신모계사회 형태로 존재하고 있음을 볼 수 있다. 이젠 우리는 과거처럼 여성을 풍요의 상징인 생산성에 근거해 이해할 필요가 없고, 더더군다나 여성들은 경제적으로 남자에게 의존하지 않아도 된다. 특히 첨단 기술의 발전은 여성들이 전문직업을 갖게 하고, 개인 생활을 관리할 수 있는 방식을 갖게 하며, 무엇보다도 삶의 새로운 패러다임을 창조할 수 있게 하였다. 그러면서 여성들의 사회적 위상이 높아지고, 경제와 과학 등의 다양한 분야에서 두각을 나타내고 있는 것이 현실이다. 이것이야말로 남성과 여성의 대등한 관계를 만들어 가는 초석이 될 것으로 보인다.

신모계사회는 어머니의 역할이 강화되고 부각한 사회이다. 다시 말하면 어머니가 가정경제를 책임지고 있거나, 경제권을 비롯해 주거권과 교육권을 모두 가지고 있는 것을 말한다. 이것은 여성들의 경제력이 강화되고, 그에 따라 여성들의 사회적 위상이 높아졌음을 의미한다. 특히 여학생들의 대학 입학률이 증가하고, 남학생이 중심이던 공과대학에서 여학생 비중이 높아지고 있는데, 교육통계서비스에 따르면, 2021년 공대생 중 여자 입학자가 4명 중 1명으로 25%에 근접한 것으로 조사됐다. 게다가 수학, 과학, 기술을 장악하는 여학생들이 증가하고, 이에 따라 여성 과학자들이 많아지고 있다. 특히 2014년 이후 국가직 9급 공채에서 여성 합격자 비율은 남성보다 높아졌고, 각종 국가고시에서 여성들의 합격률이 절반을 넘기는 추세이다. 이러한 환경은 사회의 남녀평등과 더불어 가정에서 부부간의 평등권을 확보하는 데도 중요한 역할을 한다. 나아가서는 여성들의 사회활동 확대가 친가보다 외가 가족들과 많은 교류를 갖도록 하고, 이에 따라 외가의 가족 집단과 가까운 곳의 주거생활을 증가시키기도 한다. 이것은 친가보다 외가 중심 가족문화를 형성하는 배경이 되고, 어머니들의 권력이 더욱 증가하는 21세기형 모계사회로서 신모계사회라고 말할 수 있다.

고사는 아직도 삶의 안전 욕구를 실현해 줄까

인간은 경험의 시작을 중요하게 생각한다

인간은 공간 이동에서 출발점과 목표지점을 경험한다. 그러면서 삶 속에서 무슨 일을 하더라도 처음과 마지막이 중요하다고 깨닫는다. 그것은 다양한 공간과 시간의 경험을 통해 이루어지고, 충만한 삶을 갖기 위한 동기 부여로 삼아 왔다. 우리는 지금도 "유종의 미"를 거두어야 하고, "시작이 반이다"라는 격언을 중요하게 생각하며 생활한다. 무엇보다도 시작을 강조하는 경우가 많고, 어떤 사람은 작심삼일이라도 좋으니 자주 시작하라고 권하기도 한다. 이것은 매사의 모든 일에 있어서 시작이 중요함을 강조하고, 이동의 경험을 통해 형성된 것이다. 인간은 끊임없이 이동을 통해 다양한 정보를 획득하고, 이동은 충분한 삶을 실현하도록 만들어 준다. 개인이 경험한 것이 의미화되려면 이동해서 소통해야 하고, 소통한 경험은 공유 과정을 통해 다양한 삶의 지식으로 축적된다. 그것은 삶의 에너지 역할을 한다. 이동은 기본적으로 공간을 근거로 이루어지고, 인간은 그 과정에서 시작과 끝을 경험한다. 시작은 삶의 출발점이고, 끝은 삶의 목표를 달성하는 지점이다.

인간이 경험한 모든 사건과 행동은 처음과 마지막이 있다. 시간은 기본적으로 공간 이동의 경험을 통해 인식되고, 시간이 흐르고 지났다는 표현은 공간 이동의 경험에 근거한 것이다. 사건은 시간의 흐름에 따라 전개되고, 사건의 출발점과 종착점이 있듯이, 행동도 마찬가지로 시작이 있으면 마무리가 있다. 우리는 본격적으로 행동하기 전에 준비운동을 하고, 그래야 안전한 과정을 통해 좋은 결과를 기대할 수 있다. 인간은 충분한 삶을 실현하려는 과정에서 예기치 못한 위험 요인이 발생하거나, 그로 인해 목표 달성을 이루지 못하는 경우가 많다. 그래서 인간이 피하고 싶고 겪고 싶지 않은 불안전한 삶에 직면하게 되면, 이를 극복하기 위해 시작 단계에서 신앙적이고 의례적으로 대응하려 한다. 그것은 바로 오늘날까지 지속된 고사 문화이다. 고사는 신에게 알리고 복을 기원하기 위해 제사 지내는 것으로, 다시 말하면 무언가를 시작하기 전에 가장 먼저 신에게 알리고, 간단한 음식, 떡과 술, 과일을 차려 놓고 제사 지내는 것이다.

고사는 복을 비는 어머니의 정성이다

가택 신앙은 가정에서 주도적으로 참여하는 여성 중심의 신앙이다. 가택 신앙은 울타리 안 곳곳의 공간을 관장한 신을 섬기는 신앙이고, 가족의 안녕을 기원하기 위해 주부들이 지내는 제사를 말한다. 신앙적 주거생활에서 보면 집안 곳곳을 지키는 신이 있는데, 안방에 조상신과 삼신, 대청에 성주신, 부엌에 조왕신, 장독대에 철륭신, 측간에 측신, 대문에 문신, 뒤꼍과 안뜰에 터주신과 업신이 있다고 믿어 왔다. 주부들은 이 신들에게 명절이나 집안의 중요한 행사를 앞두고 제사를 지낸다. 가택 신앙은 가정마다 다르고, 마을신앙과는 달리 가족 중심의 제사이며, 여성이 주도적인 역할을 한다. 그래서 가택 신앙은 유교적 이념이 반영된 마을 제사와는 다르고, 소박하고 현실 지향적인 성격이 강하다. 때에 따라서는 여성들이 정초나 가을에 무당을 초청하여 굿을 하기도 한다. 이러한 것은 여성들이 주도적으로 참여한다는 점에서 가택 신앙과 무속신앙의 친연성을 보여준다.

여성들의 신앙적 전통은 고사로 지속된다. 가택 신앙은 농촌 노동방식의 변화에 따라 위축되고 쇠퇴하였는데, 여기에는 학교 교육과 기독교의 영향에 따른 생활문화의 변화가 작용하고, 전통 주거 형태에서 아파트형 주거문화로 변화한 것이 크게 작용했다. 물론 여성들 인식의 변화와 사회적 위상이 영향을 미친 것도 사실이다. 이렇듯 가택 신앙이 소멸해 가지만, 그 가운데 칠성신과 조왕신은 불교 사찰에서 찾아볼 수 있고, 명절날의 차례상에 그 흔적이 남아 있다. 아직도 주택의 현관문이나 그 주위에 부적을 붙이고 있고, 또한 그곳에 주술적인 장신구로 꾸미는 것을 보면, 문신에 대한 신앙적 관념이 지속되고 있음을 확인할 수 있다. 비록 가택 신앙은 쇠퇴하고 있으나, 그 신앙적 전통은 다양한 방식으로 지속하고, 그 가운데 하나가 고사이다.

고사의 중요한 음식은 떡이다. 고사는 가택신에게 행해진 신앙적 전통을 계승한 것이고, 현세에서 복을 추구하는 주술적 실천 행위이다. 그래서 고사는 개인마다 지역마다 다를 수밖에 없고, 주부들이 가택신 중에서도 성주신, 터주신, 조왕신을 중요한 신으로 섬기면서 〈성주고사〉, 〈터주고사〉, 〈시루고사〉 등을 자주 지내곤 했다. 대체로 집에서 고사를 지내고 나면, 가족들은 고사떡이라 하여 이웃과 함께 나누어 먹기도 한다. 고사에서 중요한 음식은 떡이다. 떡은 흰쌀과 팥의 시루떡으로 고사상에 통째로 올린다. 농경사회에서 떡은 우리의 가장 원초적 음식이자 중요한 제사음식이었다. 지금도 고사에서 떡이 빠지지 않는 것도 바로 이러한 이유 때문이다. 인간은 원래 밥을 물로 끓여 먹기 전에는 시루에 찐 것을 먹었지만, 물로 끓이는 밥 짓기가 일반화되면서 시루에 찐 밥은 떡이 되고, 떡은 의례 음식으로 정착한 것으로 보인다.

어촌에선 뱃고사가 생명줄이다

뱃고사는 해난사고를 예방하는 제사이다. 어촌에서는 유일한 교통수단이 배이고, 배는 중요한 생업 수단의 하나이다. 과거에는 오직 바람을 이용한 풍선을 타고 고기를 잡고, 육지로 이동할 수 있는 교통수단이었다. 오늘날 기술의 발달로 기계 동력선이 등장하면서 안전하고 편안하게 이동하지만, 바다야말로 여전히 지금까지도 인간에게 극복의 대상이다. 무엇보다도 바람의 상태에 따라 파도가 변화무쌍한 것이 바다이고, 그래서 바람을 관장하는 신을 중요한 신으로 모셔 왔다. 바람을 관장하는 신은 풍신風神으로 영등할머니이다. 마을에서는 바람이 많이 부는 계절인 2월 초하루에 영등할머니에게 마을 제사를 지내고, 이를 영등제라 부른다. 영등제는 마을 사람들이 공동으로 해난사고를 예방하고, 바람을 극복하기 위한 제사이다. 이처럼 마을에서 바다의 위험을 극복하고 풍어를 기원하는 제사를 지내지만, 개인적으로는 각 가정에서 뱃고사를 지내기도 한다.

뱃고사는 배가 출항하기 전에 지내는 제사이다. 어촌에서 선원들은 위험한 환경 속에서 가능한 모든 요소를 통제하고, 심지어는 불가능한 것에까지 통제력을 행사하려는 욕망을 갖는다. 하지만 예상할 수 없는 바람으로 강력한 파도와 태풍을 만나면 생명의 위협을 느끼기 마련이고, 배를 운항하면서 바닷속의 암초를 만나면 그야말로 그저 무력한 존재일 수밖에 없다. 이러한 불투명한 환경 속에서 선원들은 위험을 극복할 수 있는 방법을 찾으려 노력해 왔다. 특히 그들은 배를 만들어 처음으로 출항하기 전에 고사를 지내고, 혹은 배에서 고기 잡는 과정 내내 고사를 지낸다. 그리고 주기적으로 정초 무렵이나 대보름날에 고사를 지내는데, 준비한 음식을 배의 선실에 차리고 굿을 하거나 제사를 지내기도 한다. 이것은 배의 수호신인 배서낭이나 용왕신을 섬기는 신앙적 열망이 작용한 것이다.

쥐는 기후의 위험 예지능력을 가진 동물이다. 어촌 사람들은 배서낭이 배를 수호하고 해난사고를 예방해 주며, 풍어를 갖게 해 주는 신이라 믿는다. 그래서 배서낭은 항상 배의 선실에 머물고 있으며, 선원들의 안전을 지켜준다고 생각한다. 바닷가 사람들은 배가 출항하려 할 때 쥐가 배에서 뛰어내리면 출항하지 않는다는 신앙적 관념을 가지고 있다. 그것은 "쥐가 배에서 뛰어내리면 배를 출항하지 말라"는 금기를 철저히 지키는 행동이다. 인간이 안전의 욕구를 가진 것처럼 동물들도 위험을 회피하기 위한 본능적인 욕구가 있다. 특히 쥐는 영특한 동물로서 기후조건에 예민하고, 비가 내리거나 바람이 부는 것에 대해 예민한 반응을 보이는 동물이다. 그래서 선원들은 쥐가 배에서 뛰어내리는 것은 바다에 강한 바람이 불거나 큰비가 내릴 것으로 예측하고 출항하지 않는다. 쥐가 태풍이 불어올 것이라는 위험 예지능력을 가진 동물이라고 믿어 온 것이다.

고사는 삶의 안전 욕구를 실현한다

고사는 삶의 도구를 가동하기 전에 지내는 제사이다. 오늘날 사고 · 재해의 발생을 예방하고 극복하기 위해 그리고 생산성 극대화를 목적으로 고사를 지낸 경우가 많다. 고사는 오랜 전통을 이어오고 있는 뱃고사가 대표적이다. 뱃고사는 배를 새로 마련하여 처음으로 고기잡이하러 나갈 때 지내는 고사가 있고, 정월 보름에 무사고와 풍어를 기원하는 고사로 구분된다. 이러한 전통은 대형 선박의 진수식으로 이어지고, 농촌에서는 경운기, 트랙터, 콤바인 등 농기계를 운행하기 전에 지내는 고사로 이어지며, 도시에서는 다양한 중장비와 자동차 고사로 계승되어 지속되고 있다. 무엇보다 1980년대 중후반까지만 해도 새 차를 뽑는 경우 고사를 지내는 모습을 흔히 볼 수 있었다. 이 풍습은 지금까지도 지속되고 온라인 정보검색을 통해 많은 자료를 접할 수 있다. 그리고 경영자들은 공장의 설비 가동 전에 고사를 지내기도 하고, 심지어는 회사에서 대형컴퓨터의 가동 전에 고사를 지내는 사람도 있다. 특히 1980년대 말~1990년대 초반 무렵까지만 해도 각종 공공기관 등에서 컴퓨터를 들여놓고, 무사히 잘 작동하길 기원하는 고사를 지내는 경우가 드물지 않았다.

고사는 삶의 터전에서 지내는 제사이다. 충무로에서는 영화제작에 들어갈 때 무사 촬영을 기원하는 고사를 지내고, 프로야구

개막식에서도 선수들의 안전과 승리를 기원하는 고사를 지낸다. 카페나 식당을 오픈하는 개업식에서 중요한 행사가 고사이고, 도로나 교량 건설, 아파트 건축 등 토목이나 건축공사의 개토제나 착공식 등에서 고사의 전통이 이어지고 있다. 이처럼 다양한 고사 문화가 전개되고 있는 것이 현실이다. 이것은 기본적으로 안녕과 풍요를 기원하는 신앙적 관념을 바탕으로 한다. 지금도 이사 갈 때 고사떡을 준비하여 이웃에게 나누어주기도 하고, 집들이할 때 친지들이 성냥이나 화장지 등을 선물로 가져간다. 이 또한 고사 문화의 실천이다. 다시 말하면 성주고사가 집들이로, 터주고사가 토목건축 착공식으로, 시루 고사가 개업식으로, 뱃고사가 자동차 고사로 변화되어 지속하는 것이다.

고사는 안전 욕구 실현의 신앙적 의례 장치이다. 고사는 사고를 예방하여 안전을 도모하고, 번창을 통해 부와 행운을 기원하며, 삶의 위험 요인을 극복하기 위한 것이다. 바바라 페어팔의『공간의 심리학』에 의하면, 인간은 기본적으로 안전의 욕구를 갖고자 한다고 한다. 그러니까 다가올 위험으로부터 자신을 지키려는 욕구, 즉 재난이나 사고로부터 상해를 받지 않으려고 자신 몸의 안전을 도모하려 한다는 것이다. 자신 몸의 안전을 도모하고자 대응하는 신앙적 의례가 바로 고사이다. 일상생활에서 사고나 재난의 예방 방법은 시대에 따라 다르고 사람마다 다르다. 그것은 고사도 지역마다 사람마다 다르다는 것을 말한다. 중요한 것은 인간의 삶에서 위험의 불안을 극복하고, 안전한 삶을 추구하려는 욕구는 같지만, 그것을 표현하는 방법은 다르다는 점이다. 개인의 건강과 안전을 위해 몸에 타투문신 하거나, 행운을 기원하는 목걸이를 착용하는 것 모두 인간의 안전 욕구에서 시작된다.

•

노래하고 춤추는 무당이 미래를 예측하는 점쟁이로

•

굿은 우리 문화예술의 텃밭이다

세습무는 대물림하는 무당이다. 일반적으로 무당은 세습무와 강신무로 구분되고, 세습무는 단골이라 부르지만, 강신무는 법사라 부른다. 세습무는 가계의 세습처럼 굿일을 이어받은 사람이기에 결혼할 때 많은 제약이 따르고, 주로 단골 집안끼리 결혼하는 경우가 일반적이다. 대체로 세습무는 시어머니에서 며느리로 세습되고, 며느리는 굿을 배워 진행하며, 그 남편은 굿 음악을 반주하는 악사 활동을 한다. 며느리는 시어머니를 따라다니면서 굿판의 작은 일부터 배우는데, 노래, 춤, 사설 등을 익히면서 무당으로 성장한다. 대개 세습무는 굿판에서 굿을 익히는 시간이 길고, 소박하고 노래 위주로 굿을 진행하는 것이 특징이다. 그리고 세습무는 마을과 일정한 관계를 맺고, 마을신앙을 비롯해 각 가정의 신앙행사를 도맡아 주관하며, 마을로부터 고정적으로 보수를 받는다. 흔히 가게에 고정적으로 오는 손님을 '단골손님'이라 부른 것도 이러한 관행에서 비롯된 말이다. 세습무는 호남 지역에서 주로 활동해 왔다.

강신무는 샤먼 계통의 무당이다. 강신무는 무병巫病에 걸려 신이 내리고, 그 신을 신당에 모시고 굿하는 무당이다. 무병은 온갖 정신적이고 신체적 고통을 수반한 것으로, 병원에서 그 원인을 찾지 못하는 경우가 많고, 오직 신내림을 통해서만이 그 고통이 치유된다고 생각한다. 강신무는 신의 내림굿을 통해 사회적으로 공인받는다. 강신무는 사제관계를 맺어서 굿일을 익히고, 학습 기간이 짧으며, 화려하고 춤 위주로 굿하는 것이 특징이다. 강신무는 중부 및 북부 지역에 우세하게 나타나고, 굿의 마무리 단계에서 신과 인간의 대화 형식인 공수를 한다. 세습무는 자신이 섬기는 신이 없어서 개인의 굿당이 없지만, 강신무는 자신에게 내린 신을 섬기는 개인 굿당이 있다는 점에서 차이가 있다. 대체로 강신무는 세습무보다 점치는 능력이 탁월하기에 '점쟁이'라고도 부른다. 세습무의 굿은 훗날 판소리 형성에 크게 기여하고, 강신무의 분포권은 탈춤의 분포권과 유사하다는 점에서 문화적인 의미가 크다.

굿은 주객일체의 종합예술 성격을 지닌다. 굿은 신과의 대화를 노래, 춤, 사설 등으로 표현한 것이다. 그래서 굿판에는 노래가 있고, 춤이 있으며, 익살스러운 재담이 있기 마련이다. 굿은 단순히 신앙적인 행사가 아니라 마을 축제장의 역할을 하기도 한다. 굿이야말로 굿하는 사람에 따라 다르고 지역마다 달라 개성과 지역성이 잘 반영되어 나타난다. 굿판은 인간의 기쁨과 분노, 슬픔과 즐거움이 혼재하는 정서적 소통의 장이고, 삶의 세계가 하나의 우주처럼 압축된 곳이다. 게다가 그곳은 신과 인간이 함께 공유할 수 있는 체험 공간이자 가상공간이고, 삶의 활력소를 창조하는 무대이다. 굿판에서 판은 원형적인 공간으로, 인간과 신, 인간과 인간이 하나 되도록 만들어 준다. 그것은 소리판이 그러하고 춤판, 놀이판 등이 그렇듯이, 주체와 객체가 하나 되게 한다. 즉 주객일체의 예술적 성격을 갖게 하는 역할을 한다.

굿은 삶의 문제를 해결하거나 예방하기 위해 이루어진다. 굿은 기본적으로 신을 기쁘게 해서 달래거나, 협박하여 물리치는 내용으로 구성되는 경우가 많다. 지금도 자주 연행되는 굿은 내림굿, 재수굿과 용왕굿, 씻김굿과 오구굿 등이 있다. 내림굿은 무병을 앓으면 점쟁이가 점을 치고, 그 결과에 따라 신을 맞이하여 무당으로 입문하는 굿이다. 내림굿은 여러 명의 무당과 악사들이 동원되고 오랜 시간 동안 진행되는 굿으로, 굿의 비용이 많이 발생한다. 재수굿은 삶의 문제 발생을 예방하고 복을 기원하는 굿이고, 용왕굿은 해안지역에서 배를 건조하거나 첫 출항 할 때 하는 굿이다. 그래서 재수굿과 용왕굿은 주로 축제 분위기 속에서 진행되는 경우가 대부분이다. 도시에서는 주로 재수굿을 많이 하는데, 사업가나 정치인들이 좋아하는 굿이고, 가족의 행운을 간절하게 소망하는 사람들이 좋아한다. 다시 말하면 사업가는 사업의 번창을 기원하고, 정치인은 선거에서 승리하기를 기원하며, 가족은 간절한 소망을 이루기 위해 재수굿을 하고자 한다. 하지만 씻김굿과 오구굿은 삶을 위협하는 죽음의 문제를 해결하기 위한 것으로, 망자를 천도하는 굿이고, 예전처럼 그렇게 활발하지 않다. 그것은 여타의 종교 영향과도 밀접한 관련이 있다.

굿은 우리 문화예술의 텃밭으로서 의미가 크다. 굿은 신앙적인 의미를 지니지만, 무엇보다도 중요한 것은 삶의 표현으로서 공연예술의 근원이자 문화적 샘터로서 역할을 해왔다는 것이다.

오랜 역사성을 지닌 굿이 오늘날 대중문화예술과도 밀접한 관련이 있음을 확인할 수 있는데, 판소리의 명창들이 세습무의 가족들과 밀접하게 관련된 것은 말할 것도 없고, 부모가 무속인이었던 대중음악 가수와 연주자도 적지 않다. 그리고 한국무용의 무용수나 풍물패의 공연자도 그렇고, 혹은 영화 및 드라마 연기자 등이 무속 집안 출신인 경우도 있다. 이러한 것을 보면 어쩌면 이들이야말로 굿의 전통 문화예술 DNA를 물려받고 있는 것은 아닌가 생각해 본다. 지금도 나이 드신 분들이 대중 연예인들을 부정적으로 인식하고 있는 것은 이러한 배경과도 무관하지 않다. 이젠 세상이 바뀌었다. 요즈음 청소년들이 가장 선망하는 직업의 하나가 연예인이기 때문이다.

굿의 예술성은 사라지고 점쟁이가 판친다

오늘날에는 굿이 가정이나 마을이 아닌 전문적인 굿당에서 이루어진다. 굿당은 무당이 신을 모시고 굿을 하는 당집이나 신당을 말한다. 1980년대 이후부터 굿당은 주로 주거지로부터 먼 곳에 만들어졌고, 도봉산이나 팔봉산, 무등산, 계룡산 등의 대도시와 인접한 산 계곡에 형성된 경우가 많다. 굿당은 굿만 하는 곳이 아니라 무속인들 간의 다양한 정보를 교류하고, 굿의 학습공간으로 사용되기도 한다. 2000년대부터 굿이 대도시의 명산에 있는 전문적인 굿당에서 이루어지지만, 빌딩과 주거지가 밀집한 굿당에서도 굿을 하기도 한다. 대개 도심지의 굿당은 문화예술의 공연장처럼 방음시설을 갖춘 건물에 있는 경우가 많다. 이러한 굿당은 미래를 예측하거나 문제를 해결하기 위한 삶의 상담소로서 점집이고, 굿판으로서 굿을 진행하는 곳이며, 굿의 공연예술 기예를 가르치는 학원의 역할을 하고 있다.

굿당의 굿은 많은 변화를 보여준다. 무엇보다도 굿이 보여준 예술성과 축제성이 가장 크게 변화하였다. 굿은 소리이자 춤이고 재담인데, 이제는 이러한 굿을 경험하기가 쉽지 않다. 굿당에는 가족과 무당만 있을 뿐 구경꾼이 없고, 그것을 즐기려는 사람도 없다. 오직 개인적인 문제를 해결하고, 복을 기원하는 굿이 대부분이다. 그래서 굿의 목적성만 강조되고 예술성과 축제성은 찾아보기 어려운 것이 현실이다. 이에 따라 복잡한 굿거리의 절차가 간소화되거나 축소되고, 굿의 연행 시간이 밤이 아니라 낮으로 이동하는 경우가 많다. 이것은 굿당의 환경도 크게 작용하지만, 무당의 연행 능력이 미흡한 것이 크게 영향을 미친다. 무당은 소리할 줄 알아야 하고, 춤출 수 있어야 하며, 익살스러운 재담 능력이 있어야 하지만 그렇지 못하기 때문이다.

요즈음 강신무는 굿을 진행하는 능력이 미흡하다. 그들은 내림굿을 받은 후 굿판을 따라다니며 스승으로부터 굿을 익혀야 하지만, 그러한 스승을 만나기도 어렵다. 그래서 강신무는 소리하고 춤출 수 있는 능력을 키우기 위해 공연예술 학원에 다니는 경우가 많다. 그러다 보니 굿이 공수 위주로 진행되고, 예술성은 찾아보기 힘들며, 주술성만 부각한 경우가 많을 수밖에 없다. 무엇보다도 예술성이 강한 세습무의 굿이 지속되지 않는 것도 중요하게 작용하고 있다. 굿을 가업으로 이어가겠다는 세습무는 급격히 소멸하고, 무당이 강신무이면서 점쟁이라는 성격을 지닌 경우가 대부분이다. 그나마 정책적으로 국가의 문화유산으로서 그 가치를 인정하여 세습무 굿을 보존하는 노력을 하고 있지만, 굿의 예술성과 축제성을 이어가기에는 역부족이다.

굿의 예술성과 축제성은 문화유산으로 지정된 굿에서만 확인된다. 물론 아직도 씻김굿이 본래의 신앙적 목적으로 지속하기도 하지만 예전처럼 활발하지 않다. 이제는 굿이 삶의 현장에서 발생한 문제를 해결하기 위해 지속하지 않고, 문화유산으로서 가치를 보존하기 위해 지속하는 경우가 많기 때문이다. 이러한 굿은 무대 위에서 예술적 가치를 구현하기 위해 공연되고, 지역축제의 소재로 활용되는 경우가 많은데, 진도 씻김굿이 대표적인 사례이다. 여기서 씻김굿은 망자를 천도하기 위해 연행되기보다도 예술성을 강조하는 작품으로서 공연된다. 이 경우 무당의 마음 자세도 달라진다. 예전에는 무당으로서 사회적 인정을 받지 못했지만, 이제는 공연예술인 혹은 민속예술인, 예능 보유자의 소명감으로서 자부심과 긍지를 가지고 있고, 이들은 국가가 인정하는 소리꾼이자 춤꾼이고 재담꾼이라고 생각한다.

점치는 것은 미래를 예측하려는 욕망이다

우리는 미래를 예측할 수 없는 경우에 여전히 점쟁이에게 의존한다. 국민은 잊을 만하면 선거를 치른다. 국회의원을 뽑는 선거가 4년마다 찾아오고, 대통령 선거도 5년이면 어김없이 해야 한다. 지방선거가 4년마다 있고 농협과 산림조합장 선거도 있다. 어디 그뿐인가 학교를 비롯해 직장의 노동단체, 각종 공동체마다 대표성을 지닌 사람을 선출하는 선거가 많으니, 우리는 선거 홍수 속에 살아간다. 이러한 정치적 행사 속에서 점쟁이들은 호황을 누리고 있다. 점쟁이가 입후보자의 운을 토대로 당락을 예측하고, 여론 형성에도 영향을 미친다. 그래서 선거 입후보자들은 은밀하게 공을 들이는 경우가 많다. 그것은 선거 결과를 예측할 수 없는 입후보자의 불안심리가 작용한 것이고, 밑바닥의 여론을 유리하게 이끌어가고 싶은 욕망에서 비롯된 것이다.

점은 인간의 삶을 유리하게 이끌어가기 위한 정보이다. 인간은 생활에서 경험한 것을 다양한 신비적 방법으로 알아내고자 노력하고, 고대사회로 거슬러 올라갈수록 점을 정치적으로 활용하는 경우가 많았다. 그것은 오늘날에도 정치와 무관하지 않음을 볼 수 있다. 이처럼 점치는 사람이 정치에도 깊숙이 관여한 것은 오랜 역사성을 갖는다. 점은 미래 삶에 대한 정보로서, 사회가 혼란하고 불확실성을 가질수록 점에 의지한 경우가 많다. 대체로 점의 수요자가 많이 모인 곳에서 점집이 성행하는데, 1970년대 이후 농촌인구의 감소와 도시화가 점치는 사람들을 도시로 집중하게 했다. 도시에서도 시장 주변이나 대학가, 서민들이 많이 모이는 도로변에 점집이 성행한다. 일반적으로 점쟁이는 점치는 것만 본업으로 삼기도 하지만, 굿을 하는 무당과 상보적 관계를 유지하는 것이 관행이다. 예컨대 무당이 굿을 하면서 상담한 사람을 점집으로 소개하고, 점쟁이가 점친 결과를 해결하기 위해 무당을 추천해 주는 것이 그것이다. 요즈음은 점치고 굿도 하는, 즉 점쟁이자 무당으로서 겸업하는 경우가 많아지고 있다.

점쟁이는 운을 해석하고 설명하는 전문가이자 삶의 상담자이다. 점쟁이는 역술인이라고도 부르고, 점쟁이마다 점치는 방법이 다양하다. 점치는 방법은 점쟁이의 성격에 따라 다르고, 점치는 시간과 점치는데 소요된 시간도 다르다. 이것은 비용으로 제공하는 복채의 영향을 받기도 한다. 일반적으로 점치는 방법은 교육을 통해 훈련한 학습 점쟁이와 신내림을 경험한 강신 점쟁이에 따라 다르다. 학습 점쟁이는 주로 점책에 의존하고, 점책은 만세력, 책력, 명리, 주역, 당사주 등 역술 관련된 책이다. 최근에는 컴퓨터 사주 프로그램을 활용하여 점을 치는 경우도 증가하고 있다. 물론 강신 점쟁이도 역술 관련된 책을 활용하기도 하지만, 주로 신통력이라는 영력에 의존하여 점친다. 그래서 강신 점쟁이는 많은 사람을 상대로 점치는 것이 한계가 있고, 학습 점쟁이는 그렇지 않다는 점에서 차이가 있다. 요즘 들어 직업적인 학습 점쟁이가 점차 많아지고 있고, 점쟁이의 연령대도 젊어지고 있는 경향이다.

점치는 내용은 개인에 따라 다양하다. 일반적으로 점치는 내용을 보면 애정운, 가족과 관계된 운, 이동에 관한 운, 사업과 관계된 운 등이 있다. 애정운은 연인관계나 궁합과 결혼, 결혼한 사람의 이혼 등에 관한 것이고, 가족과 관계된 것은 작명, 취업, 진로, 입시, 병고, 액막이 등이 많다. 이동에 관한 것은 조상과 관련된 묫자리, 이장, 이사 등이 있고, 개업이나 사업과 관계된 운을 비롯해 선거와 관계된 운도 있다. 그리고 연말의 인사철에 기업인과 고위공무원이 점집을 찾는 경우가 많고, 연예인, 학부모 등 다양한 사람들이 아직도 점복에 의존하는 경우가 많다. 이처럼 개인의 운명뿐만 아니라 조직체로서 국가 또는 회사의 운을 점치는 경우도 적지 않다. 무엇보다도 점집을 찾는 젊은 층이 점차 증가하고, 점쟁이가 유튜브를 통해 활동하거나, SNS에서도 활동하는 경우가 많아지고 있는 것이 현실이다.

점은 점집에서만 행해지지 않고 가상공간인 온라인에서도 이루어진다. 온라인 공간에 점집을 마련하여 상담하는 사람이 늘고 있다. 이젠 점집이 지역 중심의 물리적 공간에만 위치하지 않고, 가상공간에 위치하는 시대가 되었다. 가상공간의 점집은 경계를 허물어 전국과 세계를 대상으로 한다. 점치는 방법도 많은 변화를 하고 있다. 전통적으로 점치는 방법이 영적인 힘에 의존하고, 철학적인 사유체계를 근거로 사주풀이 하는 경우가 많았다. 하지만 길흉화복을 예측하는 타로점처럼 어떤 도구를 활용하는 경우가 많아지고, 데이터에 근거하여 점을 치는 운명학도 등장한다. 이서윤의 『오래된 비밀』에 의하면, 동서양에 걸쳐 4만여 명의 운명학적 특징을 분석하여 정리하고, 데이터베이스화 작업을 통해 운명학이라는 하나의 학문적 체계를 갖추려는 노력이 이어지고 있다고 한다. 운명학적인 방법으로 검증한 운명 데이터를 분류하고, 그에 대한 분석을 통해 귀납적 결론인 행운의 원리를 찾아내는 것이다.

3부 자연과 공감 능력

생명의 근원인 우물과 물의 문화적 관념은

우물은 문화적 터전이자 생명의 근원적 장소이다

물은 인간의 삶에서 필수적인 에너지이다. 탈레스BC624~BC546는 "만물의 기원은 물이다"라고 말한 바 있다. 그것은 동식물 등 다양한 생명체가 생존할 수 있도록 해 주는 것이 물이기 때문이다. 물은 인체의 주요 성분으로서 체중의 60~70%를 차지한다. 대체로 성인 하루 필요량은 2~2.5ℓ이지만, 인체 내의 10%를 상실하면 신체기능에 이상이 오고, 20%를 상실하면 생명이 위험해진다. 일반적으로 인간에게 필수적인 물은 하늘에서 내려주는 빗물과 땅속에서 솟아나는 샘물을 통해서 획득된다. 여기서 식수로 사용하는 물은 빗물을 저수시설에서 보관하여 사용하거나, 지하수인 샘물을 활용하는데, 식수는 원초적으로 인간의 생명을 유지하기 위한 물로서 생존의 물이다. 그래서 인간은 생명의 원천인 샘물과 빗물을 확보하기 위해 끊임없이 노력해 온 것이다. 그러한 노력이 바로 우물을 파는 것이고, 우물은 수렵 채집의 이동 생활을 청산하고, 농경과 더불어 정착 생활에서 가장 중요한 역할을 해왔다.

우물은 인간 생명의 근원적 공간이다. 신화에서 보면 영웅은 물이 솟아나는 우물에서 탄생한다고 말한다. 우물은 끊임없이 솟아나는 물의 생생력과 인간 생명의 탄생이 연계된 것이다.『삼국유사』에서 박혁거세와 알영이 우물에서 태어나고, 고려 <건국신화>에서 작제건의 아내인 용녀가 개성의 큰 우물에서 태어났으며, <범일 국사 출생담>에서 샘물을 마시니 태기가 있었다는 이야기에서 확인된다. 이것은 물이 생명수로서 원천이고, 물이 있는 우물은 생명의 창조적 공간임을 말해 준다. 이처럼 우물이 생명의 창조적 공간이듯이, 영웅의 배우자를 만나는 공간이기도 하다. 고려 왕건이 후백제를 정벌하면서 우물에서 물을 떠주는 나주의 오씨 처녀를 만나는데, 그가 훗날 장화왕후가 된다. 이것은 비단 우리뿐만 아니라『성경』에서도 확인된다. 사마리아 연인이 야곱의 우물에서 예수를 만나고, 아브라함의 아들 이삭의 배우자인 리브가를 하란의 우물에서 만난다. 이러한 것을 토대로 보면 우물이 영웅이나 신성한 사람을 만나고 배우자를 만나게 하는 역할을 하고 있음을 알 수 있다. 그런가 하면 우물은 왕권을 상징하여 그곳에서 정치적인 의례가 거행되기도 한다. 백제왕이 지방 세력과 함께 참여하여 우물에 물을 붓고 제사를 지내는 것이 그것이다. 이것은 지방 세력을 통합하기 위한 의례적 도구로, 샘물이 갖는 영웅성과 신성성에서 비롯된 것으로 보인다.

우물은 문화의 터전으로서 샘이다. 농경사회에서 우물은 부녀자들의 만남을 통해 다양한 정보를 교류하는 곳이다. 우물에서 부녀자들 간의 근황을 확인하고, 마을의 잔치 소식이나, 이웃 간의 갈등, 외부 손님 방문, 청춘남녀 간의 연애 소식 등을 공유하는 경우가 많다. 마을에 떠도는 다양한 소문의 근원지가 우물인 것도 바로 이 때문이다. 이처럼 우물은 단순히 인간의 식수를 확보하는 곳이 아니라 문화적 공간이기도 하다. 예컨대 우물은 풍물패가 동네 평안과 농사 풍요를 기원하는 굿을 치는 곳이고, 용알뜨기를 비롯해 가정의 안녕을 기원하는 제의적 공간이며, 한 생명의 잉태를 기원하는 곳이다. 그리고 집안에 환자가 있고 오염된 것을 씻기 위한 물을 취하거나, 가택신들에게 바칠 공물인 정화수를 취하는 곳도 우물이다. 이처럼 우물은 물과 관련된 신앙적, 주술적 행위가 이루어지는 곳이고, 그래서 공동체의 삶과 문화가 형성된 곳임을 알 수 있다.

하지만 오늘날 우물은 기억의 흔적이자 과거의 문화유산으로 인식된다. 고대사회처럼 우물이 신성성이나 영웅성을 지니지 않고, 농경사회의 문화적 공간으로서 기능을 수행하지 않는다. 설사 우물이 존재하더라도 문화적 의미는 상실하고, 식수를 얻기 위한 용도에 그치고 있다. 무엇보다도 우물 중심에서 벗어나 상수도의 시대가 열리는데, 물을 확보하기 위한 저수지나 대규모의 댐이 건설되기 시작하고, 1965년 12월에 완공된 섬진강댐을 시작으로 다목적댐이 각 지역에 건설되면서 본격화된다. 그에 따라 댐과 연결하는 상수도 시설은 우물을 기억의 흔적이자 문화유산으로 전락시키고, 이제는 민속박물관이나 민속촌 혹은 문화마을에 가야 접할 수 있게 한다. 안타깝게도 1991년 낙동강 페놀 유출사건으로 인해 수돗물에 대한 불신이 증가하고 수질 문제가 발생하자, 1994년도부터 물을 팔고 사 먹는 시대가 되었다. 과거에는 북청 물장수처럼 물 떠오는 일을 해 주고 수고비를 받는 정도이지만, 요즈음 물장수는 생수를 생산하고 판매하는 사람들이다. 우리가 마시고 있는 생수는 땅에서 솟아난 물이라는 뜻으로, 광천수 혹은 미네랄워터라 부르기도 하고, 웰빙을 추구하는 사람들은 생수도 그 성분을 고려하여 마시기도 한다. 이들은 생수를 단순히 식수가 아니라 영양소라고 생각한 것이다.

물은 씻김의 물이자 정화수이다

물은 깨끗하게 씻어내는 정화수 역할을 한다. 정화수는 기본적으로 물로 씻는 경험으로부터 출발하고, 씻는 경험의 물이 정화수의 의미를 갖게 한다. 우리가 정화수로 사용하는 물은 주로 샘물인 경우가 많다. 대체로 씻는 물은 식재료를 씻는 물이나 세탁물, 세숫물, 목욕물 등이 있고, 단순한 물리적인 경험이 아니라 본질적인 변화를 일으키는 종교적 의미를 갖기도 한다. 예컨대 마을신앙에서 제관들이 제사 지낼 음식을 준비하기 전에 반드시 목욕재계해야 하고, 상장례에서 인간이 죽으면 망자를 깨끗하게 씻긴 다음 수의를 입힌다. 여기서 목욕재계는 신성성을 극대화하기 위함이고, 오염된 몸을 씻어내는 것은 저승으로 천도하기 위함이다. 또한 씻김굿에서 씻김은 원혼을 맑게 씻겨 새로운 존재로 변신시키는 의례적 절차인데, 이처럼 정화는 씻는 경험의 은유적 행위이고, 신앙과 의례에서 중요한 의미를 지닌다. 이러한 정화의 원리는 가정신앙이나 마을신앙의 정화수에서도 확인되지만, 기독교에서도 확인되는데, 성스러운 물을 뿌리고 물로 세례를 받으면 그 원죄를 용서받을 수 있다고 말한다. 이러한 관념은 모두 물이 갖는 씻김의 의미가, 즉 정화의 의미가 있어서 가능한 것이다. 이처럼 물이 정화의 의미를 지닌다고 하는 관념은 세계 곳곳에서 확인된다.

물은 세계를 징벌하고 창조하는 역할을 한다. 홍수 설화는 세계 곳곳에 전승되는 설화로, 이것은 기본적으로 물이 갖는 파괴와 재창조라는 양면성에 근거한다. 이러한 설화는 우리나라에서 전국적으로 전승되는 <장자 못 설화>를 비롯해 <나무 도령 설화>, <남매 혼인 설화> 등에서 확인된다. 홍수는 기본적으로 징벌의 의미를 함축하고 있고, 중국의 <복희와 여와 설화>를 비롯해 <우임금 탄생 설화>에서 확인되며, 기독교의 <노아 방주 설화>에서도 확인되는데, 노아는 가족과 모든 동물의 암수 한 쌍을 방주에 태우고, 40일간 이어진 홍수와 그 후 물이 빠지는 동안 방주에서 지낸다. 비둘기를 풀어 돌아오지 않는 것을 확인한 뒤에야 비로소 물이 마른 방주에서 빠져나온다. 이 이야기는 고대 메소포타미아 문학 <길가메시 서사시>의 홍수 이야기가 그 원형이라는 설도 있다. 중요한 것은 노아는 하나님의 명령대로 땅 위에 거대한 배를 만들고, 대홍수가 나자 살아남아 승리를 누린 사람이다. 대홍수는 엄청난 재앙으로 징벌을 의미한다. 이것은 대홍수가 인간의 죄를 씻기 위함이고, 물이 정화의 의미를 갖는 데서 비롯된다.

물은 치유의 약수이자 제물로서 봉헌수이다

약수는 기본적으로 정화수의 개념에 근거하여 그 의미가 형성된다. 정화수가 약수로 확장되어 재생하고 치유하는 물로 인식하게 된 것이다. 다시 말하면 물의 정화 기능이 약수로 발전한 것인데, 약수는 정화 과정을 거친 깨끗한 물이거나, 땅속으로부터 솟아난 영험한 샘물이고, 치병이나 예방에 효험이 있는 샘물이다. 이러한 약수는 산중 바위 사이에서 나오는 경우가 많고, 이곳을 약사암, 약수동, 약수향, 약수리 온천, 약수 등의 지명으로 부르고 있다. 그런가 하면 무속 신화에서 바리공주가 아버지를 살리기 위해 서천서역국으로 약수를 구하러 여행을 떠난 것이나, 『조선왕조실록』에서 세종과 세조가 충북 청원 초정리 약수로 안질과 소갈병 및 피부질환을 고쳤다고 하며, 춘천의 성산 약수, 방동 약수, 남전 약수, 화암 약수, 추곡 약수 등이 신의 계시를 통해 발견되었다고 한다. 이것은 약수가 샘물의 치유와 재생력의 관념, 그리고 신성성에서 비롯된 것으로 생각된다.

약수는 심신을 치유하는 물이다. 약수는 불교의 약사 신앙의 영향을 받아 형성되고, 약수가 신성성을 갖게 된 데는 불교의 영향도 있지만, 물이 갖는 정화의 의미라는 종교적 가치가 근간이 되었다. 이것은 본래 오염된 것을 씻겨주고 징벌 역할을 하는 물이 신성한 물로 확장된 것임을 말한다. 알려진 바에 의하면 약사 신앙은 질병을 고쳐주는 현세 이익적인 성격이 강하고, 중국이나 일본에서도 널리 전승되는 신앙이라 한다. 특히 한국의 약사 신앙은 통일신라 시대 기근과 역병, 자연재해를 극복하기 위한 약사불을 숭배하는 데서 비롯되는데, 경주에 역사 여래상이 조성되고, 이것이 전국으로 확대되었다. 그러면서 약수는 약사여래의 가호가 있어서 영험한 물로 인식되고, 약사암이나 약수암에는 대부분 역사 여래상을 안치하게 된다. 이처럼 신성성을 가진 약수는 병마를 퇴치하고, 생명을 지킬 수 있다는 주술적 믿음을 갖게 하였다. 이러한 약수는 생명수라는 원초적 의미를 토대로 정화수라는 종교적 의미로 확대되고, 다시 약사 신앙의 영향을 받아 심신을 치유하는 물로 확대된 것으로 생각할 수 있다.

물은 신에게 바치는 제물로 봉헌수이다. 봉헌수는 신에게 정성껏 바치는 물을 말한다. 가정신앙에서는 물만 신에게 바치지만, 마을신앙에서는 일반적인 제물과 함께 차려지는 경우가 많다. 음력 2월 초하루에 영등제를 지내면서 영등할머니의 제사상에 정화수를 올리거나, 주부들이 아침 일찍 일어나 샘에서 물을 길어와 성주신이나 조왕신에게 정화수를 올린다. 이에 비해 부녀자들이 주로 참여하는 춘천시의 추곡 약수제에서는 약수를 올리고, 구례의 지리산 약수제에서도 일반 제물과 함께 약수를 올린다. 이처럼 제사상에 정화수와 약수를 제물로 바치는 이 물은 술의 역할을 한다. 일반적으로 제사상에 올리는 술은 그 원초적인 형태가 물이었기 때문이다. 술은 곧 물의 변이 형태인 셈이다. 광주광역시 칠석동 당산제에서는 마을신이 스님이기 때문에 제사상에 술 대신 물을 올리기도 한다. 이처럼 신에게 바치는 봉헌수는 생명수이면서 정화수이고, 정화수이면서 약수로서 영험한 물이며, 신에게 바쳐지는 공물로서 신성화된 물이다.

물은 신성함의 상징이자 재물이다

물은 용의 거주처인 신성수이다. 농경사회에서 물을 다스리는 신은 용신이고, 용은 바다, 강, 못, 샘 등의 물속에 거주한다. 일반적으로 샘물은 생명수로서 어디에서나 중요한 물이고, 바닷물은 어촌 사람들 삶의 풍요를 결정하지만, 농촌에서는 농업용수가 결정한다. 여기서 농업용수는 식물의 성장에 필요하고 경작하기 위한 물이고, 이러한 물을 다스리는 신이 용신이다. 그래서 농경을 시작하면서 물이 나오거나 흐르는 곳, 혹은 모이는 곳에 용신이 거주한다는 믿음을 갖게 된 것이다. 무엇보다도 용신은 솟아나는 샘물의 양을 결정하고, 비를 내리게 하거나 그치게 하는 역할을 한다. 그러한 까닭에 물에는 그 어떠한 신보다도 용신이 거주하는 곳이고, 물은 치유의 기능뿐만 아니라 거룩함의 신성성을 갖는다고 믿게 된다. 이에 따라 물이 있는 곳에 용신에게 제사를 지내거나, 굿을 하는 경우가 많고, 물가에는 반드시 용신을 모시는 신당이 있다. 이처럼 용신을 모시는 신당을 건립하는 것은 물이 용의 거주처인 신성수라는 개념에서 비롯된다.

물은 재물로 인식된다. 이것은 물의 종교적 가치가 경제적 의미로 확대된 데서 비롯한다. 물의 신성함은 종교적 의미를 갖게 하는 요인이 되고, 여기서 종교적 의미는 신으로부터 복을 받게 되는 것을 말하며, 그 복은 재물의 풍족함을 주는 원동력이 된다. 흔히 운명학에서 물은 재운으로 판단하고, 물과 같은 하나의 흐름으로 재물을 파악한다. 그리고 풍수에서 물은 기운의 집결된 모습을 상징하고, 물이 기氣를 머물게 하는 존재로서 재물을 상징한다고 말한다. 다시 말하면 만물의 근원인 물은 삶을 유지하는 재화와 다를 바 없는 것이다. 마을 풍수에서 보면 명당으로서 수구水口는 막혀서 물길이 고였다가 나가는 곳으로, 마을에 재물이 모이는 곳이다. 이 수구가 열려 있으면 물길이 쉽게 빠져나가 마을의 재물이 휩쓸려 나간다고 생각한다. 이렇듯 농가에서는 물이 생명의 기운을 담고 있는 것이자 재물을 의미한다. 그래서 가정에서 물을 어디에 두고 보관할 것인지, 혹은 물을 버리는 것을 어느 쪽으로 할 것인지 고민하여 주거 공간을 배치하기도 한다. 이처럼 물을 재물로 인식하게 된 것은 생명수이자 신성수에 풍수적인 기의 관념이 투사되어 형성된 것으로 여겨진다.

태양의 변신으로서 불은 축복인가 재앙인가

불은 태양의 변신으로서 영웅이자 신의 상징이다

불은 태양의 재창조이다. 인간은 약 10만 년 전에 불을 다스리기 시작한 것으로 알려진다. 인간이 불을 발견할 수 있었던 것은 강렬한 태양으로부터 경험하거나, 혹은 낙뢰나 화산 폭발에 따른 화재의 경험이 기반이 되었을 것이다. 태양은 열의 공급처이자 빛을 발산하는 발광 물체인데, 무엇보다도 불의 발견은 태양의 재창조이고, 태양만이 가지고 있는 열과 빛을 불에서 얻게 된 것이다. 불의 발견은 인간이 사용하는 도구의 출현은 물론 공동체 생활과도 밀접한 관련이 있다. 인간이 사냥할 때 동물을 횃불로 몰아서 교묘하게 함정에 빠뜨리고, 창이나 뼈로 만든 단도, 돌로 만든 무기 등으로 죽인 다음 도살한다. 그리고 해변의 거주민들은 골각기나 석기를 만들어 요리했다고 한다. 이렇듯 불의 발견처럼 인류 역사에 깊은 영향을 끼친 사건은 없었고, 인간이 불을 통제하기 시작하면서 세상뿐만 아니라 자신들을 변화시켜 왔다. 다시 말하면 불의 발명은 인간 삶의 혁명적인 변화를 가져왔는데,

음식을 익혀 먹으면서 영양분을 더 잘 활용할 수 있도록 하고, 흡수하는 열량이 많아져 뇌가 점점 커지게 하며, 다른 동물들과 차별화가 되도록 했다.

불의 원초적 경험은 태우기로부터 시작한다. 인간은 낙뢰나 화산 폭발로 화재가 발생해 나무나 풀이 불에 타는 것을 통해 열과 빛을 경험했다. 그리고 나무나 풀을 태우지 않고서는 불을 활용할 수 없다는 것도 알았다. 그것은 태양처럼 불의 열을 통해 사물들을 변형시킬 수 있고, 빛을 통해 어둠을 밝힐 수 있음을 경험하게 된 것이다. 이러한 과정을 통해 불을 어떻게 피우고, 보관할 것인가에 끊임없이 고민해 왔다. 농가에서 오랫동안 불씨를 보관해 온 관습도 이와 무관하지 않다. 주부는 항상 불씨를 꺼트리지 않게 보관해야 하고, 화롯불을 통해 불씨를 보관한다. 이렇듯 주부가 불씨를 잘 보관하려는 정성은 불씨가 바로 조상이라고 생각했기 때문이다. 그래서 새로운 집으로 이사 갈 때는 가장 먼저 불씨를 안고 가고, 집들이에서 성냥을 선물하는 경우가 많다. 여기서 성냥은 신성한 불씨이자 활활 타오르는 재복을 상징하는 의미를 지닌다. 우리가 경험하는 태우기는 음식을 익혀 먹게 하고, 생존에 적정한 체온을 유지하게 해 준다. 이러한 태우기의 방법은 나무와 풀이 기본이고, 석탄, 전기, 석유, 천연가스, 레이저 등으로 변해왔다.

불과 태양은 권력과 신성한 인물을 상징한다. 불의 근원인 태양은 국가나 공동체의 절대적인 권능의 상징이고, 국가 지도자로서 영웅적인 인물의 신성함을 나타낸다. 우리 신화에서 보면 주몽을 비롯해 박혁거세, 김알지, 김수로왕 등 건국 신화의 주인공은 태양이고, 무엇보다도 왕이 태양의 아들이라고 하며, 그리고

<삼족오 신화>에서 불은 태양의 화신이라고 말한다. 여기서 태양과 불은 둘이 아니라 하나이다. 이처럼 태양과 불이 하나이듯이, 열과 빛의 실체도 하나이고, 열과 빛의 근원인 태양이 불로 교체되자, 인간은 끊임없이 불을 다양하게 활용해 왔다. 불로부터 발생한 열은 어느 정도 지속성을 지녔음을 경험하고, 불로부터 발광한 빛은 순간의 찰나인 일회성을 경험했을 것이다. 그래서 불의 열은 실용성의 도구로, 불의 빛은 신성성의 도구로 발전해 온 것으로 보인다. 모든 사물을 밝혀주는 빛이 이데올로기적 대상이 되고, 영웅적인 인물의 탄생을 계시한 것도 이 때문이다.

불은 신의 상징이다. 가택 신앙에서 조왕신은 불의 신인 화신火神이다. 조왕신을 모시는 곳이 아궁이의 부뚜막이고, 불을 주로 다루는 주부가 섬기는 신이다. 조왕신은 늘 부엌에 상주하고 인간의 모든 길흉을 판단하며 관장하는 신이다. 그래서 주부는 아침마다 지극정성으로 받들어 모시고, 집안에 큰일이 있을 때마다 제물을 준비하여 비손한다. 그런가 하면 성경에서는 불이 신성의 상징이라고 말하기도 한다. A · W 토저의 『이것이 성령님이다』에 의하면, 기독교에서 불과 관련된 것은 '성령의 불'로, 성경 속의 하나님은 불과 같은 존재이다. "우리 하나님은 소멸하는 불이심이라"히12 : 29라고 표현하고 있고, 불로서 나타나신 하나님은 불타는 떨기나무로부터 모세에게 말씀하셨으며, 하나님은 이스라엘이 광야를 지나는 동안 그들의 진위에 불기둥으로 줄곧 머물러 계셨다고 한다. 그리고 오순절에 성령님은 불로 임하셨다고 한데서 불은 신성神性의 상징이다. 따라서 그 불을 받은 삶들은 특별한 백성, 즉 불의 아들과 딸들이었다고 한다.

불은 축복으로서 생산 수단이자 부활의 상징이다

태우기가 생산을 목적으로 이루어진다는 점에서 불은 축복이다. 고대 농경사회부터 풀과 나무를 태워 곡물을 재배하는 것이 화전 농업이고, 한반도 북부에서 행해진 농경 형태의 하나이다. 이 농법은 세계 각국에 널리 분포하고, 인도네시아 등 열대 우림 지대에서는 지금까지 존속하기도 하나, 대부분 근대 이후 그 자취를 감추었다. 우리나라는 1967~1974년에 화전 정리 10개년 계획을 시행하고, 1960년 이후 정부의 양잠업 증산 대책을 시행하면서 화전 농업이 소멸하지만, 1979년에 이르기까지 영세한 농민이 최후의 선택사항으로 농사를 지었다고 한다. 화전 농업은 풀과 나무를 태운 곳에서 농사를 짓는데, 여기서 불은 자연 비료를 준비하는 수단이고, 해충과 쥐를 없애는 수단이기도 하다. 세시풍속으로 농가에서 정초 쥐날이나 대보름에 <논두렁 태우기> 한 것도 해충과 쥐를 없애기 위함이고, 이것을 쥐불놀이라고 부르는데, 생산으로서 농사의 풍년을 기원하는 관념이 작용하여 이루어진다.

불은 재생과 부활의 상징이다. 화전 농업은 불을 통해 자연의 소멸과 또 다른 자연의 소생을 경험하는 데 중요한 역할을 했다. 농부가 농사를 짓기 위해 나무와 풀을 태우고, 그것을 통해서 곡물의 싹이 나고 생장하는 모습을 매년 반복적으로 경험해 온 것이다. 그래서 일반적으로 동물은 일회적이고 직선적인 시간관을 토대로 살아가지만, 식물은 매년 반복적이고 순환적인 시간관에 근거하여 소멸과 생장이 이루어짐을 알게 된다. 여기서 식물의 생장 과정에 근거해 인식한 것이 재생이고 부활 관념이다. 매년 사월 초파일이면 불가에서는 연등燃燈 행사가 이루어진다. 본래 연등 행사는 정월 대보름에 행해졌던 것으로, 1011년부터 2월 보름에 하다가, 다시 1245년도부터 사월 초파일로 정착되어 오늘에 이르고 있다. 연등의 불은 재생과 부활의 상징적 의미를 지닌다. 불교의 발상지인 인도에서는 등불이 죽음으로부터 부활을 상징하고, 전형적인 다산 숭배의 한 형태로 알려진다. 그리고 중국에서는 등불이 잡귀를 몰아내고 강한 생명력을 가지고 있어서, 장수와 아들을 낳게 한다는 관념을 가지고 있다고 한다. 이처럼 불은 어둠을 제거하고 새로운 탄생을 알리는 것처럼 재생과 부활의 의례적 도구로 사용해 온 것이다.

불은 재앙의 근원이자 주술적 수단이다

불은 삶의 터전을 소멸하는 재앙으로 인식된다. 불은 나무와 풀로 이루어진 건축물과 살림살이를 모두 태우는 재앙의 근원이 되기도 했다. 인간이 거주하는 목조가옥, 그 가옥으로 이루어진 마을이 불에 타면 폐허의 장소로 바뀌고 삶의 터전을 잃게 된다. 이것은 인간에게 크나큰 재앙이 아닐 수 없다. 이러한 재앙을 극복하기 위해 원인을 찾아 해결하고자 했는데, 화재 발생의 원인을 땅의 기운에서 찾아 풍수적인 대응 방식을 모색하기도 한다. 여기에는 불의 기운이 강한 땅에 집을 짓거나 마을이 형성되면, 화재가 자주 발생한다는 관념이 반영되어 있다. 그래서 마을 사람들은 불의 재앙을 극복하기 위해 마을 제사를 지낸다. 예컨대 제당에 주로 물항아리나 소금단지를 묻어놓고 제사를 지내고, 이를 '화재막이'라 부른다. 또한 사찰이나 왕실에서도 화재를 막기 위해 소금단지를 묻기도 하고, 경북 청도 운문사와 경남 합천 해인사가 대표적이다. 이처럼 마을의 화기를 제압하기 위해 짐대솟대를 세우는 경우도 많다. 이것은 모두가 불이 화재를 발생시켜 큰 재앙을 가져온다고 생각하는 데서 비롯된 것이다.

불은 액을 물리치고 정화의 수단이다. 우리는 오랫동안 생활문화 속에서 불이 부정적인 것을 소멸하고 잡귀를 물리친다는 주술적 관념을 가지고 살아왔다. 이것은 실제로 불이 인간 삶 속에서 오염된 것을 소멸하고, 깨끗하게 정화해 주는 경험 내용이 작용한 데서 비롯된 것이다. 이렇게 경험한 불이 잡귀를 물리친다는 관념을 통해 신의 계시로 인식하는 계기가 된다. 혹은 신의 계시로 인식한 불빛을 경험하게 되고, 그 경험으로 삶의 정화력을 갖고자 불을 사용했을 수도 있다. 우리가 경험한 태우기의 불은 신성성과 정화력 모두 가지고 있고, 그것을 바탕으로 다양한 주술적인 놀이가 행해진다. 그 예로 달집태우기, 횃불싸움, 낙화놀이, 액맥이불놓기, 불밝히기 등이 있다. 여기서 산간지대에 전승되는 달집태우기는 마을의 액을 쫓기 위해 달집에 불을 지르는 놀이고, 마을 공간을 정화하려는 것이 중요한 목적이다. 그리고 횃불싸움은 생산과 정화의 목적으로 행해지고, 쥐불놀이와 달집태우기의 다양한 경험이 작용하여 편싸움 형태로 발전한 놀이이다. 그런가 하면 낙화놀이는 질병과 재액을 쫓는 벽사의 의미가 담겨 있고, 액맥이불놓기와 불밝히기도 마찬가지이다. 이들 놀이는 모두 불이 갖는 신성성과 정화력에 근거한 놀이임을 알 수 있다.

꽃은 신과 인간에게 어떤 의미로 사용될까

꽃은 몸과 마음을 치료한다

꽃은 가장 먼저 시각을 통해 인식된다. 지금까지 인간은 몸과 환경 그리고 사물을 어떻게 이해할 것인지 끊임없이 노력해 왔다. 인간은 태어나면서 외치고 꿈틀거림을 통해 세계와 접촉하고, 성장하면서 세상에 관한 다양한 지식을 쌓아간다. 그것은 기본적으로 나와 너의 관계 속에서 상호응시를 통해 이루어진다. 상호응시는 시선을 맞추는 데서 시작하고, 본인이 중요하다고 생각하거나 가치가 있다고 판단이 되는 사물을 가장 먼저 응시하는 경우가 많다. 일반적으로 사물의 탐구는 시각, 촉각, 미각, 청각, 후각을 통해 이루어지고, 그 가운데 가장 중요한 것이 시각이다. 인간이 배운 세계는 눈으로 관찰하고 모방하여 행동해서 배운 것이기 때문이다. 이처럼 인간은 상호응시하면서 다른 사람의 몸짓과 행동을 모방하며 세계를 배워나간다. 이것은 사물의 시각적인 인식이 무엇보다도 중요하게 역할하고 있음을 보여준다. 따라서 인간이 꽃을 인식할 때 시각을 통해 이루어지는 것이 가장 기본이 되고,

꽃 이름은 색과 크기에 따라 결정되는 경우가 많은데, 상태, 장소, 시간의 조건에 따라 명명된다.

꽃은 가상 세계 삶의 상징이다. 꽃이 풀이 아니라 나무인 경우, 꽃과 나무는 인간의 삶을 표현한 세계의 상징으로 인식된다. 나무가 신과 인간이 소통하는 관계를 만들어 내듯이, 꽃도 그런 역할을 담당한다. 나무와 꽃이 지상과 천상을 연결하기 위해 수직으로 자라나고, 나무가 잎이 피고 지듯이 꽃도 피고 져서 열매를 맺는다. 이것은 나무와 꽃이 숭배의 대상이 되고, 종교적인 도구로 활용되는 토대가 되었다. 일반적으로 나무가 신앙의 대상이나 도구가 된 것은 인류 보편적인 현상이다. 기독교에서 아브라함이 상수리나무 아래 제단을 쌓는 것이나, 단군신화에서 환웅이 하늘에서 태백산의 박달나무를 타고 강림한 것처럼 세계 곳곳에서 확인된다. 이처럼 나무를 신앙적으로 활용하듯이, 인간이 신에 대한 존경과 외경의 태도를 전하기 위해 꽃을 바치는 의례적 행위도 이와 마찬가지이다. 중요한 것은 꽃도 나무처럼 생태적으로 일정한 주기성을 가지고 생장하고 변화한다는 점이다. 흔히 꽃은 꽃자루 끝에 피고, 꽃자루는 나무와 풀로 나누어진다. 그래서 꽃나무야말로 나무와 같은 종교적 상징물로 인식해 온 것이다.

꽃은 다양한 사물 가운데 아름다움의 최고 결정체이다. 인간은 시각적 경험을 통해 꽃을 그 어떤 식물보다도 가장 아름다운 것이라 인식해 왔다. 꽃은 다른 식물과는 달리 생태적인 변화, 즉 재생과 소멸의 과정을 보여주고, 시작을 약속하는 열매 맺기를 극명하게 보여준다. 그런 까닭에 꽃의 색깔은 온갖 색을 다 보여주고, 꽃의 자태가 다양한 모습을 보여준다. 무엇보다도 계절의 변화에 따라 피고 지는 꽃이야말로 아름다움으로 인식하기엔 충분하다. 그것은 꽃이 화려하고 변화무쌍하며 풍요로운 것이고, 신성하고 고귀하며 순결한 것이라 관념을 갖게 하였다. 지금까지 인간은 끊임없이 꽃을 이데올로기의 대상이자 정치적으로 활용하고, 종교적인 관념을 투사하는 것을 비롯해 정서적 갈망의 대상으로 해석하려 경우가 많았다. 이에 따라 꽃의 생김새나 색깔, 향기, 생장 과정을 도덕이나 종교, 사상 등의 지향적 태도를 설명하는 근거로 삼게 된 것이다.

꽃은 인간을 흥분시키고 열정적인 에너지를 갖게 한다. 꽃은 그 시각적인 아름다움도 중요하지만, 후각적인 기능도 매우 중요하다. 인간은 태어나면서 가장 먼저 코로 숨을 들이쉬면서 냄새를 맡지만, 마지막으로 죽으면서 입으로 숨을 내쉬면서 냄새를 맡지 못하게 된다. 그래서 냄새를 맡지 않는 것은 죽음을 의미하고, 살아있는 우리는 끊임없이 숨 쉴 때마다 냄새를 맡으며 살아왔다. 여기서 냄새는 다른 어떤 감각보다도 기억하기 쉽고, 기억을 도와주는 중요한 역할을 한다. 냄새는 과거를 기억하게 만들어 주고, 다양한 사물을 구분하는 데도 크게 도움을 준다. 꽃이 뿜어내는 향기는 냄새를 통해 구분되고, 이러한 다양한 냄새는 여러 가지 언어로 표현되는데, 그것은 냄새의 종류가 그만큼 많다는 것을 의미한다. 일반적으로 냄새는 1만 가지 이상의 것이 있다고 알려진다. 다이앤 애커먼의 『감각의 박물학』에 의하면, 꽃향기가 인간을 흥분시키는 것은 꽃이 왕성한 생식 활동을 하기 때문이고, 꽃의 냄새는 임신 가능성, 활기, 생명력, 온갖 낙관주의 가능성, 젊음의 열정적인 개화를 연상시킨다고 한다. 왜냐하면 꽃은 성적 유인 물질의 역할을 하는 향기와 화려한 색채를 가지고 있기 때문이다.

꽃은 인간의 학습과 기억력 저장에 많은 영향을 미친다. 꽃의 향기는 다른 그 어떤 냄새보다도 오래 기억되고, 냄새는 시각이나 소리보다 더 감각을 많이 자극한다. 꽃의 향기를 통해 맡게 되는 냄새는 원초적 감각으로, 뇌의 활동에서 기억하고자 하거나 학습할 때 감정 중추와 긴밀하게 연결된다. 그래서 후각을 상실하면 기억을 잃기도 한 것이다. 냄새를 잘 맡는 사람은 그렇지 않은 사람보다 더 오래 산다고 알려져 있다. 베티나 파우제의 『냄새의 심리학』은 후각 능력이 좋은 사람이 그렇지 않은 사람보다 치사율이 약 20% 더 낮다는 연구 결과를 제시한다. 그리고 냄새를 못 맡을수록 친구가 적고 사회적 관계망도 좁다고 한다. 이처럼 후각 능력이 사회성을 확대하는 인간관계 형성에 중요한 역할을 하고 있음을 보여준다. 그러한 이유에서 꽃을 몸과 마음의 치료 용도로 사용하려 하는 경우가 많아지고 있다.

꽃은 신의 상징이자 윤리적 도구이다

꽃은 생태적인 것뿐만이 아니라 사회적 환경에 따라 다양하게 경험된다. 꽃의 사회적 경험은 주로 정치와 종교에서 이루어지는데, 무속, 불교, 유교 등의 종교에서 꽃의 경험이 다양하게 나타난다. 무속에서는 꽃으로 굿당이나 신당을 꾸미고, 무당이 꽃을 들고 굿을 하며, 무가에 다양한 종류의 꽃이 등장한다. 그리고 불교에서는 다양한 연꽃 경험이 있고, 꽃으로 불단을 장식하며, 공양물로 꽃을 부처님께 바친다. 특히 유교에서는 꽃을 통해 마음을 수양하거나, 정서적 치유를 위해 집안에 화원을 가꾸는 등 다양한 용도로 사용해 왔다. 이처럼 종교적 성향에 따라 꽃의 경험이 다르고, 그에 따라 꽃의 의미가 다양하기 마련이다. 꽃은 모든 식물이 보여주는 가장 아름다움의 결정체이고, 재생할 수 있는 열매를 만들어 준다는 점에서 다양한 상징적 의미를 지닌다. 꽃의 상징성은 꽃의 생태적 성장 과정을 통해 형성되고, 꽃의 외적인 모습에 근거하여 그 의미가 부여된다. 꽃의 성장 과정을 통해 꽃밭을 생명의 공간으로 인식하고, 그곳에서 꽃은 환생을 상징하며 여인을 의미한다고 생각한 것이다.

무속에서 꽃은 생화보다도 지화종이꽃가 많다. 굿은 삶의 문제를 해결하거나 예방하기 위해 이루어지고, 꽃은 무당과 신, 인간과 신의 관계 속에서 활용된다. 그래서 굿판에 참여한 사람은 굿과 꽃을 연결하여 생각하고 경험하게 된다. 무속에서 경험한 꽃은 주로 자연계에 실재하지만, 관념적이고 상상적인 꽃도 많다. 특히 이상희의 『꽃으로 보는 한국문화』에 의하면, 신당을 장식한 꽃은 연봉, 진달래, 동백, 무궁화, 매화, 다래화, 강화, 모란, 연화, 덩쿨국화, 출화, 작약, 불동화, 산함박, 사계화, 통출화, 박꽃, 가시국화, 정국화, 살제비꽃 등이라고 한다. 여기서 신당은 서천 꽃밭의 재현이고, 서천 꽃밭은 인간이 신으로 좌정하거나 조상신으로 가기 위한 통로이며, 이승과 저승의 경계인 중간 지점이다. 이곳은 이승의 무질서를 원상회복 시킬 수 있는 곳이고, 생명의 탄생 공간이라는 의미를 지닌다. 즉 서천 꽃밭은 꽃을 피우고 죽이는 곳이듯이, 인간의 재생과 소멸의 공간이라 믿는 것이다. 꽃은 신의 상징으로 신성함과 외경 구현의 매개물이다. 굿판에서 무당이 꽃으로 장식한 갓을 쓰거나, 머리에 꽃을 꽂은 경우가 많은데, 이것은 천상계의 신이 꽃을 통해 하강한다고 생각하는 데서 비롯한다. 무당이 각양각색의 꽃을 손에 쥐고 춤을 추며 노래하는 굿에서도 확인되고, 이들 꽃은 서천 꽃밭의 꽃이자 신의 상징물이다. 그리고 무당이 부른 노래에 나타난 살제비꽃, 생불꽃, 환생꽃, 멸망꽃 등은 인간 생명 자체를 상징하기도 하고, 신격화된 신의 상징이다. 이처럼 무속에서 꽃은 신의 상징물로 사용된다.

불교에서 꽃은 부처님의 공양물과 연등 행사에서 확인된다. 꽃은 아름다움의 표상이고, 그 아름다움으로 이루어 낸 결과물의 근원이다. 그래서 꽃을 공양물로 부처님께 바치는 것은 인간이 준비할 수 있는 최고의 제물로 생각한 것이다. 신에게 바친 동물 가운데 사람이 최고의 제물이었듯이, 꽃은 식물 중의 최고 제물이다. 꽃 중에서도 최고의 꽃은 연꽃이고, 연등회에서 사용되며, 사찰 건축의 연꽃무늬 기와와 창살 등에 장식되는 꽃이다. 연꽃은 불교 이념이 반영된 꽃으로, 신성, 청정, 순결, 거룩함 등의 종교적 함의를 내포하고 있다. 이러한 의미는 석가모니 탄생담에 등장한 연꽃으로부터 비롯된다. 석가모니가 마야 부인의 오른쪽 옆구리를 통해 태어난 순간 주위에 연꽃이 활짝 피었고, 그 연꽃 위에 올라섰다는 이야기가 전해진다. 여기서 연꽃은 석가모니 탄생과 관련되는 생명의 꽃이다. 그런가 하면 힌두교에서는 연꽃이 여성신의 상징이고, 우주의 자궁, 혹은 우주의 창조를 의미하며, 아름다운 미인이라는 상징성을 갖는다. 그리고 우리 일상생활에서는 연꽃이 다산의 상징이어서 여성의 옷에 연꽃무늬를 새겨 넣기도 한다. 이처럼 연꽃이 생명의 꽃인 것은 심청이가 죽어서 연꽃으로 환생했다는 이야기에서도 확인된다. 이렇듯 불교에서 연꽃은 석가모니이고, 석가모니의 상징적 꽃이 연꽃임을 말해 준다.

유교에서 꽃은 윤리적 도구의 대상이 되기도 한다. 성리학은 꽃을 가까이함은 사물에 대한 탐닉이라 생각하여 멀리해야 한다고 강조하고, 꽃은 볼품없는 사물이면서 심미적으로 유혹적이어서 위험한 사물이라고 말한다. 그렇지만 꽃을 좋아하는 사람은 꽃을 기르는 것이 아름다움을 즐기지 않고, 내면을 위로하거나 수양하는 일임을 강조한다. 이들은 꽃을 윤리적 관점에서 이해하는 것으로, 문인들은 소나무와 매 · 난 · 국 · 죽을 선호하고, 모란, 작약, 연꽃, 해바라기 등을 좋아한 것이다. 여기서 매 · 난 · 국 · 죽은 군자로서 갖추어야 할 절개와 지조의 상징이고, 모란은 작약과 더불어 부귀의 상징, 연꽃은 청빈과 고고함의 상징, 해바라기는 충신을 상징한다고 생각했기 때문이다. 하지만 임진왜란을 겪은 조선 후기는 시장이 발달하고, 외국 문화 유입으로 화훼문화가 형성되었는데, 이에 따라 꽃을 인간의 심적 안정과 오감각을 만족시켜 주는 대상으로 인식하고, 꽃을 치유의 수단이자 주거환경의 개선 수단으로 활용하게 되었다.

꽃은 재생이고 주술적 수단이다

꽃은 여성이자 재생을 상징한다. 일상생활의 이야기는 인간 삶의 내용으로서, 삶의 태도와 사물의 관념, 사유체계를 담는 그릇이다. 그래서 이야기에 나타난 꽃은 다양하고, 그 의미는 전설과 민담을 통해 확인할 수 있다. 물론 해모수와 유화가 혼인하여 주몽을 낳았다는 〈주몽 신화〉에서 꽃과 관련된 여인이 등장하기도 한다. 일반적으로 꽃과 관련된 본격적인 이야기는 『삼국유사』에서 확인된다. 선덕여왕과 목단화 이야기라든가, 수로부인과 철쭉꽃 이야기가 그 예이다. 이러한 이야기에서 꽃은 주로 여성을 상징하고, 특히 〈꽃 유래담〉에서 본격적으로 나타난다. 예컨대 할머니 무덤에서 핀 꽃은 할미꽃이고, 며느리의 무덤에서 핀 꽃은 며느리밥풀꽃이며, 권 장군을 사모하다 죽은 여인의 무덤에서 핀 꽃은 달맞이꽃이라 한다. 그리고 처녀의 무덤에서 백일만 피었다고 하여 백일홍이라 부른다. 이처럼 여인이 죽어 무덤에서 꽃으로 피어난 모습은 불교의 생사관을 보여주고, 꽃이 여성의 상징이자 환생의 수단으로 인식하고 있음을 보여준다.

꽃은 의례 생활에서 다양한 의미를 지닌다. 혼례식에서 사용한 병풍에 그려진 모란꽃은 부귀 안락과 남녀 화합을 기원하고, 혼례상 위의 동백꽃은 잡귀를 쫓기 위함이다. 그래서 오늘날 예식장에서 화동이 꽃바구니를 들고 가면서 꽃가루를 뿌리고, 신부가 부케Bridal Bouquet를 손에 쥐고 입장하는 것도 모란꽃과 동백꽃의 의미와 다를 바 없다. 그런가 하면 환갑잔치에서 부모의 만수무강을 기원하고 자손의 번영을 기원하기 위해 국화를 바치기도 한다. 이렇듯 혼례와 환갑잔치에서 바치는 꽃은 벽사의식과 축하, 존경과 번영의 의미를 지닌다고 할 수 있다. 그렇지만 장례식에서 사용하는 상여에 그려진 연꽃, 불교 의례인 영산재에서 헌화로서 연꽃이나 황국화를 바친다. 또한 고고학적 발굴자료에 의하면 매장에서도 국화를 사용한 것으로 알려져 있고, 오늘날 장례식에서도 국화를 사용한다. 다시 말하면 환갑잔치에서 살아있는 조상에게 국화를 바친 것이라면, 장례와 매장에서 바친 국화는 죽은 조상에게 바친 꽃임을 말해 준다. 이처럼 의례에서 사용한 꽃은 기본적으로 꽃이 갖는 아름다움의 결과물이라는 상징적인 의미가 바탕이 되고, 의례적인 의미가 추가된 것이다.

꽃은 세시 생활에서 주술적 의미를 지닌다. 삼짇날에 여성들이 주도하는 화전놀이는 액운을 물리치기 위한 놀이다. 여성들이 진달래꽃을 넣어 화전을 만들어 먹는데, 이것은 진달래꽃의 색깔이 음의 기운을 제압하는 붉은색에 가까운 색이고, 붉은색으로 액운을 물리치기 위함이다. 그래서 농가에서는 여자들이 진달래꽃을 꺾어 조왕단지 앞에 꽂아 놓고 기도하고, 남자들은 지게에 진달래꽃으로 장식한 '꽃상여놀이'를 한다. 이것은 모두 액운을 몰아내고 죽음을 정화하여 장수한다는 믿음에서 비롯되었다. 또한 삼짇날에 복숭아꽃으로 도화주와 도화탕을 만들어 먹으면 만병을 물리치고, 단오에 창포꽃을 따서 말려 '창포요'를 만들어 깔고 자면 병마나 악귀를 물리치며, 봉선화물들이기나 수국을 꺾어다가 집에 걸어두면 잡귀를 쫓는다고 한다. 그리고 중양절에 국화전과 국화주를 만들어 먹으면 장수하고 악귀를 쫓고, 동백꽃으로 목욕하면 종기에 약이 되고 피부병이 생기지 않는다고 한다. 이와 같은 것들은 꽃을 활용하여 액운을 몰아내고자 하는 것으로, 꽃의 신성성과 주술성을 토대로 이루어지고 있음을 알 수 있다.

꽃은 집안의 액운을 물리치는 용도로 사용된다. 집안에는 주로 붉은색 꽃을 심는데, 담장 밑에는 봉선화를 심고, 부엌이나 마루 기둥에 진달래를 꽂기도 하며, 장독대 옆에 맨드라미 등을 심는다. 그것은 붉은색을 통해 집안의 액운을 몰아내기 위함이고, 외부의 잡귀 침입을 막기 위함이다. 이러한 관념은 지붕의 와당이나 담장에 새겨진 꽃무늬에서도 확인된다. 기본적으로 집안의 안녕과 번영을 기원하고자 하는 의도가 반영되어 있고, 이것은 민화에서도 확인된다. 민화는 주거 공간을 꾸미거나 미적 장식을 위한 대중적 실용화이다. 특히 민화에 가장 많이 그려진 꽃은 매화, 연꽃, 모란, 국화, 파초, 영산홍, 장미, 진달래, 작약 등으로, 민화의 꽃은 부귀나 장수와 같이 기복을 바라기도 하지만, 유교 영향과도 밀접한 관련이 있다. 일반적으로 주거생활 속의 꽃은 재액 초복의 주술적 관념이 강하게 반영되어 있음을 보여준다.

박달나무와 상수리나무로부터 한반도와 가나안 이야기로

문화는 교류를 통해 변화하고 발전한다

교류는 일상의 변화를 초래하고 발전의 시발점이다. 인간은 지금까지 끊임없는 변화를 통해 성장하고 진화해 왔다. 인간이 변화 없이 성장할 수 없듯이, 그 공동체도 변화를 통해 발전한다. 여기서 변화는 교류를 통해 이루어지는 경우가 많고, 그것을 가능케 해 준 것이 이동이다. 대체로 현생인류는 약 20만 년 전에 동아프리카에서 처음 나타났고, 약 10만 년 전의 것으로 추정하는 유골들이 중동에서 발견되었으며, 그들은 5만 년 전쯤에 호주에서도 나타난 것으로 알려진다. 이것은 그들이 점차 아시아로 조금씩 이동하고 있었음을 보여주는데, 이러한 인류 이동의 경로는 직선적으로만 이루어지지 않고, 때로는 쌍방 간의 교류를 통해 이루어지기도 한다. 따라서 이동의 경로는 문화 전파 경로이고, 다양한 문명의 교류가 이루어진 길이라는 점에 관심을 가질 필요가 있다. 그 길 따라 인간의 교류가 이루어지고, 삶의 물리적 기반과 정보 교류가 이루어지며, 공간의 확장이라는 침략이 이루어지면서 대변화를 가져온 것이다. 변화는 순차적이며 점진적으로 이루어지고, 또 다른 삶의 세계를 설계한다.

가나안 지역과 한반도는 교류의 중심지이다. 가나안 지역은 이집트와 메소포타미아의 교역로이다. 이곳은 이스라엘이 거주하고 있는 곳이고, 풍성한 곡식이 생산되는 지역이다. 그러한 까닭에 가나안 지역은 외부의 많은 침략을 받았고, 이집트, 시리아, 앗시리아, 바빌로니아. 페르시아, 그리스, 로마의 통치를 받았던 역사적 환경을 가지고 있다. 이스라엘이 이렇듯 한반도가 삼면이 바다인 까닭에 북방지역인 중국이나 몽골 등의 침입이 많고, 남쪽으로부터 왜구의 침입도 적지 않았다. 이러한 지리적 환경은 중국의 문화가 한국을 통해 일본으로 전파되고, 동남아지역의 문화가 해류를 통해 한국으로 유입되는 교두보 역할을 하게 만들었다. 이처럼 가나안 지역과 한반도는 지리적이고 역사적 환경이라는 물리적 기반에 근거한 교류의 중심지라는 공통점을 가지고, 한국과 이스라엘 모두 나라 잃은 아픔을 가지고 있는 것도 공통점이다. 이것은 종교적인 정서에도 적지 않은 영향을 미친다는 점에서 관심을 가질 필요가 있다.

한반도는 북방문화와 남방문화가 혼재한 곳이다. 중국의 실크로드와 남방의 해양 교류라는 문명사적인 측면에서 보면, 한국문화 상당수가 교류를 통해 유입되었을 것으로 보인다. 그런 점에서 성경 탄생의 배경이 되는 수메르문명과 페르시아문화의 유입도 이루어졌을 가능성이 있다. 중국 실크로드를 통해 민속놀이 짱치기가 페르시아로부터 유입되고, 원산지가 중동인 참깨와 아프가니스탄 일대의 호두도 한국에 유입되었다. 특히 원산지에서 호두나무와 호두는 귀신을 쫓아내는 능력이 있다고 믿었고, 그것이 정월 대보름의 부럼 행사로 이어지고 있다. 무속신앙에서 바리데기는 무당의 조상이자 생명을 관장하는 신인데, 실크로드를 통해 북방으로부터 유입된 것이라 말하기도 한다. 그리고 중앙아시아 카자흐스탄에 전승되는 줄타기와 한국의 줄타기가 유사한 점도 흥미롭다. 이외에도 많은 사례를 확인할 수 있다. 이것은 실크로드를 통해 한국과 중동지역의 이야기 문화교류도 있었을 것이라는 가능성을 상상케 한다.

박달나무와 상수리나무는 모두 신성한 성소이다

이야기는 삶의 세계이자 그 시대의 문화적 산물이다. 이야기를 통해 자연, 사회, 역사, 종교 등의 다양한 삶을 읽어낼 수 있는 것도 바로 이 때문이다. 그래서 지역에 전승되는 이야기의 비교를 통해 문화적 관계의 설명이 가능한 것이다. 예컨대 이스라엘과 한국의 이야기 문헌자료인『성경』과『삼국유사』에 수록된 이야기를 비교할 수 있는데, 1281년에 편찬된『삼국유사』에는 고조선, 고구려, 가야, 신라, 백제 등과 관련된 다양한 이야기가 수록되어 있다. 하지만 2000년 전부터 전해지는『성경』의 이야기와 비교하는 것은 다소 부담을 갖는다. 두 문헌 간의 시간적인 연대의 차이가 너무 크기 때문이다. 다만 구술문화의 기록자료라는 점에서 공통점을 가지고 있는 점, 전승의 힘이 강한 이야기 화소話素의 생명력을 믿고, 이스라엘 민족과 한민족의 이야기를 비교하는 것도 재미있지 않을까 싶다. 한국의 기독교 유입 과정을 보면, 기독교가 사도 바울의 안디옥교회를 통해 로마로 전파되고, 그것이 유럽으로, 다시 미국과 호주로 전파되었으며, 19세기 말에 한국으로 전래한 것으로 알려진다. 최근 들어 기독교가 침체기에 접했다고 말하지만, 2021년 기준으로 1,593만 명개신교 1,028만 명, 천주교 565만 명이고, 총인구의 31%의 비중을 차지한 것으로 알려져 있다.

한민족과 이스라엘 민족은 역사적 환경과 서사적 화소의 유사점을 가진다. 가나안 지역의 원주민 아모리족은 반유목민이면서 농경을 중심으로 정착 사회를 이루고 살았다. 이에 비해 이집트에서 해방된 이스라엘 민족은 유목민이지만, 아모리족을 정복하여 가나안 지역에 정착하게 된다. 그런가 하면 한민족의 유목민 알타이족이 한반도에 이주해 왔을 때 농경민족인 고아시아족이 살았고, 고아시아족을 정복하여 세운 나라가 단군의 고조선이다. 이처럼 이스라엘 민족과 한민족의 이주와 정착 과정이 유사하고, 이는 서사적인 측면에서도 확인된다. 이스라엘 조상이 아브라함이고, 한민족의 조상이 단군인데, 아브라함은 여호와 하나님의 아들이고, 단군은 천신 환웅의 아들이다. 이들은 모두 하늘과 관련된다는 점에서 공통점을 갖는다.

한민족과 이스라엘 민족은 나무에 대한 종교적 관념이 유사하다. 아브라함이 상수리나무 아래 제단을 쌓고, 단군의 아버지인 환웅이 박달나무를 타고 강림한 그곳에 제단을 쌓는 것을 보면, 모두 나무가 갖는 종교적 기능이 유사함을 확인할 수 있다. 〈창세기〉에 보면, 마므레 상수리나무 아래에서 아브라함이 여호와 하나님께 떡과 고기를 대접하고, 천사들을 극진히 대접한다. 그곳에 장막을 쳤다는 것은 성전을 만든 것이고, 상수리나무는 신성수의 역할을 한 셈이다. 단군도 박달나무 아래에 제단을 만들고 천신에게 제사를 지냈는데, 박달나무가 상수리나무처럼 신성수의 역할을 한다. 이처럼 나무는 그 자체가 신이 아니고, 오직 하늘과 땅을 연결하는 매개물이며, 상징적인 성소로서 역할하고 있음을 보여준다.

상수리나무가 있는 곳은 성소로서 신성한 장소이다. 이스라엘에서 자라는 상수리나무는 옻나무과로 날개향엽수를 번역한 것인데, 느티나무처럼 잎이 무성하고 아름답다고 알려진다. 특히 프레이저의 『황금가지』에 의하면, 서유럽과 북유럽에서는 상수리나무 숭배가 널리 이루어지고, 여러 가지 종교행사와 의식을 집전했다고 알려지며, 선사시대에 유럽 전역에 걸쳐 서로 다른 사람들 사이에서 나무숭배가 생활화되었다고 한다. 그리고 제임스 캔턴의 『상수리나무와 함께한 시간』에 의하면, 성탄절에 성탄 장작으로 오로지 상수리나무 목재만을 사용하고, 기독교가 도래하면서 유럽 전역의 예배당과 성당에는 상수리나무 기둥이 세워졌다고 한다. 이처럼 기독교에서 나무들은 그중에서도 특히 상수리나무와 연관된 것임이 확인된다. 여기서 상수리나무 기둥은 아브라함이 상수리나무 아래 제단을 쌓는 것처럼 성소로서 신성한 장소를 의미한다.

여호와 하나님과 천신의 아들은 모두 영웅이다

영웅은 자신만의 능력이 아니라 절대자의 도움으로 고난의 문제를 해결한다. 출애굽기의 〈모세 이야기〉와 〈가야 신화〉 그리고 〈혁거세 신화〉가 서사적 유사성을 지니는데, 그것은 주인공이 모두 상자 속에서 발견된다는 점이다. 모세가 갈대 상자에서 발견되고, 〈혁거세 신화〉에서 알이 돌로 만들어진 석함돌 상자에서 발견되었다. 여기서 영웅이 상자 속에서 발견되었음은 어머니를 상징한 상자에서 출생함을 의미하고, 죽어서 다시 관棺인 상자 속에 안치된다는 것은 다시 어머니 품으로 되돌아감을 의미한다. 두 주인공은 모두 상자를 통해 영웅이면서 민족의 지도자라는 인물로 거듭 태어난 것이다. 그리고 모세가 이집트에서 가나안 땅으로 이스라엘 백성을 인도하면서 홍해를 건너는 과정이나, 주몽이 부여에서 잉어와 거북이의 도움으로 강을 건너 졸본에 도착하여 나라를 세우는 과정에서도 서사적 유사성이 발견된다. 모세는 여호와 하나님의 도움으로 기적을 일으켜 이스라엘 민족이 홍해를 건너게 하고, 광야를 거쳐 가나안땅에 정착하는 데 중요한 역할을 한 사람이다. 주몽도 마찬가지로 부여에서 벗어나 물의 신인 수신水神의 도움을 받아 졸본에 도착하여 고구려를 세운 인물이다. 모세와 주몽은 절대자의 도움을 받아 임무를 수행했다는 점에서 유사하다.

신화는 어느 권력에나 붙어 다니는 필수적인 이야기이다. 왕이 신의 아들이고, 신의 후손이며, 하늘의 아들임을 강조하기 위한 수단으로 삼아야 하기 때문이다. 예수가 하나님의 아들이고, 주몽이 하늘의 아들이라고 강조하는 것도 마찬가지이다. 〈예수 그리스도 신화〉와 〈주몽 신화〉를 비교하면, 주인공의 출생 과정이 유사하다. 예수와 주몽이 잉태되어 고난의 과정을 겪은 것이나, 하늘의 뜻이 지상계에서 구현되는 공통적인 서사구조를 가지고 있다. 예수와 주몽은 천신의 혈통을 계승하는데, 예수는 여호와 하나님과 마리아 사이에서 출생하고, 주몽은 천신 해모수와 유화 사이에서 출생한다. 그리고 마리아가 예수를 잉태하여 온갖 고난을 겪었던 것처럼, 유화도 버림을 받으면서까지 심한 고통을 겪어야 했다. 또한 두 주인공의 출생 장소에서 예수는 말 구유에서 태어나고, 주몽이 유화가 낳은 알에서 태어난 것은 두 주인공의 비범함을 강조하고 있음을 보여준다.

예수와 주몽은 각각 다른 세계의 왕이다. 예수는 성부 성자 성령의 삼위일체 신으로서 영적인 세계이자 하나님 나라 왕이 되었다면, 주몽은 고구려 건국 시조로서 세속적인 세계의 왕이 되었다는 점이다. 고구려 최초의 왕이 바로 동명왕이고, 동명왕은 바로 주몽이다. 예수의 제자 가운데 유다가 배신한 것은 어쩌면 예수가 세속적인 세계의 왕이 될 줄 알았는데, 그렇지 않은 실망감에서 비롯되었을지도 모른다. 세속적인 세계에 대한 그의 야망이 무너지면서 배신의 행동으로 이어지지 않았을까 싶다. 무엇보다 중요한 것은 예수와 주몽이 출생한 시기의 문화적 공통점은 천신의 혈통을 이어받은 자만이 지도자로 등극하고, 그 정당성을 부여받는 시기였다는 점이다. 즉 종교적 영웅이나 정치적 왕의 출현은 천신의 돌봄이 있어야 가능하고, 인정받을 수 있었다는 것이다.

해모수가 태양신이었던 것처럼 여호와 하나님도 태양신이었을 것이다. <주몽 신화>에서 해모수가 오룡거를 타고 지상계에 하강하여 연못가에서 하백의 딸인 유화를 만나 청혼한다. 해모수가 유화와 결혼을 허락받기 위해 하백을 찾아가지만, 하백이 해모수에게 천제의 아들임을 증명해 보이라고 요구한다. 그래서 해모수가 신들의 대결을 통해 천신의 승리를 보여준다. 그로 인해 해모수는 유화와 결혼하고 하늘로 승천한다. 해모수가 떠난 뒤 유화는 유배형으로 고난을 겪게 되고, 부여 금와왕의 배려로 생활하면서 겨드랑이에서 알을 낳는다. 알을 궁 밖에 내다 버리자, 그

알에서 영특한 아이가 태어났고, 그가 바로 고구려 건국 시조 주몽이다. 이처럼 해모수가 천제의 아들로 태양신이듯이, 여호와 하나님도 태양신이었을 가능성이 있다. 그것은 여호와 하나님을 모시는 성전의 문이 동쪽을 향한다는 점에서 그렇다. 동쪽은 태양신을 맞이하는 방향이고, 불로 형상화된 여호와 하나님은 태양의 화신이기 때문이다. 불은 태양의 재창조로서 등장한 문화 혁명의 주인공이다.

예수와 주몽의 출생 과정에 관여하는 신은 기능적으로 유사하다. 예수는 신의 성령을 통해 마리아의 몸을 빌려 탄생한 신의 독생자로서 신의 아들이다. 본래 인간이 아닌 신적인 존재가 인간의 모습으로 강림한 셈이다. 가브리엘 천사가 마리아에게 나타나 예수의 탄생을 예고하는데, 너는 하나님의 총애를 받았고, 이제 네가 잉태하여 아들을 낳을 터이니, 그 이름을 예수라 하라고 계시한다. 이종범의 『예수에 대해 우리가 잘 모르던 이야기』에 의하면, 유대민족의 신화에서 가브리엘은 에덴동산에서 아기의 영혼을 인간에게 데려다주는 역할을 하는 존재이고, 아기의 영혼은 에덴동산의 생명 나무에 열린다고 한다. 이는 한국에서 아이의 출산을 관장하는 삼신할머니의 역할과 다를 바 없다. 여성에게 아이를 잉태하게 하는 신도 삼신할머니요, 산모의 출산을 관장하는 신도 삼신할머니다. 예수의 출생 과정에 가브리엘 천사가 깊숙이 관여하고 있듯이, 주몽이 태어날 때 유화의 출산을 관장하는 신도 아마 삼신할머니이었을 것으로 상상해 본다.

한민족과 이스라엘 민족 이야기가 낯설지 않은 것은 뭘까

한민족과 이스라엘 민족의 사회는 모두 남성중심주의를 강하게 반영한다. 이것은 <예수그리스도 신화>와 한국 신화에서 그 유사성을 찾아볼 수 있다. 가부장적 종교인 유대교에 뿌리는 둔 기독교는 여성을 삼위일체에서 배제하였다. 남자인 성부, 남자인 성자, 남자일 수밖에 없는 성령을 규정한 것이 그것이다. 이러한 남성중심주의는 오늘날 기독교에서 여전히 강력한 힘을 발휘한다. 성경에서 예수를 낳은 마리아의 가족 관계는 상세하게 설명하지 않지만, 요셉을 비롯한 다윗, 아브라함 등 남자의 혈통은 체계적으로 설명한다. 이러한 남성중심주의적인 요소는 한국의 <단군신화>에서도 확인된다. 단군의 아버지 혈통인 환웅과 환인은 체계적으로 잘 설명하지만, 단군을 낳은 어머니 웅녀의 혈통은 전혀 설명하지 않고 있다. 그나마 <주몽 신화>에서 주몽의 외할아버지 하백을 언급하고 있다는 점에서 유화라는 여성의 위상을 짐작해 볼 뿐이다. 하지만 유화도 어디까지나 조력자에 불과하다. 이처럼 두 신화는 남성 중심의 왕권 창출을 보여주고, 신화 주인공으로 남성이 주도적인 역할을 한다는 점에서 강력한 남성 중심주의를 반영한다.

예수와 바리데기는 사제자의 조상이라는 공통점을 갖는다. 사제자는 제사와 의례를 주관하는 의례적 기능뿐만 아니라 질병을 치료하는, 즉 요즘 같으면 의사로서 역할을 해야 하고, 죽음의 문제를 해결하는 역할을 해야 한다. 무엇보다도 사제자는 죽음을 통해 경험하는 미래 세계이자 가상 세계의 문제를 해결해 줄 수 있어야 한다. 예수가 질병을 치료하고 인류의 구원자로서 역할을 한다면, 바리데기는 치료와 더불어 극락왕생과 재생시키는 역할을 한다. 그런 점에서 예수와 바리데기가 모두 사제자라는 공통점을 가지는데, 즉 예수가 기독교 목회자의 조상이고, 바리데기가 무속신앙 무당의 조상이라는 상상력을 갖게 한다. 기독교에서 예수가 여호와 하나님의 대변인이자 분신이고, 무속에서 바리데기가 이승과 저승의 삶을 매개하는 신이라는 점은 그 신의 위상을 잘 보여준다. 예배에서 기도는 예수를 통해 실현되고, 굿판에서 망자의 죽음은 바리데기를 통해 변신한다.

예수는 인신공희 제물이자 죽음을 통해 신으로 부활한다. 아브라함이 상수리나무 아래 제단을 쌓는 것은 성전을 마련하기 위함이고, 성전은 하나님을 모시기 위한 곳으로, 성전이 곧 하나님이다. 구약시대 하나님은 주로 성전에 강림한 것으로 인식하고, 성전 중심의 의례가 거행되며, 그 내용은 번제 중심의 제사 의례로 이루어졌다. 하지만 예수가 등장하면서 하나님은 성전 밖에도 임재한다는 인식이 더욱 확대되었다. 그리고 예수가 십자가에서 죽었다는 것은 인신공희人身供犧로서 예수를 제물로 하나님께 봉헌하였음을 의미한다. 이것은 아브라함이 이삭을 하나님께 바치는 의례적 숭고함을 계승한 것이라 할 수 있다. 신에게 올리는 제물로 식물 중에서 가장 귀한 것은 꽃이고, 동물 중에서는 인간이다. 인간을 제물로 바치는 것이 인신공희인데, 인신공희로서 예수를 하나님께 제물로 바친 것이다. 이것은 예수의 죽음이 인간의 모든 죄악을 소멸하는 제물로서 의미를 지닌다. 예수의 죽음을 통해 그전까지는 예수가 인간이었지만, 삼일 뒤에 부활한 것은 예수가 곧 신이 되었음을 말해 준다.

인신공희로서 제물은 깨끗하고 흠이 없어야 한다. 한국의 설화에서 사람을 제물로 바치고 제사 지냈다는 내용이 적지 않게 전해진다. 예컨대 농가에서 주로 홍수로 인해 저수지 둑이나 보가 무너져 크게 수해를 입게 되면, 저수지의 둑을 보완하는 보를 만들고, 용신에게 사람을 제물로 바치는 제사를 지낸다. 여기서 인신공희로서 제물은 미혼자이어야 하고, 가능한 어린 사람일수록 신성하다고 생각한다. 유대교의 번제에서 어린 양을 바치는 것도 이와 무관하지 않다. 여호와 하나님이 아브라함의 아들 이삭을 제단에 바치라는 것은 인신공희로서 제물을 요구한 것이다. 하지만 인신공희로 바친 사람이 부활하거나 재생하면 그 신분이 변화한다. 예수가 죽음을 통해 다른 신분으로 거듭 태어난 것처럼 심청이도 마찬가지이다. 〈심청전〉에서 심청이가 용왕신이 있는 인당수에 뛰어들었음은 심청이를 용왕신의 제물로 바쳤음을 의미한다. 심청이도 인신공희로서 제물인 셈이다. 심청이가 영적인 세계인 용궁에서 연꽃을 통해 귀한 신분으로 환생하고, 그 권위를 통해 아버지와 재회한다. 이처럼 이삭과 예수 그리고 심청이도 총각과 처녀로서 미혼자이고, 흠이 없는 제물이었음을 알 수 있다.

예수는 번제에서 예배 중심 의례로 변화시키는 데 중요한 역할을 한다. 기독교의 등장은 예수가 죽음과 부활을 통해 번제 중심 의례를 청산하고, 인류를 구원하기 위한 예배 중심 의례로 대변화를 가져왔다. 그것은 유대교에서 기독교로 변화가 이루어졌음을 말한다. 또한 천신이면서 자연신 중심에서 인간이면서 인격신 중심으로 종교적인 변화가 일어난 것이다. 신과 인간의 관계도 여호와 하나님과 종의 관계에서 아버지와 아들자녀의 관계로 변화한다. 당시 유대인은 성전과 하나님을 동일시하여 성전이 하나님이고, 하나님이 성전이라고 믿었다. 유대교가 오직 여호와 하나님만을 대상으로 한 번제 중심의 종교이지만, 기독교는 여호와 하나님의 혈통을 계승하고, 예수를 신으로 받들고 경배하는 예배 중심의 종교라는 점에서 차이가 있다. 기독교에서 여호와 하나님을 영접하려면 오직 예수를 통해 가능하다. 그것은 하나님이 예수이고, 예수가 하나님이라는 믿음을 갖게 하였다.

지금까지 언급한 것과 같이 한국과 이스라엘은 그렇게 낯설지 않은 관계로 보인다. 아브라함, 단군, 해모수, 여호와, 모세, 주몽, 예수 등 인물들의 서사를 통해 볼 때, 특히 박달나무와 상수리나무의 서사적인 의미를 토대로 보면 더욱 그렇다. 그리고 기독교에서 부활절날 달걀을 주고받는 것이 예수의 부활을 축하하는 것처럼, 한국의 제사상에 삶은 달걀을 올리는 것도 조상의 부활을 기원하는 의미에서 이루어진다. 신라의 난생신화 또한 달걀을 통한 출생과 부활의 의미를 내포한다는 점에서 관심을 가질 필요가 있다. 앞으로 더욱 문명 교류사적인 측면에서 중동과 실크로드, 실크로드와 한국의 문명 교류 여정을 근거로, 이스라엘과 한국, 기독교와 한국의 관계성에 관심을 가져보길 희망해 본다.

가축은 축산상품과 반려동물로 양극화된다

가축은 인간 생존의 식량자원이다

동물은 인간 생존의 식량자원으로서 가치를 갖는다. 인간은 필수적으로 단백질과 탄수화물을 섭취해야 한다. 그래서 끊임없이 어떻게 하면 단백질과 탄수화물을 확보할 것인지를 고민해 왔는데, 단백질을 확보하기 위해 동물을 사냥하고, 탄수화물을 섭취하기 위해 식물을 채집해 온 것이다. 구석기시대에 사냥한 동물은 사슴, 멧돼지, 호랑이, 곰, 말 등이고, 주로 사냥의 위험성이 적은 사슴을 선택하여 사냥했으며, 사슴 다음으로 멧돼지가 좋은 사냥감이었다고 전해진다. 이것은 주로 남성들의 사냥을 통해 이루어지지만, 여성이 식물 채집한 것은 신체적 조건에 근거한 노동의 분업화에서 비롯되었다. 다시 말하면 남성의 큰 신체와 강한 힘은 큰 동물을 사냥하는 데 적합하고, 작은 동물을 사냥하거나 식물을 채집하는 일은 주로 여성이 담당하게 된 것이다. 특히 여성의 식물채집 생활은 훗날 농경 시작의 주체가 되는 중요한 역할을 한다. 무엇보다도 수렵 채집 시대에는 소, 개, 돼지 등의 동물은 중요한 식량자원이기에, 이를 어떻게 포획할 것인지에 많은 관심이 집중되고, 또한 사냥한 동물을 어떻게 활용할 것인지 고민했다. 그러한 과정에서 사냥동물의 가축화가 이루어진 것이다.

가축은 신석기 후기부터 시작된 것으로 알려진다. 신석기시대만 해도 주로 사냥이나 고기잡이, 채집 등에 의존해 왔으나, 신석기 후기에 농경을 시작하면서 움집에서 주거생활이 이루어지고, 정착과 더불어 가축이 시작되었다. 청동기시대에도 수렵채집과 화전 농경이 병행되지만, 청동기 후기에는 재배식물이 도입되고, 그 중요도가 증가하여 농경 중심의 생업이 본격적으로 이루어진다. 이러한 과정에서 가축이 시작된 것으로 생각한다. 고대국가인 부여에서 가축이 크게 행해졌는데, 관직명에 소, 말, 돼지, 개 등의 가축 이름이 붙여질 정도이다. 남쪽 삼한에서도 소와 말이 가축으로 길러지고, 그 뼈가 김해패총에서 발견되며, 꼬리가 긴 닭이 있었다고 전해진다. 특히 소는 고대사회 제천의식의 제의용이나 장례의 순장용으로 사용되기도 했다. 이처럼 가축은 수렵 채집에서 농경시대로 이행하는 과정에서 이루어지기 시작한 것으로 생각한다.

가축은 인간과 동물의 관계를 변화시킨다. 인간은 동물을 가축의 형태로 통제하면서 동물과의 관계가 변화되었다. 그러면서 동물을 보호하고 길러야 할 가축과 맞서 싸워야 할 야생동물로 이분화시킨 것이다. 가축은 집안의 동물이고, 야생동물은 집 밖의 동물이다. 집안 동물은 울타리 안에서 인간과 함께 공생하는 관계라면, 집 밖의 동물은 인간에게 해를 가할 수 있는 존재이다. 인간은 집안 동물인 가축을 하나의 생명인 동시에 식량자원이라는 이중적인 의미로 인식해 왔다. 윤덕노의 『음식으로 읽는 중국사』에 의하면, 기원전 1세기 『염철론』의 기록을 근거로 경제 수준에 따라 부자는 소를 잡아먹고, 중산층은 양과 개를, 가난한 서민들은 닭과 돼지고기를 먹었다고 한다. 이러한 가축은 식생활의 자원이자 삶의 도구로 활용하고, 동반자로서 관계뿐만 아니라 종교적 관계를 맺는 등 다양한 모습으로 등장한다. 앞서 언급한 것처럼 가축은 소, 닭, 개, 돼지 등을 들 수 있는데, 가정이나 지역마다 다소 차이가 있고, 우리 농가의 어느 가정에서나 길러지는 식용동물이라는 공통점을 가지고 있다.

가축은 인간과 상호 호혜적 관계 동물이다

가축은 인간과 상호 호혜적 관계를 맺는다. 동물과의 상호 호혜적 관계는 소, 닭, 개, 돼지 등이 가축화되면서 이루어진다. 인간이 이들에게 포식자들부터 보호해 먹이를 제공하고, 이들은 인간에게 고기와 우유를 안정적으로 공급한다. 이처럼 인간과 가축은 긴밀한 호혜적 관계를 유지해 왔다. 특히 소만 보더라도 소는 고기뿐만 아니라 뿔과 가죽 공급원 이상의 존재이다. 그것은 소가 농경과 운반이라는 교통수단의 중요한 도구이고, 살아있는 재산이며, 부의 상징이자, 신에게 봉헌되는 희생제물이었기 때문이다. 소는 철기의 사용과 더불어 농경에 본격적으로 이용되는데, 철기의 사용은 농업혁명의 근원이고, 농업생산의 증가를 가져왔다. 농경에서 철기의 사용과 소의 농사 활용은 획기적인 농법의 하나로, 인구 증가에 크게 영향을 미친 것으로 보인다. 그만큼 가축 가운데 소의 중요성이 커진 것이다. 소가 없으면 농사를 지을 수 없을 정도로 농경에서 차지하는 비율이 높아지고, 소의 활용은 농산물을 운반하고 농사뿐만 아니라 생활 전반으로 확대되어 간다. 소의 노동적 가치가 확대되면서 농사의 풍년을 결정하는 소의 중요성을 인식하고, 소를 가족처럼 식구로 생각하게 되었다.

가축은 재화의 가치를 갖기도 한다. 소는 식량자원이자 농경수단이고, 재화의 가치가 큰 가축이다. 소를 키워서 가정의 재산을 늘리는 계기가 된 것처럼 돼지, 닭도 마찬가지이다. 그러면서 가축이 식량자원에서 재화의 가치로 활용된다. 가정에서 식량자원으로 소, 닭, 돼지를 키우지만, 이들 수효를 증가시켜 가정의 경제적 기반을 구축하는 데 활용하게 된 것이다. 이것을 실현하도록 해 주는 곳이 바로 시장이다. 시장은 다양한 물산을 교역하는 장소이고, 소를 파는 시장을 우시장, 돼지는 돼지전, 닭은 닭전이라 부른다. 특히 시장이 15세기 후반부터 개설되기 시작하여 전국적으로 확대되고, 가축은 물물교환의 수단으로 활용된다. 화폐 유통이 일반화된 18세기 이전까지만 해도 시장에서 물물교환으로 이루어진 경우가 많았다.

가축은 주술적 도구이고 신성한 제물이다

가축은 주술적 도구로 활용된다. 가축의 주술적 활용은 가축의 생태적 경험을 토대로 형성된다. 예컨대 개는 기본적으로 집을 지키고 사냥에서 중요한 역할을 한다. 그것을 토대로 부정적인 것은 물리쳐 막아내고, 긍정적인 것은 쫓아가 포획하는 역할을 한다고 경험한다. 그래서 개는 재앙을 물리치고 복을 지키는 능력이 있다고 생각하고, 집안에 개 그림을 걸어두는 풍습이 생겼다. 닭도 개처럼 잡귀를 물리치는 벽사적인 의미를 지닌다. 닭은 부리가 세고 단단하여 벌레를 잡아먹고, 부리로 상대방을 공격하며, 새벽을 알리는 역할 한다. 닭을 밤으로부터 새벽의 빛을 알리는 상서로운 가축으로 인식하고, 닭의 그림을 집안이나 대문에 붙인 것이다. 이처럼 개와 닭은 집안의 잡귀를 몰아내고, 외부의 재앙이 침입하지 않도록 하며, 복을 추구하는 주술적 관념을 반영하고 있다. 이러한 주술적 관념은 개와 닭의 생태적 경험에 근거하여 형성되었음을 보여준다.

가축은 신에게 바치는 제물로 사용된다. 제물은 인간과 신의 소통방식의 하나이다. 제물은 인간의 가장 소중한 것을 신에게 바치는 음식이고, 음복으로서 함께 공유하는 음식이다. 제사는 인간과 신이 그리고 인간과 인간이 하나로 만들어 주는 의례이고, 그 의례에서 제물은 의사소통의 매개물이다. 인간은 소를 중요한 농경 수단이고 재화이며 가족으로 인식해 왔다. 그러한 소를 제물로 신에게 바치는 것은 지극정성을 표현하려는 의도에서 비롯한다. 소는 고대 제천의례에서 제물로 바쳐지고, 심지어는 장례에서 순장용으로 사용되기도 했다. 소를 제물로 바칠 수 없는 경우 돼지를 대신 사용하기도 하지만, 본래 돼지도 중요한 제물이고, 그 전통은 오늘날까지 지속되고 있다. 제물로서 돼지는 왕실의 대를 잇게 해 주는 신통력을 지닌 동물로 인식하기도 한다. 돼지뿐만 아니라 닭도 제물로 사용하는데, 무당이 굿판에서 조상신에게 닭을 제물로 바친다. 또한 혼례상에 닭을 올리기도 하고, 신부가 혼례를 치른 뒤 시부모에게 절을 올릴 때 닭을 바치기도 한다. 이처럼 소, 돼지, 닭은 신에게 바치는 최고의 제물로 생각해 온 것이다.

가축은 농경사회에서 인간과 생태적 공생관계이다. 가축은 인간에게 필요한 것을 제공하고 보호를 받는다. 중요한 것은 가축의 먹이가 인간의 식생활과 크게 다르지 않다는 점이다. 가축은 기본적으로 인간이 먹고 남은 음식을 섭취하고, 가축의 배설물은 농사의 거름으로 사용된다. 농사를 지어 수확한 곡식은 다시 집의 창고로 거둬들이게 되고, 그것은 인간과 가축의 식량자원으로 활용된다. 이와 같은 순환은 친환경적 생태구조 속에서 이루어진다. 인간이 먹다 남은 음식을 가축이 섭취하고, 음식 찌꺼기를 다른 곳으로 배출하여 하천이나 땅을 오염시키지 않기 때문이다. 이처럼 가축은 오늘날 심각하게 사회문제가 되는 환경오염의 주범이 아니고, 오히려 가축을 집에서 기르지 않고 공장식 축산농장에서 사료를 먹여 키우면서 환경오염을 발생시키는 원인이 되고 있다. 그러면서 가축이 호혜적 관계이면서 농경 수단이 아니라 축산상품으로 인식되고 있는 것이 현실이다.

가축은 이젠 오직 단백질 상품이다

가축은 상품으로서 축산업의 대상이다. 산업사회는 대량생산을 강조하고, 과학기술을 추구하는 기술집약적인 산업을 중시한다. 산업사회에서 소는 이젠 농사의 도구로 사용되지 않는다. 그것은 농기구의 기계화가 이루어지면서 본격화되고, 농기구의 기계화가 소에 대한 인식을 변화시켰다. 소는 예전처럼 가족이자 농사의 도구가 아니고, 오직 식량자원의 용도로 대접받는다. 인간과 공생관계이었던 가축이 오로지 축산상품으로 전락한 것이다. 이에 따라 앞으로는 집안 동물이었던 소, 돼지, 닭 등을 식량자원으로 인식하고, 어떻게 효율적으로 생산할 것인지 고민한다. 가축이 공장식 축산농장에서 길러지는 시대가 되었고, 가축을 정서적 돌봄으로 생각하지 않으며, 오히려 단백질 상품을 생산하기 위한 도구로만 관심을 가진다. 그래서 단백질 상품의 대량생산을 위해 시스템을 구축하고 관리하는 축산업이 등장한 것이다. 2010년 이후 축산업은 우리나라 농업 생산액의 거의 40% 정도를 차지할 정도로 비약적인 발전을 한다. 오늘날 축산업은 전통적인 가축에서 벗어나 과학적이고 산업적인 접근이 요구되는 산업 분야로 자리매김하고 있다.

가축에게 그 어느 때보다도 동물복지 필요성이 요구된다. 인간이 가축과 함께하는 시간이 대폭 줄어들고, 가축과의 일체감을 기대하기란 쉽지 않다. 특히 소목장, 양계장, 양돈장 등의 공장식 축산농장에서는 더욱 그렇다. 오히려 그것은 비경제적이고 감상적인 것으로 치부된다. 가축과의 일체감은 소규모의 가축들에게 먹이를 주는 과정에서 경험하고, 가축들의 관리를 통해 형성된다. 하지만 공장식 축산농장에서 대량의 가축에게 사료를 주거나 관리하는 것은 노동에 불과하다. 여기엔 인간과 교감이 있을 수 없다. 오직 가축은 온전히 이익에 관련된 것이고, 순수하게 음식과 고기 또는 판매하는 상품으로 여긴다. 이것은 가축을 축산업으로 생각하는 경제성의 논리를 뒷받침할 뿐이다. 축산업은 오직 기술집약적인 생산시설을 확충하여 축산상품을 대량생산하고, 가축을 교감의 대상이 아니라 상품성의 가치로 인식하게 만든다. 하지만 인도적인 동물사육의 환경 개선이 그 어느 때보다도 절실한 시기임을 강조하고 싶다.

가축은 식량으로서 인공육으로 대체되는 시대이다. 가축을 식량자원으로만 활용하는 것은 비효율적 시스템이라 말하기도 한다. 인간이 곡식을 먹고 자란 동물을 먹을 때 에너지 상당수가 낭비되기 때문이다. 그래서 채식주의가 널리 퍼지고, 불교 발생이 대중의 고통 및 환경자원의 고갈과 관련되지 않았을까 싶기도 하다. 오늘날 가축은 공장식 축산농장의 형태로 길러지고, 소, 닭, 돼지 등 주요 축산물의 99.8%가 공장식 축산농장에서 생산된다. 축산농장은 많은 고기를 보다 싸고 효율적으로 생산하는 데 일조한다. 그렇지만 축산농장은 동물에 대한 윤리적 문제, 인간 삶의 환경문제 등 여러 문제를 안고 있는 것도 사실이다. 브라이언 페이건의 『위대한 공존』에 의하면, 이러한 문제를 해결하기 위해 식물 기반 인공육이 시장에서 상용화되고, 동물의 근육세포를 증식시켜 고기를 얻는 배양육 연구가 본격적으로 이루어져야 한다고 말한다. 인공육은 실험실에서 인공적으로 배양한 고기로, 배양육이라고도 한다. 한국에서도 2024년 7월에 한국바이오협회를 중심으로 국내 배양육 산업 육성에 나서고, 이것은 향후 인간과 동물의 거리를 좁혀줄 수 있을 것으로 기대한다.

가축은 반려동물이거나 식량자원으로 양분된다

가축은 동반자 가족이거나 식량자원이다. 도시 인구가 증가하고 산업화가 확대되면서 인간과 동물의 친밀한 유대관계는 극단적으로 양분된다. 즉 어떤 가축은 의인화되어 반려동물로 존중받아 소유자의 가족이 되고, 어떤 가축은 식량자원으로서 상품으로 취급받고 있다. 이젠 의인화된 가축은 동반자 가족으로, 보호 대상이자 사랑의 대상이 된다. 하지만 상품으로서 가축은 공장식 축산농장에서 길러지고, 인간과 친밀한 유대관계를 맺기 어렵게 되었다. 가축의 전통적인 사육에서 경험했던 정서적인 감정과 목가적인 풍경이 사라진 지 이미 오래다. 대신 공장과 유사한 건물에서 가축의 밀집 사육이 이루어지고, 가축들은 그 안에서 철저히 감금되어 살아간다. 이런 시설에서 성장하는 가축은 계속해서 항생제를 쓸 수밖에 없고, 다양한 질병에서 벗어날 수 없는 것은 안타까운 일이 아닐 수 없다.

인간은 동물과 유대관계를 맺으려는 심리적 충동을 경험한다. 인간이 사회적 동물로서 경험한 충동은 주변 동물에 대해 애정을 느끼게 하고, 애정은 동물에게 인간의 감정과 행동을 주입하는 계기를 만들어 준다. 특히 초핵가족시대는 동물에 대한 애정이 높아질 수밖에 없다. 비혼주의자가 증가하고, 결혼해도 아이를 갖지 않는 부부가 늘고 있으며, 이혼과 사별로 인한 1인 가족의 증가는 반려동물의 관심을 높게 한다. 반려동물의 관심은 단순히 동물이 아니라 인간과 공생관계이고, 삶의 동반자로 생각하는 데서 비롯한다. 오늘날 개, 고양이, 토끼, 돼지, 닭, 오리, 앵무새, 도마뱀, 이구아나, 사슴벌레, 금붕어 등 그 종류를 불문하고, 모두 반려동물의 대상이 되어 가고 있다. 그 가운데 개가 가장 먼저 반려동물이 되었는데, 인간은 선사시대 이후 개를 지속적인 동반자이고, 서로 깊이 의지하는 관계로 인식해 왔다. 무엇보다도 개의 주술적인 의미와 정신적인 가치가 반려동물의 첫 번째 동물이 되게 한 것이다. 앞으로는 동물과 친밀한 유대관계는 사람과 사람의 관계와 마찬가지로 생각해야 하고, 개체와 개체 사이의 관계로서 인식해야 한다.

강아지는 이젠 개가 아니고 나의 가족이다

개는 의로운 동물이자 복을 부르는 동물이다

인간의 동물 식용문화는 오랜 역사성을 가진다. 인간은 단백질을 확보하기 위해 사냥하고, 탄수화물을 섭취하기 위해 식물을 채집해 왔다. 사냥은 남성 중심으로, 식물채집은 여성 중심으로 이루어졌고, 훗날 식물채집 경험을 가진 여성들의 정착 생활문화 기반이 농사짓기에서 중요한 역할을 한다. 그래서 농사의 시작이 여자로부터 이루어지면서 농사 풍요와 관련 삶의 질서가 여성 중심으로 형성된 것이다. 여성이야말로 생산을 담당하는 풍요의 상징이다. 당시 사냥 활동은 사슴, 멧돼지, 호랑이, 곰, 말 등의 다양한 동물들 중심으로 이루어지고, 구석기시대의 유적에서 개에 속한 여우, 이리, 너구리의 뼈가 출토되었다. 이로 보아 동물 식용문화는 오랜 역사성을 가지고 있음을 보여주고, 개도 중요한 식량자원이었음을 알 수 있다. 이동 생활을 청산하고 정착 사회가 형성되면서 동물의 식용문화가 가축을 시작하게 한 것으로 보인다.

가축은 다양한 용도로 활용된다. 공동체의 결속은 삶의 협력

체이고 정신적이며 종교적인 공감대를 토대로 형성되고 강화된다. 특히 공동체 생활은 정착 생활의 기반이 되고, 사회적 존재로서 인간들의 관계를 중요하게 여길 수밖에 없다. 이러한 인간과 인간의 관계는 인간과 동물의 관계로 확대된다. 인간과 동물의 관계에서 가장 중요한 동물은 한 울타리 안에 거주하는 가축이다. 가축은 소, 닭, 개, 돼지 이외에도 토끼, 양, 말 등이 있다. 이러한 가축은 동물에 따라 다소 차이가 있지만, 인간 생존의 식량자원으로서 가치가 가장 원초적이다. 식량자원이었던 가축이 그 지역 생활문화의 환경에 따라 다양한 용도로 활용된다. 가축의 농사 활용을 비롯해 이데올로기적 활용, 주술·종교적 활용 등이 그것이다. 이것은 특정한 시기에 형성되지 않고 오랫동안 교류와 계승을 통해 누적되어 나타난다.

개는 인간의 동반자적 동물이다. 가축 가운데서도 개는 단순히 동물로서만 취급된 것이 아니라 인간과의 동반자적 관계로 발전해 왔다. 소나 말, 양, 돼지 같은 가축은 그저 인간 돌봄의 대가로 고기와 젖을 제공하지만, 개는 그렇지 않다. 개는 신석기시대부터 사람과 함께 살아왔고, 사냥을 돕거나 집을 경비하는 개를 삶의 동반자로 인식해 왔는데, 그러면서 개를 식용의 동물로만 생각하지 않게 된 것이다. 개의 식용에 관한 것은 지역에 따라 많은 차이가 있지만, 대체로 유목사회나 사냥꾼은 개를 먹거리로 삼지 않는다. 특히 거란의 요나라, 여진의 금나라, 몽골의 원나라, 여진족의 청나라에서는 개의 식용을 피하는 경우가 많다고 전해진다. 이것은 모두 유목민과 개의 관계 속에서 비롯된 것으로 보인다. 전호태의 『반구대 이야기』에 의하면, 개는 사람과 함께 살면서 사냥에 따라나서고 집을 지켜준 지 오래지 않아, 사람이 죽은 뒤

가는 길에도 동행하기 시작했다고 말한다. 이처럼 개는 삶에서뿐만 아니라 내세의 동반자가 되기도 한 것이다. 개를 주인과 함께 무덤에 묻는 풍습은 주인의 영혼이 떠나는 먼 여행길의 길잡이를 하라는 의미이다. 개가 먹거리가 아닌 상태로 사람과 함께 묻힌 최초의 동반자적 동물이 되었음을 알 수 있다.

개는 유교 이데올로기의 대표적 상징 동물이다. 개의 유교적 표상은 인간과 동반적 관계를 근거로 이루어진다. 유교적 이념으로서 의義의 실천이요, 충忠의 구현으로서 개를 의미화한 것이 그렇다. 개의 의롭고 충성스러운 모습은 한국의 의견義犬 설화를 통해서 확인된다. 예컨대 주인이 위기에 처하게 되자 개의 희생적인 행동으로 주인을 구한다는 이야기인데, 즉 개가 들불을 꺼서 주인을 구하는 전북 임실군 둔남면 오수리 의견 설화가 대표적이다. 그런가 하면 강원도 원성군 호저면 고산리 의견 설화에서는 개가 호랑이 같은 맹수를 물리쳐서 주인을 구했다고 한다. 이처럼 개는 주인을 구하는 충성스러운 모습을 보여주고, 유교적 정신가치를 구현하고 있다. 그래서 개는 인간과 가장 친밀한 관계를 맺는 동물이고, 인간과 동일시되면서 의인화된 것이다. 의인화는 개가 동물이 아니라 가족이라고 인식하는 계기를 만들어 준다.

개는 주술적 동물로 인식된다. 가정에서 개는 그 생태적 경험을 근거로 주술적으로 활용되기도 한다. 개는 기본적으로 집을 지키고 사냥에서 중요한 역할을 하고, 그것을 근거로 개가 부정적인 존재를 물리쳐 막아내며, 긍정적인 것은 쫓아가 포획하는 역할을 한다고 경험한다. 이러한 경험이 개가 재앙을 물리치고 집안의 복을 지키는 능력이 있다고 인식하도록 했다. 윤덕노의 『음식으로 읽는 중국사』에 의하면, 복날은 기원전 676년 진나라에서 시작되었는데, 개를 잡아 사당에 제사를 지내고, 개고기를 찢어 도성 사대문에 걸었다고 한다. 이것은 개가 하늘에 지내는 제사의 중요한 제물이고, 삶의 공간에 나쁜 기운이 들어오지 못하도록 개를 활용하고 있음을 보여준다. 우리나라에서도 집안에 개의 그림을 걸어두는 풍습이 있고, 특히 정초가 되면 세화歲畫라 하여 개의 그림을 집안이나 대문에 붙이기도 했다. 여기서 개의 그림은 벽사진경의 역할을 한다. 이러한 것은 개가 집안의 잡귀를 몰아내고, 집 밖으로부터 재앙이 들어오지 못하도록 하며, 그로 인해 복을 부르고자 하는 주술적인 의도에서 비롯되었음을 알 수 있다.

개는 원초적 식량자원이다

개는 농가 일꾼들의 식량자원이다. 농경사회에서 개는 주술적 관념의 대상이지만, 단백질 섭취 수단으로서 중요한 식용동물 중 하나이다. 개의 원초적인 식량자원으로서 가치가 오랫동안 지속되어 온 것이다. 세시풍속에서 음력 6월에 복날이 있다. 복날은 매년 7월과 8월 사이에 가장 더운 시기로 초복, 중복, 말복으로 구분되고, '삼복더위'라는 말도 이 시기를 두고 하는 말이다. 지금까지 복날은 체력을 보강하는 여름 보양 음식을 먹는 날로 여겨져 왔다. 복날은 농가에서 봄철농사를 시작하여 벼농사가 마무리되고 더위가 심한 여름철이고, 농부들의 체력이 고갈되는 때로 단백질을 보충하는 시기이다. 그래서 복날에는 '복다름'이라고 해서 부모님께 국수와 닭고기, 쇠고기를 대접하고, 여름을 무사히 넘기기를 축원한 것이다. 그렇지만 농가에서 일꾼들은 보신한다고 해서 개울가에서 개를 잡아먹기도 했는데, 속담에 "복날에 개 패듯 한다"라는 말이 바로 여기에서 연유한다.

개의 식용은 우리 고유의 음식문화이다. 함경도와 평안도에서는 '개장국'이라 부르고, 남한에서는 '보신탕'이라 부른다. 윤덕노의 『음식으로 읽는 중국사』에 의하면, 유교 경전 『예기』에 개의 용도를 셋으로 구분하여 집을 지키고 밭을 지키며 식용으로 사용된다고 언급하고 있고, 아직도 농경문화의 풍속이 남아 있는 중국 남부에서는 개의 식용이 지속되고 있다고 한다. 중국에 거주하는 조선족들도 개고기 음식을 먹고, 중앙아시아인 우즈베키스탄, 카자흐스탄 등에 거주한 고려인들도 개장국을 즐겨 먹는다. 이들은 개장국이 전통음식이자 한국인의 음식이라 인식한다. 이처럼 한국인에게 개의 식용문화가 오랫동안 지속되어 왔음을 알 수 있다. 개의 식용문화가 한국인의 삶을 반영하고 있기에 그 자체로 고유성을 인정해야 한다. 중요한 것은 음식문화를 특정의 관점에서만 파악하지 않고, 그것을 섭식하는 문화적 관점에서 이해할 필요가 있기 때문이다. 하지만 개의 식용에 대한 논란이 1988년 서울 올림픽 개최를 계기로 시작되고, 2002년 한 · 일 월드컵을 앞두고 다시 언급되며, 그 이후 반대하는 시민단체 활동도 더욱 활발해졌다. 그에 따라 2024년 1월 9일에 〈개의 식용 금지 특별법〉이 국회에 통과되고, 개의 식용문화가 더는 지속하기 어렵게 되었다. 이것은 어쩌면 자연스러운 일이고, 생활문화가 변화하듯이 식생활도 변화해야 하기 때문이다.

개는 생태적으로 인간과 상보적 관계이다

인간과 자연은 생태학적 입장에서 상보적 관계이다. 동물이 인간화되고 자연이 문화화되는 것은 개체들의 대립적인 존재만으로는 불가능하다. 이들은 대립적인 존재가 아니라 관계론적 개념에 근거할 때 설득력이 있다. 즉 자연과 문화, 자연과 사회, 문명과 야만, 남성과 여성, 정신과 몸 등의 대립적 개념을 해체하지 않고서는 동물의 인간화를 이해할 수 없음을 말한다. 예컨대 인간의 정신과 몸에서, 정신은 몸이 물리적 기반이고, 몸이 정신을 형성하는데 많은 제약을 가한다. 이것은 몸과 정신을 분리하지 않고 상호관계 속에서 이해할 필요성을 제시해 준다. 그러려면 인간과 자연, 인간과 동물의 관계를 인간 중심주의적 사고에서 벗어나야 하고, 생태학적인 입장에서 접근할 필요가 있다. 자연에서 나무가 햇빛, 물, 토양의 도움 없이 독자적으로 존재하기 어렵듯이, 모든 자연 현상은 다른 것들과 상호작용하면서 존재한다. 이처럼 상호작용하는 관계가 생태적 관계로서 상보적 관계이다. 그래서 인간과 자연은 대립적인 존재가 아니라 생태적 관계로 이해할 필요가 있는 것이다. 이것은 오늘날 환경이 직면하고 있는 문제를 해결하는 데도 도움이 될 것으로 기대한다.

개의 의인화는 개가 인간화로 진화되어 가는 것을 의미한다. 개의 인간화는 개가 인간과 의사소통하는 존재로 자리매김하는 계기가 되고, 이것은 인간이 동물화되어 가는 토대가 되기도 한다. 다시 말하면 인간이 강아지의 감정을 공유하고 행동을 이해는 단계에 이르렀음을 말한다. 즉 동물의 인간화와 인간의 동물화는 인간과 개의 존재론적 대립이 아니라 관계적 존재로 발전시키는 역할을 한 것이다. 개는 그 자체로 생존하기보다는 먹이를 비롯하여 주변의 다양한 환경을 통해 생존하는 동물이고, 인간도 마찬가지이다. 그래서 개나 인간은 주변의 환경, 즉 다양한 생존적 관계 속에서 존재하기에 개별적 존재보다는 상호의존적이며 관계론적인 측면에서 이해할 필요가 있다. 이것은 몸문화연구소의 『자연 문화와 몸』에 의하면, 자연과 문화는 독립적이거나 실체적 개념이 아니라 관계적이고 의존적인 개념으로 이해해야 하고, 자연이 문화화되고, 문화는 자연화된다고 말한 바 있다. 이에 따르면 인간은 강아지를 키우면서 강아지화 되고, 강아지는 인간과 더불어 인간화된다고 하는 것이다. 이젠 인간과 강아지가 대립적인 존재가 아니라 관계론적 존재임을 말하고, 반려동물로서 강아지는 동물이 아니라 동반자이면서 가족으로 인식하는 환경이 되었음을 보여준다. 가족의 일원이 된 강아지는 사람만큼이나 사랑을 요구하는 동물이 되었다.

개는 감정을 공유하는 가족이자 친구이다

개는 삶의 동반자이다. 오늘날에도 여전히 복날의 풍습이 이어지고 있다. 과거엔 개고기를 주로 많이 섭식했으나, 최근에는 삼계탕이 대표적인 음식으로 자리 잡아 가고 있고, 이 외에 육개장, 민어탕, 장어탕, 추어탕, 설렁탕, 용봉탕, 전복죽, 흑염소, 메기매운탕 등의 음식 소비량도 증가하는 추세이다. 개는 선사시대 이후 인간과 가장 친밀한 관계를 맺어왔으며, 그로 인해 반려동물로서 인식이 가장 먼저 형성되었다. 개가 식용의 대상이라는 부정적인 인식이 증가하면서 가장 많은 반려동물의 대상이 되어 가고 있다. 통계청 2020 인구주택총조사에 의하면, 전체 가구 중에서 반려동물을 키우는 가구가 15.0%의 비중을 차지하고, 개를 가장 많이 키우며 11.6%의 비중을 차지한다고 한다. 본래 개가 귀여움의 대상인 애완동물이었지만, 다시 삶을 함께하는 반려동물로 인식한 것은 20년 정도 되지 않았을까 싶다. 물론 유럽에서 한국의 개고기 음식문화를 비난한 것도 이 무렵이었을 것으로 기억한다. 이젠 개를 단순히 동물이 아니라 인간과 공생관계이면서 삶의 동반자로 인식하게 되는데, 그것은 개의 식량자원으로서 가치를 소멸시키면서 동반자적 가치를 확대하는 계기를 가져오게 하였다.

개는 인간처럼 감정적인 동물이다. 개가 반려동물이 된 것은 인간이 개에 대해 갖는 감정과 밀접한 관련이 있다. 감정은 의사소통에서 중요한 역할을 한다. 일반적으로 인간이 갖는 희노애락의 감정 상태에 따라 상호 간의 소통방식이 달라지고, 주의를 유도하기도 한다. 인간은 기쁠 때 얼굴빛이 다르고, 분노할 때 목소리가 다르듯이, 슬플 때 태도가 다르고, 즐거울 때 몸놀림이 다르다. 그래서 이러한 감정 상태를 확인하여 의사소통에 반영하고 주의를 유도하는 자세가 필요한 것이다. 일상에서 전개되는 다양한 사건을 기억한다는 것은 결코 쉬운 일은 아니다. 하지만 감정은 그와 관련된 사건의 기억을 쉽게 소환하도록 하고, 앞으로 전개될 환경을 대비하는 데도 크게 도움이 된다. 무엇보다도 감정이 인간의 기억을 장기간 지속되도록 하거나 삶에 강력한 영향을 미치듯이, 개도 마찬가지로 그 영향을 받는다는 사실이다. 개도 감정 상태에 따라 사물의 기억이 달라지고, 인간처럼 감정이 풍부한 동물이라는 사실을 얼마든지 확인할 수 있다.

개는 인간과 감정을 교류하는 첫 번째 동물이다. 인간은 사회적 동물로서 생존의 관계를 맺고자 하고, 개를 비롯한 다양한 동물과 유대를 맺으려는 강한 정서적 욕망을 갖는다. 그래서 인간은 주변의 동물들에게 애정을 느끼고, 인간의 감정과 행동을 동물에게 대입하려 한다. 동물과 인간의 친밀한 관계는 사람과 사람의 관계로 동일시하고, 궁극적으로 개체와 개체 사이의 관계로 인식하게 된다. 특히 동물 중의 개는 인류 역사상 지속적이면서 오랜 동반자이고, 지금까지 서로 깊이 의지하는 관계로 공존해 왔다. 여기서 가족의 일원이 된 개도 사람처럼 생각하고 감정을 느낀다는 것이다. 사람들은 개가 어떤 행동을 하면 그것을 인간의 말로 해석하고, 개의 일거수일투족에서 감정을 읽어낸다. 개의 짖는 소리에도 각기 감정이 다르게 나타나고, 이외에도 수십 가지의 행동별, 상황별 나타내는 감정언어를 가지고 있다. 인간과 개의 감정 교류는 인간이 개를 의인화시키는 계기가 되고, 개의 의인화 과정을 통해 가족으로 인식하게 된다. 그에 따라 인간은 끊임없이 자신이 기르는 반려동물에 대해 말하고, 때로는 동반자이고 가족이며 자신의 가장 친한 친구로 삼기도 한다.

개는 의인화된 반려동물로서 가족이다. 개가 반려동물이라는 인식이 2016년 이후 2배 이상 증가하면서 가족의 구성원으로 인식해 오고 있는 것이 현실이다. 동물병원이 2023년 말 기준으로 4,594개소에서 5,135개소로 11.8% 증가하고, 반려동물 생활용품점과 미용실이 점차 증가하며, 가족이 외부 출타할 때 잠시 맡길 수 있는 반려동물 호텔의 개점, 그리고 반려동물과 함께 출입할 수 있는 카페가 성업 중이다. 이러한 것들은 반려동물 가족이 그만큼 급격히 증가하고 있음을 보여준다. 오늘날 공원 산책길에서 주인과 개가 함께 산책하는 모습을 흔히 볼 수 있다. 이것은 주인이 개의 건강을 위해 산책하는 것이지만, 도리어 개가 주인의 건강을 보살피는 보호자로 보이고, 주인과 개의 일체감을 엿볼 수 있다. 일체감은 무엇보다도 반려동물의 의인화를 통한 인격화 속에서 이루어지고, '우리 집 막내'를 비롯해 인격적인 이름과 호칭에서도 확인된다. 이러한 모습은 장수 시대의 1인 가족이 증가하고, 초핵가족시대의 비혼과 비출산이 증가하는 것과도 밀접한 관련이 있는 것으로 보인다.

산과 물의 상징인 호랑이와 용이 타투의 동물로

자연은 생명의 근원으로 그 핵심은 산과 물이다

인간은 생존하기 위해 자연을 어떻게 활용할 것인지를 끊임없이 고민한다. 지금까지 자연을 어떻게 보느냐에 따라, 즉 자연에 대한 태도가 일체적 혹은 대립적 관계로 볼 것인가에 따라 달라져 왔다. 농경사회 이전에는 인간과 자연을 일체적 관계로 보려는 태도가 강하고, 자연이 인간이고, 인간이 자연이라는 관념을 가졌다. 예컨대 자연의 섭리를 적용하여 삶의 질서를 이해한다든지, 자연의 우주적 관념으로 인간을 이해하려는 태도가 그 예이다. 이들은 자연을 존중하고 두려워하며 절대 수용의 대상으로 인식하고, 인간과 자연의 조화로움, 자연화된 삶을 중요하게 생각한다. 하지만 산업사회 이후 도시 가속화는 자연을 정복의 대상으로 인식하도록 만들었다. 자연과 인간의 관계에서 자연스러움보다도 인공적인 것을 선호하게 만들고, 자연을 대립적 존재로 인식하여 자연의 훼손을 심화시킨 결과를 가져왔다. 그것은 자연을 수용의 대상으로 보지 않고, 극복의 대상으로 인식하도록 만든 것이다. 그로 인해 오늘날 자연의 파괴가 인간 생존의 문제와 연결되기 때문에 공존의 길을 모색해야 하는 시급한 과제를 안게 되었다.

자연은 인간 생명의 근원이자 삶의 안식처이다. 인간과 자연을 은유적으로 설명하면, 인간은 자식이고 자연은 어머니라고 말할 수 있다. 그래서 자연은 자식의 어머니인 까닭에 인간의 근원이고, 이것은 자연과 문화의 관계로 확장된다. 문화의 근원이 자연이라고 말하는 것도 바로 이 때문이다. 우리는 흔히 자연을 과학의 근원이자 문명의 근원이라 말하고, 자연을 관찰하여 문제 해결 방법을 찾아내는가 하면, 과학의 아이디어를 찾아내려고 노력한다. 그리고 자연에 적응할 수 있는 다양한 삶의 방식도 만들어 간다. 그러한 까닭에 시간의 흐름인 계절과 지역의 공간 이동에 따라 문화가 다른 이유는 자연환경의 차이에서 비롯한 것이다. 무엇보다도 자연환경은 인간 생존 조건을 결정하는 데 중요한 역할을 하고, 즉 인간이 정착하고 삶의 터전을 결정하는 자연 관찰이 중요하다. 대체로 자연조건이 척박한 지역에서는 문명이 발생하지 않고, 고대문명이 발생한 곳은 모두 물이 흐르는 강이 있으며, 농사지을 수 있는 환경이 조성된 마을이나 도시가 형성된 곳이다. 이처럼 자연은 인간의 본향이자 만물의 근원으로서 문화를 잉태하는 모태인데, 문화의 물리적 기반이 자연이고, 자연 가운데서도 산과 물이 그 핵심이다.

농경사회의 생태적 환경은 바로 자연이다. 자연은 기본적으로 산수山水를 지칭하는 개념인데, 여기서 산수는 산과 물의 합성어로서, 산은 나무가 숲이 되어 형성된 것이고, 물은 인간이나 동식물의 에너지로서 생명수이다. 산은 선사시대 이래 단백질과 탄수화물을 확보할 수 있는 생명의 공간이고, 주거 공간이자 삶의 공간이었다. 이처럼 산이 인간에게 가장 중요한 생명의 공간이었듯이, 생활공간에서 나무나 숲도 단순한 조경용이 아니라 산의 역할을 한다고 인식해 왔다. 예컨대 무덤이나 집 주변의 나무나 숲은 산과 같은 역할을 하고 있음이 그것이다. 풍수적인 주거환경에서 산이 필요한 경우 인공적인 산을 조성하는데, 나무를 심거나 숲을 조성하고, 이를 방풍림과 방사림으로 부른다. 이러한 나무숲은 오늘날까지 비보 숲으로 지속되고 있다. 흔히 우리는 지친 몸을 달래고 휴식을 취하고자 할 때 공기 좋고 물 좋은 곳을 찾아간다. 여기서 공기 좋은 장소는 나무와 숲이 있는 산이고, 물 좋은 곳은 깨끗한 물이 흐르는 산의 계곡을 말한다. 인간은 그러한 곳에 삶의 터전을 마련하려는 욕망을 갖기 마련이다. 지금까지 산과 물은 인간과 동식물의 성장 배경이 되고, 인간의 삶의 방식을 결정하는 데 중요한 역할을 해왔다.

산과 물의 조건이 생업 방식을 결정한다. 산이 발달하면 유목이나 밭농사가 중심이 되고, 물이 많으면 평야의 발달로 논농사에 치중한 것은, 모두 산과 물의 자연적 조건에서 비롯된다. 그래서 한강 이남 서부지역은 강이 많아 벼농사가 발달하고, 그 여타의 지역은 산이 많아 밭농사가 중요한 생업 방식으로 이어져 왔다. 산이 많은 지역에서는 화전 농업이 성행했는데, 화전 농업이 1970년대 마지막까지 남아 있었던 지역도 강원 산간지대이다. 이처럼 산과 물의 조건은 생업 방식을 결정하고, 생업 방식은 삶의 방식을 결정하는 중요한 역할을 한다. 평야와 산간지대의 정서적이고 문화적 차이는 모두 산과 물의 조건이 결정한 생업 방식의 차이 때문이다. 흔히 노래와 풍물 가락은 산 너머 다르고 강

건너 다르다고 말한다. 그것은 산과 강의 환경적 영향을 받아 음악적 차이를 갖게 하는 것이다. 물론 산과 물이 교류의 장애 역할을 하여 차이가 발생하기도 한다.

산과 물의 상징적인 동물은 호랑이와 용이다

산은 인간 생명의 원천이자 삶의 터전으로서 신앙적 의미를 지닌다. 인간은 기본적으로 삶의 터전에서 생명을 잉태하고 신앙생활하며 죽음을 맞이한다. 그래서 신앙적 공간은 삶의 터전으로부터 가까이 위치하고, 가장 원초적인 형태가 산꼭대기의 제당이라 할 수 있다. 산은 수렵 채집 생활의 터전이자 신앙적 공간이고, 하늘과 땅을 연결하는 신앙적 매개 역할을 한다는 믿음이 형성된 곳이다. 이러한 믿음에 따라 산의 정상에서 천상의 신이나 천신을 모시고 제사를 지냈던 것이고, 즉 고대 제천 의례가 산꼭대기에서 이루어진 것은, 그곳에 천신이 강림한다고 생각했기 때문이다. 천신이 가장 먼저 지상계에 도달할 수 있는 장소가 바로 산 정상이다. <단군신화>에서 환웅이 천상에서 지상으로 강림한 곳이 태백산 꼭대기의 신단수이고, 단군이 죽어 산신이 된 것은 산을 통해 하늘로 돌아갔음을 의미한다. 이처럼 산은 삶의 터전으로서 생명이 탄생하는 곳이자 죽음을 마무리하는 곳임을 알 수 있다.

호랑이는 산에서 인간의 삶에 위협적인 존재이다. 선사인들은 수렵 채집 생활의 주거지가 동굴이고, 삶의 주된 무대가 산상생활이었던 까닭에 동물들의 위협에 직면할 수밖에 없다. 선사시대의 유적인 경남 울주군 언양면 대곡리 암벽화에 호랑이가 사승을 쫓고 있고, 경주 석장동 금장대 암벽화에 산과 호랑이 그림에서 보면, 호랑이의 근거지가 산임을 말해준다. 암벽화에 곰, 호랑이, 사슴, 멧돼지, 새 등의 다양한 동물이 나타나지만, 그 가운데 호랑이는 포악한 동물로 인식되고, 인간의 삶에 위협적인 존재가 바로 호랑이였다. 인간이 산에서 호랑이를 만나는 것은 두려움과 공포의 대상이 되고, 그것은 섬김의 대상으로 발전하게 된다. 이러한 환경 속에서 수렵 채집의 삶을 청산하고, 농사를 짓고 정착하기 위해 산 아래로 대이동을 한다. 그것은 효과적으로 물을 확보하기 위함이고, 농사에서 물이 풍족해야 풍년을 기약할 수 있어서다.

산의 영물이 호랑이라면, 물의 영물은 용이다. 용은 물에서 살고, 용이 물이 되기도 한다. 용은 우물이든 연못이든 강이거나 바다이든 가리지 않고 물이 있는 곳에 산다. 그 흔적은 지금도 물이 있는 곳의 땅이름에서 용의 글자가 많은 것에서 확인된다. 농업을 주업으로 삼는 사람에게 물은 생명수와 같고, 물을 다스리는 동물이 용이다. 용은 상상의 동물이고, 봉황, 기린, 거북과 함께 영물의 하나이며, 문화적인 동물이다. 용은 동물이 가진 최대의 강점들만 모은, 즉 날짐승과 들짐승, 물짐승의 복합적인 형태와 능력을 갖춘 기상천외한 모습을 지니고, 천지조화의 능력을 지닌 존재로 믿어왔다. 그래서 인간은 용을 동물 중의 최고의 존재로 생각한 것이다. 이러한 용의 형상은 지역과 시기에 따라 다른 모습을 지니고, 고구려 고분벽화에 청룡의 그림이 그려져 있으며, 삼국시대에는 용이 불교의 영향을 받아 호국과 호법의 상징으로 인식되었다.

호랑이와 용은 산신과 용신이다

인간은 유한성을 지닌 존재이다. 인간은 지금까지 산과 물의 제약을 받으며 살아왔는데, 그 제약은 인간 삶에 많은 영향을 미치고, 인간의 유한성을 깨닫게 만들어 준다. 이에 따라 인간은 유한성을 극복하기 위해 끊임없이 노력해 왔고, 그 과정에서 초월성을 지닌 존재의 필요성을 갖게 된다. 여기서 초월적인 존재는 비일상적이고 거룩한 존재로서 신이다. 우리가 알고 있는 신은 인간이 갈망하는 안전과 번영을 지켜주는 존재이고, 초인간적이고 초자연적인 능력을 지닌 존재이다. 무엇보다도 인간은 산과 물을 다스릴 수 있는 신령스러운 영물이 필요했고, 그 영물을 삶의 수호신이자 생산 신으로 숭배하게 된 것이다. 그래서 산의 맹수이자 재앙을 물리쳐 줄 수 있는 호랑이를 영물로 인식해 산신으로 신격화하고, 홍수, 천둥, 번개, 폭우 등 물의 공포를 극복하고 다스릴 수 있는 용을 용신으로 신격화했다. 농경사회는 절대적으로 자연환경이나 초월적인 존재에 의존할 수밖에 없고, 그 신은 바로 산신과 용신이다.

산신과 용신은 초월적인 존재이다. 이들 신은 기본적으로 산과 물이라고 하는 물리적 기반을 근거로 형성된다. 산신 숭배는 천신 숭배로부터 비롯되어 오랜 역사성을 지니고, 용신 숭배는 농사를 짓기 시작하면서 본격화되었다. 불교가 유입되었어도 산신신앙은 칠성 신앙과 더불어 수용되고, 대웅전 뒤의 산신각에서 그 신앙생활이 이어지고 있다. 산신은 삼국시대 이후 산악 숭배로 발전하고, 정치적으로 이용되기도 한다. 이에 비해 용신은 본래 물을 다스리고 농사의 풍요를 주관하는 생산 담당 신이지만, 불교의 영향을 받아 호국신 혹은 호법신의 역할을 하면서 수호신으로 확대된다. 이처럼 용이 수호신의 위치를 갖게 된 것은 진흥왕 이후 통일신라를 전후한 시기이다. 특히 용신은 고려 시대 건국 신화에서 왕건이 용신의 후예임을 강조할 정도로 중요한 신으로 자리 잡는다. 농경시대의 공동체 신앙에서 보면, 용신은 해안지역에서 생산신이면서 수호신이지만, 농업을 주업으로 하는 내륙지역에서는 생산신의 성격이 강하게 나타난다. 이러한 생산신의 모습을 반영한 줄다리기가 벼농사 지역에 전승되는 대표적인 놀이다. 여기서 줄이 용을 상징하고, 놀이 목적은 농사 풍요를 기원하기 위함이다. 기우제에서도 제사의 대상은 용신이고, 용신이 농사의 풍요를 관장하는 신격임을 알 수 있다.

산신과 용신은 그 위상이 대등하다. 한국인은 삶 속에서 산신과 용신을 중요한 신격으로 인식해 왔다. 무속의 굿당은 무당에 따라 다르게 구성되지만, 모든 굿당에서 빠지지 않는 신당이 산신당과 용신당이다. 그곳의 신들은 수호신이자 벽사신이고, 굿판에서 산신과 용신이 중요한 신격임을 보여준다. 이러한 모습은 대문을 지키는 신의 상징으로 용과 호의 글씨를 써서 양쪽 대문에 붙이는 것에서도 확인되고, 전남 구례군 운조루에서는 대문 위에 호랑이 뼈를 걸어놓기도 한다. 이처럼 호랑이와 용은 양택인 집의 수호신 역할을 하지만, 음택인 묘지의 수호신 역할을 하기도 한다. 무덤의 수호신으로 가장 오래된 것이 고구려 고분벽화의 청룡과 백호이다. 호랑이와 용이 벽사신 역할을 하는 경우는 생활 용구나 공예품, 민화, 민속놀이 등에서도 확인할 수 있다. 집안의 잡귀를 물리치고 몰아내기 위해 호랑이와 용을 다양하게 사용하고, 이처럼 호랑이와 용의 대등한 모습은 일상생활에도 투영되어 나타나기도 한다. 흔히 경쟁 관계에서 용호상박 관계라 말하고, 최측근을 좌청룡 우백호라고 부르고 있는 것이 그 예이다.

타투의 호랑이와 용은 집단의 상징이자 문화상품이다

산신과 용신은 정치적이고 사회적으로 활용된다. 점차 삶의 신앙적인 활용에서 정치적 활용으로, 사회적 활용으로 확대된 것이다. 산신은 수호신 성격이 강하고, 호랑이가 <강한 힘>의 상징으로 정착된다. 그리고 용신은 생산신이고 수호신 성격이 강하며, 용이 <풍요의 상징>과 <권력의 상징>이라는 이중적인 의미를 갖게 되었다. 산신에 대한 제사는 고대로부터 왕권 국가가 강화되는 시기까지 고을 중심으로 이루어지고, 통일신라에서는 산악숭배로 확장하여 정치적으로 이용하기도 한다. 조선 건국 과정에서 이성계가 전국 명산의 산신을 찾아다니면서 조선 건국의 정당성을 인정받고자 했다. 그리고 왕은 용의 능력을 갖춘 자만이 농경사회의 지도자로서 인정받을 수 있었고, 왕의 신체, 의복, 생활용품, 행동 등을 용안, 용포, 용상, 용좌 등으로 부르는 관행은 용의 능력을 강조한 것이다. 용의 문양을 사용한 것도 마찬가지이다.

호랑이와 용은 문신타투에서 힘의 상징이다. 산신과 용신의 신앙적 관념을 문신한 것이 아니고, 호랑이가 갖는 용맹성과 용이 갖는 힘의 권력 이미지를 문신 문양으로 사용한 것이다. 대개 힘의 결집체이자 집단적인 모임을 알리고자 할 때 깃발을 만들어 알리고, 그 구성원들은 몸에 호랑이와 용의 문신을 하는 경우가 많다. 단체로 문신을 새긴 조직은 온몸에 문신으로 자신의 욕망을 표현한 것인데, 그들은 공동체성을 강조하고, 힘의 우열을 드러내는 수단으로 삼는다. 몸은 이들에게 가장 강력한 수단이고,

몸에 새겨진 문신은 절대적 헌신과 충성을 상징한다. 그야말로 문신이 몸의 신분증 역할을 한 셈이다. 이처럼 문신한 사람은 대부분 암흑가에 속해 있고, 그것은 복종의 대가로 얻은 힘을 상징하기도 한다. 그래서 문신한 사람은 군에 입대하지 못하도록 한 적도 있었다.

문신은 주술적인 믿음의 표현이다. 허정아의 『몸, 멈출 수 없는 상상의 유혹』에 의하면, 한의학에서 말하는 경혈처럼 고대에도 피부에 문신을 새김으로써 몸 안의 질병을 치료했다고 한다. 이것은 문신의 주술적인 믿음에서 비롯된 것으로 보인다. 그 외에도 러시아 국경 지역에서 발견된 미라 몸에서도 동물 형상의 문신들이 발견되고, 이 문신은 주술적인 힘을 얻기 위해 새겨진 것으로 알려진다. 그리고 고대 마야인들은 용맹과 인내력을 잃지 않기 위해, 또는 공적을 영원히 기리기 위해 문신을 했다. 문신은 살의 표면 이상의 그 어떤 것을 영원히 간직하기 위한 상상력의 발현이었음을 보여준다. 이러한 주술적 성격을 기독교 문명에서는 부정적으로 인식했고, 뉴질랜드 마오리족은 족장이 몸에 새겨진 문신을 자랑하기도 한다. 이처럼 문신은 자신의 외양을 독특하게 만들고, 그 비밀스러운 꿈을 구현해 주며, 신비스러운 상징으로 장식하는 행위이기 때문이다.

문신은 몸치장의 스타일로 표현된 문화상품이다. 문신은 하나의 몸치장 스타일이 되어 가고, 몸치장은 몸을 꾸미는 것으로, 문신뿐만 아니라 옷을 입고 얼굴에 화장하는 것, 장신구를 달기 위해 피어싱하는 것을 말한다. 피어싱은 몸에 구멍을 뚫는 것인데, 주로 귀에 많이 하지만 배꼽, 입술, 혀, 눈 주위, 코 등 인체의 모든 부위에도 할 수 있다. 여기서 문신과 피어싱은 몸치장에서 화장하고 옷을 입는 것과 다를 바 없다. 이처럼 문신은 아름다움을 위한 몸치장이자 미용 도구로 사용하고, 특히 나이 든 여성들이 가장 많이 하는 곳은 눈썹 문신이다. 여자들이 화장하면서 눈썹을 그리거나 얼굴의 윤곽을 뚜렷하게 그리는 것도 고대 문신의 전통을 이어온 것이다. 다시 말하면 여자들의 화장품이나 패션 그리고 몸치장은 고대 문신의 믿음이나 그 상상에서 비롯되었다고 할 수 있다.

문신은 하나의 예술 장르로 정착되어 간다. 2004년 월드컵 때 대한민국 붉은 악마들이 얼굴에 새겼던 태극마크는 문신의 주술적인 힘을 보여준 적이 있다. 그들은 태극기를 손에 쥐고 흔들거나, 얼굴에 태극마크를 그리고 태극 문양의 옷을 입고 길거리 응원을 했는데, 여기서 태극마크는 한국인의 상징이자, 한국인의 염원을 결집하는 도구로 사용한 것이다. 그리고 운동선수들이 승리를 기원하거나 홍보용으로 사용하고, 개인의 스타일을 표현하는 수단으로 삼기도 한다. 이러한 것은 문신이 개인의 개성을 표현하는 문화상품으로 인식되면서, 그 주술적인 믿음은 희석되어 가게 만든다. 이젠 문신이 대중적인 유행과 함께 하나의 예술 장르로 정착되어 가고 있는 것이 현실이다. 개인의 이미지 만들기 차원에서 〈타투 스티커〉를 소비하는 것도 이와 무관하지 않다.

감성과 공감 능력이 우리 삶에서 왜 중요할까

감정은 신체적 감정이다

인간은 일상생활에서 누구나 감각의 뒤섞임을 경험한다. 태아는 자궁 속에서 양수에 둘러싸여 양수의 따뜻함, 엄마의 심장 박동, 자궁의 출렁임을 느끼면서 성장한다. 촉각이야말로 가장 원초적인 감각인 셈이다. 신생아들은 빛, 소리, 촉감, 맛, 냄새가 함께 뒤섞여 있지만, 무엇보다도 촉각을 통해 세상을 알아가기 시작한다. 이러한 촉각의 경험은 후각에 많은 영향을 미치고, 후각이 어린 시절에는 가장 예민하기에 근처에 누가 있는지를 판단하는 결정적인 단서를 제공하기도 한다. 그러다가 어린아이가 점차 성장하면서 감각을 구분하여 경험하기 시작하는데, 대체로 어린아이는 태어나면서 촉각과 후각을 통해 엄마를 기억하고, 시각과 청각을 통해 사물을 인지하는 능력을 키워나간다. 그리고 모든 감각기관을 활용하여 끊임없이 정보를 수집하고 해석하면서 성장해 간다. 특히 의사소통에서 내가 경험한 기쁨, 슬픔, 분노, 즐거움을 타인에게 알리고 싶을 때, 몸짓이든 소리든 언어든 모두 활용하여 감각적 경험을 이해시키거나 경험하도록 한다. 그 감각적 경험이 정서적이거나 인지적으로 공감하게 되면 의미화 과정으로 전개된다.

감정은 일차적으로 어떤 대상에 대한 본능적인 반응이다. 다시 말하면 인간이 어떤 대상을 판단하기 전에 감각적 자극을 통해 무의식적으로 반응하는 것을 말한다. 감정은 촉각, 후각, 미각, 청각, 시각이라고 하는 감각적 자극을 통해 무의식적으로 표출된 것이다. 이러한 감정은 일상에서 다양한 의미를 지니고 있음에도 불구하고, 이성과는 다르게 배제되어 온 것이 사실이다. 감정은 개인의 생활 경험에 따라 다르고, 같은 사람이라도 심신의 상태, 주변적인 환경, 시간의 흐름에 따라 변화될 수 있어서 지극히 주관적이다. 물론 그것이 가시적으로 나타나고 생활 속에서 반복되고 공유되면 객관화되기도 한다. 지금까지 감정을 이성과 이원적 대립으로 설정하여 이해해 왔다. 예컨대 이성과 열정, 인지와 정서, 생각과 느낌, 남성과 여성, 일과 여가 같은 용어들에서 보면, 이성이 객관적이어서 긍정적이고 합리적인 것으로 특권화되고, 감정은 주관적이어서 부정적이고 비합리적인 것으로 주변화되어 온 것이다.

감정은 몸에 근거한 신체적 감정이다. 감정은 신체 생존에 도움을 주고, 신체는 이런 감정을 만들어 내는 물리적 기반이다. 슈테판 클라인의 『창조적 사고의 놀라운 역사』에 의하면, 감정은 우리에게 의도를 변화시킬 자유를 부여해 주고, 생각을 새로운 지평으로 이끌어 준다고 한다. 감정에 따라 의도가 변화되고, 생각이 달라진다는 것이다. 이것은 감정이 이성에 영향을 미치고, 생존에 꼭 필요하다는 것을 의미한다. 감정이 우리의 행동을 조종한 것처럼 신체와 정신은 상호 작용한다. 우리의 신체성과 창조성이 분리될 수 없듯이, 몸과 정신이 분리될 수 없음을 말한다. 노양진의 『몸이 철학을 말하다』에 의하면, 몸에 근거하여 형성된 것이 사회와 언어 등의 다양한 경험 영역이고, 인간의 모든 경험은 신체적이고 물리적인 층위의 경험에 근거하며, 신체화되어 있다고 말한다. 따라서 몸과 정신은 분리되어 대립하지 않고 상호 작용한다는 것을 의미한 것이다. 이것은 인간의 삶에서 정신적인 것만 가치 있는 것이 아니라 몸도 중요함을 깨닫게 해 준다. 몸이 없으면 인간의 경험은 창출되지 않는다. 인간의 경험은 몸에 근거하고 정신이 신체화되어 있듯이, 무의식적으로 경험한 감정은 몸에 근거한 신체적 감정이다.

감성은 이성적 감정이다

감성은 신체적 감정과 구분되는 이성화된 감정이다. 감정을 사회, 역사, 문화의 의식적인 장치들에서 의해 가공하여 표현한 것이 감성이고, 인간의 심리적 현상이 본능적으로 표출된 것이 감정이다. 표출은 수동적으로 겉에 드러나고, 표현은 능동적으로 겉으로 드러내는 것이다. 이처럼 감정과 감성의 개념이 다름에도 불구하고, 지금까지 정서, 열정, 느낌 등과 함께 혼용해서 사용해 왔다. 하지만 감성은 감정에 생활 경험이 작용하여 발생한 것이다. 즉 개인적인 요인나이, 성별, 교육, 건강, 심리상태 등, 사회적 요인가족 관계, 정치, 지역사회, 경제, 자연환경 등, 문화적인 요인전통, 풍습, 종교, 인종, 생활문화 등이 감정에 작용하여 표현한 것이 감성이다. 감성은 감정이 이성적 사고에 의해 규제되어 실천으로 이행된 것으로, 이성적인 감정인 것이다. 마틴 셀리그만의 『긍정심리학』에 의하면, 인간은 이성과 감성 사이에서 조화와 균형이 존재해야 행복해질 수 있다고 말한다. 이것은 인간이 행복 지수를 높이려면 무엇보다도 감성의 관심이 중요함을 강조한다. 감성은 사회적 규칙에 따라 복합적이고 중복되어 나타나기도 하고, 즉각적으로 나타날 수도 있으며, 일정한 시간이 지난 뒤에 나타나기도 한다. 그래서 집단적인 감성은 민족이나 지역의 정체성을 형성하는 데도 중요한 역할을 하는 것이다.

감성은 복합적이고 다층적으로 형성된다. 감성을 개인의 의사결정이나 행동에 미치는 영향에 따라 긍정적 감성, 부정적 감성, 중립적 감성으로 나누기도 하고, 심리학에서는 공포, 분노, 절망, 수치, 환희 등으로 나누기도 한다. 유가에서는 인간의 심리를 사단칠정이라 하여, 사단은 도덕적 가치가 개입된 인의예지仁義禮智이고, 가치가 개입되지 않는 희노애구애오욕喜怒哀懼愛惡欲으로 나누기도 한다. 감성이 다양한 환경에 따라 다르듯 그 종류도 다양하다. 그렇다 하더라도 감성이 감정에 근거하여 형성되고, 감정의 종류와 밀접한 관련이 있다는 사실은 부인할 수 없다. 일반적으로 감정의 종류를 기쁨, 분노, 슬픔, 즐거움으로 구분한다. 인간의 기본 욕구가 실현되면 기쁘거나 즐거움의 감정을 표출하지만, 반대로 좌절되면 슬프거나 분노의 감정을 표출한다. 그런가 하면 상황에 따라 기쁨과 슬픔이 즐거움과 분노로 발전하기도 한다. 이처럼 감정은 단선적이고 일방적이지 않고 통섭적인 상태로 표출되기도 한다. 감성도 감정과 마찬가지로 복합적이고 다층적으로 형성되는 경우가 많다.

감성은 개인과 집단에 따라 유형이 다르다. 하지만 감성은 감정에 근거하여 최소한 네 가지 유형으로 나누어진다. 먼저 화평和平의 감성을 들 수 있다. 화평의 감성은 욕구 실현을 통해 나타나는 기쁨의 감정을 화평의 행동으로 표현한 것이다. 일상에서 화평의 행동은 가장 안정된 모습이고, 흥겨워하는 삶의 리듬을 갖는 상태이다. 화평의 감성은 생활문화 가운데 화전놀이와 강강술래에 잘 반영된 유희적 감성이다. 두 번째로 격정激情의 감성이다. 격정의 감성은 외부 환경으로 인해 욕구가 좌절되어 나타난 분노의 감정을 근거로 형성된다. 그래서 격정의 행동은 매우 격렬하고 공격적일 수밖에 없다. 이러한 공격적인 행동은 줄다리기나 고싸움놀이, 차전놀이 등 편싸움 계통의 놀이에서 잘 나타난다. 세 번째로 애정哀情의 감성을 들 수 있다. 애정의 감성은 개인의 부당한 대접이나 욕구 좌절에서 비롯되는 슬픔의 감정에서 시작한다. 삶에서 슬픔을 풀지 못하고 누적되면 체념이 되고, 그 체념은 한스러우면서도 한 맺힌 심성으로 표현된다. 여기서 한의 심성은 서편제 판소리와 굿판의 시나위 가락, 시집살이 민요의 음악적 감성이다. 네 번째로 신명神明의 감성이다. 신명의 감성은 즐거움이나 기쁨의 감정이 토대가 되고, 역동적이고 최고조의 절정에 달하는 것인데, 그야말로 인간과 신이 하나 되는 행동에 도달한 상태를 말한다. 이러한 것은 마을신앙이나 달집태우기, 풍물굿에서 확인할 수 있다.

공감은 정서적 능력이자 인지적 능력이다

공감은 타인의 감정과 경험을 이해하는 정서적 능력이자 인지적 능력이다. 타인의 고통이나 열정을 내 안에서 느끼고, 타인의 경험을 이해하는 과정이 공감이다. 우리는 일상생활 속에서 공감 없이 타인을 이해하기란 쉽지 않다. 타인을 알아간다는 것은 그 사람의 생각과 감정을 이해하고 느끼는 과정이다. 이를 위해 우리는 감정이입을 통해 타인의 고통을 느낄 수 있고, 이심전심을 통해 타인의 경험을 이해할 수 있다. 여기서 감정이입은 타인이 경험한 감정을 그대로 수용하여 느끼는 상태이고, 이심전심은 타인의 경험을 있는 그대로 인지하는 것을 말한다. 양옥경의 『공감의 힘』에 의하면, 공감은 신뢰 관계를 형성하고, 대인관계의 만족감과 사회적 안녕을 높여주는 역할을 한다고 한다. 공감은 타인의 감정과 경험의 공유를 통해 의사소통과 문제 해결 능력을 키워주고, 나아가서는 인간의 사회성을 확장하는 중요한 도구로서 역할을 하는 것이다.

공감은 감정과 인지의 과정을 조합한 것이다. 데이비드 애드워드의 『창조성에 관한 7가지 감각』에 의하면, 사람의 감정과 인지는 함께 작용할 때 최고의 위력을 발휘한다고 말한다. 이것은 이성적 사고와 정서적 감정의 상호작용이 공감 능력을 높여줄 수 있다는 것을 의미한다. 인간의 뇌와 마음을 연구하는 심리학자들은 공감하는 뇌의 놀라운 시스템이 바로 '거울 뉴런'이라고 언급하는데, 리촐라티의 거울 뉴런에 의하면, 실제 세계나 가상 세계에서 타인이 행동하는 것을 보고, 그 사람의 똑같은 뉴런 작용이 나의 뇌에서도 일정 부분 일어난다고 주장한다. 그렇기에 인간은 상대의 경험을 자신의 뇌에서 그대로 재현할 수 있고, 모방 학습이 가능하게 하며, 다른 사람의 의도를 파악하여 공감할 수 있는 것이다. 인간의 뇌는 가상 세계에서도 생리적, 감정적, 지능적 측면에서 실제 세계와 똑같이 반응하며, 심지어 가상 세계에서의 감정과 행동을 현실 세계로 가져오기도 한다. 그 과정에서 뇌는 우리가 실제 세계와 가상 세계를 구분하지 못하는 경우도 많다. 그래서 우리는 실제 세계에서 민속놀이의 체험이나 가상 세계의 감상을 통해 공감 능력을 키울 수 있음에 관심 가져야 한다.

공감 능력은 신체적 감정과 감성의 상호관계 속에서 형성된다. 몸의 감각기관과 인지적 경험이 상호 작용해서 형성된 것이 공감 능력이다. 특히 감정은 인간의 몸을 통해 경험한 것으로, 몸으로부터 많은 제약을 받는다. 똑같은 자극이라 하더라도 몸의 상태에 따라 경험하는 감정이 다르고, 그 감정은 사람마다 차이가 있다. 감성도 사회제도나 환경적인 요인의 제약을 받기에 문화권에 따라 다르기 마련이다. 인간은 감각기관을 통해 외부 자극을 경험하고, 그 반응이 다양한 감정으로 표출된다. 다시 감정을 사회의 제도나 환경 등의 인지적 경험에 근거해 감성으로 표현한다. 즉 감정은 몸에 근거한 감각기관을 통해 경험한 심리적 현상이고, 감성은 감정의 인공적 가공을 통해 형성된 문화적 현상이다. 이러한 감각과 감정 그리고 감성은 순차적 관계 구조 속에서 전개된다. 이 과정을 통해 공감 능력 형성 과정을 이해하고, 거울 뉴런 시스템을 토대로 공감 능력을 증가시킬 방법과 심리치료로 활용하는 방법을 모색할 필요가 있다.

놀이는 몸과 마음을 치료한다

공감은 몸과 마음의 상호작용 속에서 이루어진다. 타인의 행동과 마음을 이해하는 것은 나의 몸과 마음 상태와도 관계된다. 마음은 몸의 제약을 받고, 몸의 상태에 따라 심리상태가 달라진다. 몸이 물리적 기반이면, 마음은 심리적 경험이다. 마음이 아프면 몸도 아프다고 인식하는 경우가 많다. 그래서 사회적 고통을 당한 사람이 타이레놀 같은 진통제를 먹으면, 신체적 고통과 마찬가지로 효과를 볼 수 있다고 말한다. 고통은 다양한 감각의 경로가 모든 정보를 뇌로 전달하여 느끼는 감정이고, 만성적이면 병적인 질병으로 바뀌어 우울, 불안, 슬픔 등을 유발한다. 이것을 방치하면 삶의 장애 요인으로 작용하기에 다양한 방법으로 고통을 제거해야 한다. 사회적이거나 혹은 신체적 고통을 진통제로 치료하듯이 민속놀이를 통해 사회적 고통을 치료할 수 있다. 이것은 놀이를 통해 몸의 신체적 고통을 경험하게 하여 마음의 사회적 고통을 치료하는 것이다.

민속놀이의 체험은 공감 능력을 키우고 심리치료에 도움이 된다. 강강술래는 서남해안 지역에 전승되는 대표적인 부녀자들의 놀이이고, 화평, 애정, 신명의 감성이 잘 표현되어 있다. 이것은 놀이꾼들의 기쁨과 슬픔 그리고 즐거움의 감정을 노래와 놀이로 표현한 것이다. 줄다리기의 줄놀이에서 파생되어 발전한 고싸움놀이는 격렬한 놀이로 알려진다. 고싸움놀이는 동군과 서군으로 편을 나누어 대항하는 놀이로, 승리한 팀이 풍년을 독차지한다는 관념이 있어 격렬하게 싸움을 벌인다. 그래서 고싸움놀이에는 격정의 감성이 반영되어 있고, 격정의 감성은 분노의 감정을 승화한 것이다. 격렬하게 고싸움 할 때 치는 풍물굿은 놀이의 흥을 돋우고 경쟁심을 고취하는 역할을 한다. 여기에는 즐거움의 감정이 승화된 신명의 감성이 강하게 나타난다. 이처럼 강강술래와 고싸움놀이를 체험함으로써 다양한 감정과 감성을 공감하고, 놀이의 맺고 풀림을 통해 심리적 긴장과 이완을 경험하게 하여 치료의 효과를 기대할 수 있다.

가상 세계의 민속놀이 체험도 공감 능력을 키우고 심리치료로 활용해야 한다. 민속놀이에 직접 참여가 어렵다면 영상을 통해 간접적으로 경험하게 하는 것이다. 거울 뉴런의 이론에 따라 가상 세계의 경험을 실제 세계에서 재현하여 경험하도록 한다. 감상한 것을 모방 학습처럼 자신의 뇌로 재현하여 경험하면, 예컨대 고싸움놀이는 긍정적인 상태의 놀이로서 몸싸움과 같은 자극도가 높아 흥분과 열정의 감정을 유발하고, 강강술래는 긍정적인 상태의 놀이로서 자극도가 낮아 침착과 평화의 감정을 갖게 할 수 있다. 이처럼 시각과 청각의 감각기관을 최대한 활용하여 감상한다면, 놀이가 표현한 감정과 감성을 느낄 수 있고, 그것을 통해 공감 능력을 키울 수 있다. 당연히 심리치료에도 많은 도움이 된다.

이처럼 민속놀이 체험과 감상은 감정과 감성의 경험을 통해 감각의 기능을 회복시켜 준다. 감각 기능의 회복은 신체적이고 정신적 고통을 감소시켜 주는 것을 말한다. 복합적으로 기능한 감각은 다양한 감정을 표출하고, 그것이 뇌로 전달되어 인공적 반응도 다양하게 나타나도록 한다. 특히 몸과 마음은 환경의 많은 영향을 받고, 마음은 몸으로부터 많은 제약을 받는다. 이러한 까닭에 몸의 기능 회복은 심리 안정으로 연계되고, 마음의 평온은 건강한 몸을 유지하게 해 준다. 심리적 불안정을 진정시키기 위해 긴장된 근육을 이완시켜 몸에 자극을 주는 것도 이와 같은 원리이다. 우리는 일상생활 속에서 후각 기능을 잃게 되면 맛을 모르게 되고, 미각을 잃게 되면 영양불균형이 일어남을 경험한다. 그로 인해 몸의 건강을 잃고, 마음도 불안정하게 된다. 몸의 감각

기능은 감정과 감성을 느끼게 하고, 건강한 삶을 유지하게 만들어 준다. 그래서 건강한 삶을 위해 운동을 권장하는 것도 몸의 건강을 유지하고, 마음의 안정을 도모하기 위함이다. 무엇보다도 운동은 감각 기능을 활성화하여 감정과 감성을 다양하게 느끼게 하고, 스트레스 해소에도 효과적이다. 몸을 자극하여 마음의 안정을 회복하는 것이고, 스포츠를 관람하는 것도 마음의 안정에 크게 도움이 된다.

전통 퍼포먼스의 출발과 변화는 어떻게 이루어졌나

굿은 공연예술의 텃밭이자 샘터이다

굿은 전통 공연예술의 근원이다. 오늘날 우리가 경험하고 있는 전통 퍼포먼스는 상당수가 굿으로부터 비롯된다. 판소리와 농악, 한국무용과 기악이 굿의 종합예술과 관계있고, 무당은 선망의 대상으로 명창이나 춤꾼, 연주자로서 꿈꾸기도 했던 것이 그것이다. 지금도 굿판에서 굿하는 무당은 그 소망을 이루지 못해 아쉬움을 갖는 사람이 많다. 우리는 굿이 춤이자 소리이고 기악이라고 말한다. 그것은 전통 공연예술의 바탕이 굿임을 말하고, 예술성의 측면에서 유사성이 많아 정서적 공감대가 비슷하기 때문이다. 굿판에서 무당이 굿으로 신을 달래어 감동을 준다면, 공연자는 무대 위에서 퍼포먼스로 인간을 홍겹게 하고 카타르시스를 느끼게 한다. 이러한 굿은 과거에 머무르지 않고 지금도 지속되고, 그 예술적인 위상이 예전 같지 않으나, 여전히 새로운 형태의 굿당에서 이루어지고 있다. 비록 굿의 내용은 많은 변화를 겪고 있지만, 굿의 효용성이 전승의 생명력을 갖게 한다.

굿은 공연물로서 종합예술이다. 굿은 무엇보다도 음악적, 무용적, 기악적 가치를 지닌 한국 전통 공연예술이다. 그래서 굿은 소리, 기악, 춤, 연극 등이 병행된 종합예술이고, 가장 기본적으로 소리와 춤으로 구성된다. 그래서 소리와 춤이 없다면 굿이라 할 수 없고, 우리가 일상생활에서 '굿 보러 간다'라는 말은 굿판에서 행해지는 무당의 춤을 보고, 소리 듣는 것을 의미해 왔다. 요즈음 같으면 '구경 가는 것'과 같은 의미인 셈이다. 우리가 경험하고 있는 굿판의 춤과 소리를 반주한 것이 기악이고, 기악은 아쟁과 해금을 비롯해 피리, 장구, 북 등으로 구성된다. 이들 악기를 연주하는 사람을 '잽이' 혹은 '악사'라고 부르고, 악사는 대개 굿을 하는 무당의 남편이 맡아서 하는 경우가 많다. 그래서 굿판에 참여하는 사람 상당수가 가족 관계를 맺고 있는 경우가 많고, 그들은 훗날 연기자나 가수 등 대중문화예술인으로 활동하기도 한다.

굿은 인간과 신의 대화를 표현한 서사극이다. 진도 씻김굿에서 공연되는 대표적인 서사극이 바로 '다시래기'이다. 다시래기는 '다시 태어난다'라는 의미를 지니고, 출상 전날 밤 죽음의 마당에서 벌이는 생명 잉태와 탄생의 굿이다. 내용을 보면 스님과 봉사 점쟁이의 부인 사당이 사통하여 아기를 낳고, 그 아이를 서로 자기 자식이라며 다툰다. 그 와중에 하늘의 상재가 나타나, 그 아이를 가로챈다는 줄거리로 전개되는 음악 서사극이다. 이러한 연극은 종합예술인의 능력을 갖춘 무당이 아니면 진행하기 어렵다. 그것도 소리꾼이자 춤꾼이고, 연주자이자 재담가로서 면모를 갖춘 무당이어야 한다. 그런 무당은 장시간에 걸쳐 예능 훈련을 받으면서 성장하는데, 대체로 초보 무당이 굿의 학습에서 사설, 노래, 춤, 장단만 배우지 않고, 가장 먼저 무당이 입는 옷이나 망자가 입는 무복 만들기, 제상 차리기, 제물 준비, 굿판에서 사용될 소도구 만들기, 소도구 사용, 굿청 차리기 등을 익혀야 한다. 하지만 오늘날 무당들이 진행하는 굿의 상당수가 어설프고, 특히 굿이 음악적, 무용적, 놀이적 측면보다 주술적인 내용 중심으로 바뀌어 가고 있는 것이 현실이다.

굿은 신들의 영험함을 설명하고, 망자와 자손들의 삶을 표현하는 음악 서사이다. 무당은 서사를 통해 망자와 자손들의 감정을 표현하고, 신들에게 전달한다. 우리가 소리라 부르는 것은 크든 작든, 어떤 물체의 움직임과 함께 시작되고, 사방으로 퍼져나가는 공기 분자의 파장인데, 소리의 높낮이, 장단, 강약으로 표현한 것이 음악이듯이, 굿판의 소리와 악기 연주도 음악인 것이다. 음악은 인간의 감정과 아주 비슷하게 표현된다. 그래서 음악은 감정에 근거한 감성을 표현하여 타인에게 전달하는 매개물이다. 굿판의 소리는 음악으로서 신과 인간의 매개 역할을 하고, 살아있는 자들이 거주하는 가정이나 마을로 퍼져나간다. 그래서 재수굿과 같은 굿판은 한 가정에만 머무르지 않고, 마을의 축제 면모를 갖추기도 한다. 굿판에는 인간들의 기쁨과 슬픔, 즐거움이 녹아있고, 이것은 인간의 심장을 울린 소리를 통해 이루어진다. 그리고 소리를 통해 신과 인간이 하나 되는 계기를 마련해주기도 하고, 그것은 '신나게 노는 마당', '신명 나는 놀이판'을 통해 실현된다. 본래 인간과 신의 놀이 공간은 분리되지만, 이 순간만큼은 인간과 신이 하나 됨을 볼 수 있다.

소리는 제의적 행위의 표현이다. 무당이 군중을 흥분시키기 위한 일종의 제의적 행위로부터 시작된 것이 소리이고, 그것은 인간과 신의 의사소통의 방식으로 사용되었다. 무엇보다도 종교적 행사에서 불고 두들기는 소리는 인간의 심장을 울리고, 신이 감동하도록 했을 것이다. 굿판에서 불고 두들길 수 있는 악기가 바로 피리와 북이다. 그래서 피리와 북은 음악의 가장 원초적인 악기인 셈이다. 이 악기는 기본적으로 종교적인 춤과 여러 제사 의식에 사용되고, 일하면서 노래하는 노동요에서도 사용했기 때문이다. 최초로 사용된 악기는 풀잎을 끼워 불거나, 막대기로 두들겨 장단을 맞추었을 것이다. 이처럼 불고 두들기는 악기로 구성된 음악은 굿판의 소리이며, 풍물판의 굿이 대표적이다. 소리야말로 삶에 대한 이해를 확장 시키고, 주변 세계를 해석할 수 있도록 해 주며, 세계와 소통하도록 해 준다. 다시 말하면 일상에서 인간 자신을 표현하도록 해 주는 것이 소리이고, 그 가운데 대중들의 사랑을 받았던 대표적인 전통 퍼포먼스는 판소리와 농악이었다.

판소리는 종합예술이다

판소리는 소리꾼이 고수와 청중과 서로 호흡하면서 공연하는 예술이다. 고수는 북 하나를 가지고 반주하면서 추임새를 넣지만, 소리꾼과 청중을 연결해 주고, 소리판의 분위기를 주도적으로 이끌어가는 역할을 한다. 그래서 오케스트라에서 지휘자가 리더이고, 농악의 리더가 상쇠이듯이, 소리판에서는 소리꾼이 아니라 고수가 리더라고 할 수 있다. 그러한 까닭에 고수는 소리꾼 못지않게 음악적 능력을 갖추어야 하고, 소리판을 이끌어가는 리더로서 능력을 발휘할 수 있어야 한다. 흔히 '일고수이명창一鼓手二名唱'이라는 말은 한 명의 고수가 두 명의 명창 역할을 한다는 의미다. 명창이라는 말도 그냥 모든 소리꾼에게 붙여진 이름이 아니고, 청중들이 평가하여 인정받는 소리꾼을 말한다. 우리는 판소리 공연장에서 고수의 역할을 통해 소리꾼과 청중이 하나가 되고, 청중도 고수처럼 추임새를 넣으면서, 즉 엉덩이를 들썩이거나 손바닥으로 장단으로 맞추고, 추임새를 구사하는 적극적인 자세로 감상해야 한다.

판소리는 판에서 연행되는 소리이다. 판은 놀이판, 굿판, 씨름판과 같은 원형적인 무대이다. 『감각 박물학』에 의하면, 인간이 종말을 향해 출발하는 것처럼 원은 무한을 상징하고, 원형의 반지가 서약과 맹세를 상징하며, 원형은 영원, 불로, 완전함을 의미한다고 한다. 따라서 원형적인 무대 위의 모든 행위는 영원과 완전함을 추구하려는 인간의 욕망이 반영되어 있다고 할 수 있다. 원형 무대는 연기자와 객석을 차단하지 않고, 그 경계를 허물어 주체와 객체가 하나 되게 해 주는 역할을 한다. 예컨대 풍물굿이나 굿이 진행될 때 객석의 구경꾼이 참가하는 것은 공연을 방해하지 않고, 오히려 신명 나게 공연이 진행되도록 해 주는 것이 그것이다. 이러한 원형 무대에서 소리꾼은 고수의 도움을 받아 청중들의 반응을 읽으면서 소리를 하고, 기본적으로 창, 발림, 아니리를 구사하여 청중을 매료시킨다. 여기서 창은 음악적인 성악이고, 발림은 사설에 부합한 행동이나 몸짓을 말하며, 아니리는 사설의 장면과 다음 장면을 연결하는 역할을 한다. 그래서 소리꾼은 성악가로서 음악적 재능이 뛰어나고, 연기자로서 연기 능력이 있으며, 익살스럽게 재담을 구연할 수 있는 재담가의 능력을 갖추어야 명창이 될 수 있는 것이다. 소리꾼을 종합예술인이라고 말하는 것도 바로 이 때문이다.

판소리는 굿판의 음악이 발전한 소리이다

판소리는 17세기 말에서 18세기 초에 형성되었다. 조선 후기는 임진왜란을 경험한 후 사회적인 변화가 크게 일어난 시기로, 문화·예술 분야에 많은 변화가 일어난 시기이다. 무엇보다도 농경사회에서 가장 큰 변화는 직파법에서 이앙법으로 벼농사법이 바뀐 것인데, 직파법은 밭작물 재배하듯이 벼를 뿌려서 농사짓는 방법이고, 이앙법은 어린 모를 논에 옮겨 심는 방법이다. 이앙법이 시행되자 농업생산력이 크게 늘었고, 그로 인해 인구 증가와 시장형성은 물론 사회의 계층을 분화시키는 역할을 한다. 그리고 임진왜란을 겪으면서 가족이 해체되고, 국가의 기강이 무너지자 효와 충을 강조하는 사회적 분위기도 조성된다. 이 시기에 열녀문과 효열비가 많이 세워진 것도 이와 무관하지 않다. 이는 유교적인 가족의 효를 정립하여 국가의 충을 요구한 것이다. 이와 같은 환경 속에서 문학에서 정형의 시조가 사설시조로 변화되고, 시조보다 긴 서사인 가사를 음미한다든지, 서사문학인 고소설이 본격적으로 등장하게 된다. 판소리가 등장한 것도 이러한 시대적 환경과 맞물려 있다.

판소리는 무속음악에서 파생하여 발전한 소리이다. 흔히 판소리는 굿판의 음악이 발전해 형성된 평민 문학이자 음악이라고 말한다. 굿판의 음악은 판소리 형성의 텃밭이고, 판소리의 계면조와 굿판의 시나위 가락이 유사한 것을 통해 확인된다. 이것은 판소리와 굿 음악의 친연성을 말해 주고, 판소리에서 계면조는 슬프고 흐느끼는 느낌을 주며, 한의 심성이라는 감성적 애정성이 극명하게 반영된 가락이다. 마치 가을 달밤에 기러기 우는 소리와 같은 것처럼, 애처로운 분위기를 띠는 것이 계면조이다. 그런가 하면 굿판의 시나위는 신을 즐겁게 할 목적으로 신에게 바치는 음악을 신악神樂이라고 하는 데서 비롯되는 말로, 신에게 바치는 음악이라는 뜻을 지닌다. 시나위라는 말은 한강 이남 세습무가 주로 분포한 호남 지역에서 사용되는 무속음악 용어다. 중요한 것은 초창기 판소리가 굿판의 시나위 무가와 유사하다는 점이다. 이것은 판소리가 무속음악에서 파생되어 발전한 것이라 것을 보여준다. 그뿐만 아니라 판소리 명창들의 출신이 세습무 집안과 관계있는 점만 보아도 이를 뒷받침하기도 한다.

판소리는 맨 처음 남성들이 악사로 활동하면서 소리를 했다. 조선은 18세기에 남성 중심의 부계사회가 정착되자, 이에 따라 판소리 소리꾼들도 남성들이 주축일 수밖에 없다. 세습무인 아내는 여전히 굿을 이어가지만, 그의 남편 악사들은 재능이 뛰어난 경우 궁중의 악사나, 혹은 국가나 지방 연희 행사에 동원되어 외부 활동을 하는 경우가 많았다. 이들은 고을에 지방 관리가 부임하면 그를 축하하기 위한 연희장소에서 공연한다든지, 이러한 활동이 무속인으로서 악사가 전문적인 소리꾼으로 변신하는 계기를 만들어 준 것이다. 이 시기에 유명한 명창은 최선달, 하한담, 우춘대를 들 수 있는데, 이들은 18세기에 살았을 것으로 알려지고, 무속 음악적인 성격이 강한 소리를 한 까닭에 서민 취향의 판소리를 한 것으로 보인다. 이처럼 초창기 판소리는 서민이 주로 즐기는 음악이었다. 하지만 19세기 후반에는 양반층만이 아니라 철종, 대원군, 고종 등 왕족들도 판소리를 열광하게 된다. 이에 따라 판소리 광대를 궁중으로 불러들여 소리를 하게 한 다음, 후한 상이나 벼슬을 내리기도 한다. 그러면서 판소리가 양반층으로 확대되고, 이 시기에 신재효가 최초 여류 명창 진채선과 허금파를 배출하면서 여자들도 소리를 하기 시작한다.

판소리는 19세기 중반 이후에 대중화된 흥행예술이다

판소리는 19세기 중반 이후에 흥행 예술로 발전하자 여러 유파가 등장한다. 판소리가 성장하던 19세기는 지배체제를 풍자하고 신분제도의 모순을 지적하는 사회적 분위기이었다. 이러한 환경 속에서 양반층도 판소리를 즐기기 시작하고, 대표적인 소리꾼은 권삼득, 염계달, 모흥갑, 송흥록 등이다. 송흥록은 남원 운봉 출신이고, 동편제 소리의 창시자이다. 특히 그는 판소리의 장단 가운데 진양조를 완성한 사람으로, <귀곡성>을 잘 부르고, 가왕歌王이라는 별명을 가지고 있다. 대체로 동편제, 서편제, 중고제의 유파는 19세기 초반에 시작되고, 판소리가 부의 축적을 보증하는 예술로 발전하면서 이루어진다. 무엇보다도 소리꾼들이 자신들의 법통을 강조하기 시작하고, 이러한 것은 사제관계를 통해 형성된다. 가장 먼저 동편제와 서편제가 대립하여 등장하고, 그 형성 시기가 50년 이상의 시간적인 차이를 갖는다. 이어서 중고제가 형성되는데, 중고제는 염계달과 김성옥의 법제를 표준으로 삼고, 경기도와 충청도 중심으로 전승되며, 소리의 높낮이가 분명한 것이 특징이다.

동편제는 우조를 기본 바탕으로 한다. 우조는 가곡이나 시조와 같은 정악 가락을 판소리에 응용한 것이고, 웅장하고 씩씩한 느낌을 주며, 남성적인 장면에서 구사하는 가창 방식이다. 대체로 동편제는 특별한 기교를 부리지 않고, 목으로 우기는 소리인 막자치기 창법을 구사한다. 이처럼 소리꾼이 막자치기 창법을 구사하려면 기본적으로 풍부한 성량을 선천적으로 타고나야 한다. 그래서 기교를 부리지 않는 동편제는 양반 취향의 미의식을 반영하고, 호탕하며 남성적인 판소리라고 말한다. 그리고 판소리의 템포가 빠르고, 발림을 구사할 여유가 없기에 연기 면에서 건조한 인상이 짙으며, 잔가락 없이 굵은 장단으로서 '대마디 장단'이 주축이라는 점에서 특징이다. 송흥록의 소리는 그의 동생 송광록에게 전수되고, 구례에서 태어난 그의 아들 송우룡에게 전수되었으며, 송우룡은 다시 그의 아들 송만갑에게 전수하였다. 그런가 하면 김세종의 소리는 김찬업에서 정응민으로 계승되고, 정응민의 소리는 오늘날 보성소리라고 알려진 정권진, 조상현, 성우향, 성창순으로 전수되고 있다.

서편제는 계면조를 기본 바탕으로 한다. 계면조는 민요 가락을 판소리에 적용한 것이고, 한의 심성인 애정성을 강하게 반영한 가락이다. 초창기 판소리에 계면조 가락이 강하게 반영되어 있다고 하여, 이를 준서편제라고 말한다. 서편제는 슬프고 원망스러운 느낌을 처절하게 잘 그려내고, 판소리에 장식과 기교를 덧붙인 기교적인 소리이다. 그래서 서편제를 민중 취향의 미의식을 반영하고, 마치 온갖 나무에 꽃이 화려하게 피듯 현란하게 하는 소리라고 설명하기도 한다. 서편제의 창시자는 1834년에 순창군 복흥면 서마리에서 태어난 박유전이다. 그는 대원군의 총애를 받은 인물로, 한양에서 활동하다가 말년에 보성군 웅치면 강산리로 이주하여 살고, 서편제를 발전시킨 인물이다. 서편제는 판소리의 템포가 느리고, 잔가락이 많으며, 풍부한 발림이 특징이다. 박유전의 소리는 정창업, 이날치, 정재근으로 전수되고, 정재근의 소리는 그의 아들 정응민으로, 다시 정권진에게 3대에 걸쳐 가문 중심으로 계승되고 있다.

판소리가 20세기에 창극으로 변화하다

판소리는 20세기에 사설과 창곡에서 많은 변화를 겪는다. 일제 강점기에 식민지 문화정책의 영향을 받아 판소리의 향유층 기반이 무너진다. 무엇보다도 판소리가 초창기에는 평민예술에서 양반층의 미의식을 반영하면서 대중적 기반을 확보해 왔지만, 일제 강점기에 양반층의 지지 기반이 무너지자, 판소리의 소리꾼들은 다시 서민들에게 관심 가질 수밖에 없었다. 그리고 당시 민족주의적인 사회 분위기를 도외시할 수 없었고, 그로 인해 반일 정서를 노래한 〈열사가〉라는 창작 판소리도 등장한다. 〈열사가〉는 이준, 안중근, 윤봉길, 유관순 등의 행적을 노래로 표현한 것으로, 지금도 호남 지역에서 쉽게 들을 수 있는 판소리의 한 레퍼토리이다.

〈열사가〉는 박동실 명창이 창작하여 보급했다. 박동실은 한국 전쟁 이후 월북한 소리꾼이자, 담양군 고서면 지실 출신이다. 월북한 까닭에 남한에서는 많이 알려지지 않은 인물이지만, 김영삼 정부 이후 남북한의 문화교류가 활발해지면서 박동실 명창의 관심이 증가하였다. 그는 1980년대 〈하얀나비〉 노래를 부른 김정호 가수의 외할아버지로 알려진 소리꾼이기도 하다. 김정호가 박동실 명창의 음악적 DNA를 물려받아 대중의 심금을 울리는 가수가 되지 않았나 싶다. 이러한 예로 〈늪〉을 부른 조관우도 있다. 조관우는 익산 출신인 조통달 명창의 아들로, 어려서부터 판소리를 익혔고, 그것을 기반으로 독특한 창법을 개발한 것으로 알려져 있다.

판소리가 일제 강점기에 창극으로 변화한다. 일제의 지배가 강화되자 판소리는 극심한 변화를 겪는데, 그것은 바로 창극으로 변화한 것이다. 판소리가 1인 독창인 데 비해, 창극은 연극처럼 여러 명의 인물이 등장하여 연기하면서 판소리를 부르는 음악극이다. 판소리에서 공연한 사람은 소리꾼이라 부르고, 창극에서는 소리꾼이지만 연기자의 비중이 커서 배우라고 부른다. 최초의 창극은 1902년 가을에 고종의 즉위 40년을 경축하는 행사에서 공연한 것이고, 원각사에서 김창환이 전국의 남녀 명창을 불러들여 공연한 〈춘향전〉으로 알려진다. 창극은 훗날 여성국극 형성의 기반이 되고, 여성국극은 여성들의 음악극으로서 소리보다는 연극적인 측면이 강하다.

창극의 현대화 과정에서 1980년대 마당놀이가 등장한다. 초창기 마당놀이는 정치적인 메시지를 전달하는 수단으로 공연되지만, 무엇보다도 1978년에 농악의 변이 형태인 사물놀이가 등장하면서 대중문화예술의 하나로 자리 잡아가게 된다. 사물놀이는 마당극의 영향을 받은 무대 위의 풍물놀이이고, 마당놀이는 창극과 사물놀이가 어우러지는 공연예술이다. 창극과 마당놀이는 어떤 면으로는 유사하기도 하고, 어떤 면은 사뭇 다르다. 창극은 주로 판소리의 음악 어법을 존중하면서 진행되는 음악극이지만, 마당놀이가 전통 음계인 오음계를 사용하나 판소리 음악 어법이 아니고, 관객의 취향에 영합한 뮤지컬 형식을 취하고 있다는 점에서 차이가 있다. 다시 말하면 창극은 그래도 판소리의 전통을 유지하면서 극적인 효과를 보여주고자 했지만, 마당놀이는 음악적 예술성보다는 오히려 놀이적 유희성을 강조하는 경우가 많다는 점이다.

농악은 강 건너 다르고 산 너머 다르다

농악은 신에게 바치는 음악이다. 농악은 인간의 유희 목적보다도 신에게 바치는 음악에서 비롯되었다. 고대국가 제천 의례에서 신에게 제사를 지내고, 사람들이 무리를 지어 주야를 쉬지 않고 노래하고 춤추며, 술과 음식을 먹었다고 했으니, 악기가 빠질 리 없다. 춤은 수십 명이 함께 일어나 뒤따르거나, 몸을 낮게 높게 굴리며 손발을 서로 맞추는데, 여기에는 악기가 중요한 역할을 한다. 이 악기가 훗날 농악으로 발전해 온 것이다. 그래서 농악의 제천의례 기원설을 언급한 것도 바로 이와 같은 이유에서다. 이에 비해 농악이 군악에서 기원했다고 말하기도 한다. 군악은 농군을 훈련하기 위한 음악으로, 농악의 진풀이나 복색에서 군대의 요소가 엿보인다는 것을 근거로 삼는다. 그런가 하면 농악의 기원을 불교와 연계하여 설명하기도 한다. 사찰을 건립하고 중수하려면 많은 기금이 필요하고, 이를 위해 화주승이 다른 스님들과 고깔을 쓰고 악기를 연주하면서 민가를 돌며 걸립했던 것이, 즉 걸립하던 굿중패가 훗날 농악으로 발전했다고 말한다. 이외에도 농사의 파종과 추수를 신에게 축원하는 굿, 또는 농가에서 신을 진압하기 위해 행하는 지신밟기, 매구굿을 하면서 농악이 발생했다고 말한 사람도 있다. 이것은 농악 발생 이후 연희 형태로서 기원과 연계하는 것은 아무래도 무리일 듯싶다.

농악은 지역성을 강하게 반영한다. 우리가 경험하고 있는 농악은 강 건너 다르고, 산 너머 다르듯이, 마을마다 다양한 모습을 보여준다. 그것은 농촌지역의 농악이 다르고, 어촌지역의 농악이 다른 것은 모두가 지역성을 반영한 데서 비롯한다. 지역성은 장소성을 근거로 형성된 것으로, 장소성은 생태적, 사회적, 역사적, 문화적 환경의 영향에 의해 형성된다. 그래서 장소성의 변화는 지역성의 변화와 연계되고, 농악 또한 시간의 흐름에 따라 다를 수밖에 없는 것이다. 이처럼 농악은 지역성에 따라 악기 구성이 다르고, 가락이나 내용도 다르다. 농악의 명칭 또한 다양한데, 영남지방에서는 매구, 중부지방에서는 풍물, 호남지방에서는 풍장, 걸궁 등으로 부른다.

농악은 핵심적인 악기가 꽹과리, 징, 북, 장고이다. 꽹과리와 징은 쇳소리를 내는 악기이고, 북과 장고는 북소리를 내는 악기이다. 그 외 소고, 새납태평소, 나발 등의 악기로 편성된다. 여기서 꽹과리는 천둥을 의미하고, 징은 바람, 북은 구름, 장구는 비를 의미하는 것으로 알려지는데, 이들 악기를 '금고金鼓'라고 말하고, 네 개의 악기를 가지고 연주하는 것을 '금고 친다'라고 표현한다. 그리고 금고 친다는 말 대신에 '매구 친다' 혹은 '굿 친다'고 말하기도 한다. 대체로 농악의 악기는 일하면서 부르는 노동요에서 반주음악으로 사용되고, 굿판에서 무당이 춤추고 노래할 때 반주하는 악기로 사용한다. 당연히 마을 제사를 지낼 때나 축제에서 빠지지 않는 것이 농악이다. 우리가 지금까지 사용하고 있는 농악의 명칭은 '농촌의 음악'이라는 의미로, 1936년 조선총독부에서 발행한 『부락제』라는 책에서 처음 사용하기 시작했다.

농악은 용도에 따라 기능이 다양하다. 먼저 농악은 종교적 기능을 수행한다. 마을 제사는 마을의 안녕과 풍년을 기원하는 행사로, 농악이 참여하는 지역은 전라도와 경상남도이다. 이 지역은 제사음식만을 신에게 바치지 않고, 신명 나는 음악을 바치며, 이를 당산굿이라 부른다. 두 번째로 농악은 생존의 기능을 수행한다. 공동체 노동을 효율적으로 수행하기 위해 결성되는 두레에서 농악을 활용하고, 이를 두레굿이라 부른다. 두레는 모심기나 김매기 할 때 항상 풍물굿을 치면서 일을 한다. 세 번째 농악은 군사적 기능을 수행한다. 판굿의 진법이 군사적 훈련과 관련되고, 장보고 장군이 승선할 때 승선굿을 하는 것이나, 동학혁명 때 농민들이 풍물굿을 활용했다는 것에서 보면, 풍물패가 군사의 역할을 한 것으로 보인다. 네 번째로 농악은 민속 예술적 기능을 수행한다. 정초부터 정월 보름을 중심으로, 정월 한 달이 농한기인 까닭에 다양한 민속놀이에서 빠지지 않는 것이 농악이다. 줄다리기하거나 고싸움과 나무쇠싸움, 달집태우기 등의 대동놀이에서, 농악은 놀이판의 흥겨움을 고조시키는 역할을 한다. 민요와 강강술래 같은 소리판에서도 농악은 중요한 역할을 한다. 이처럼 농악은 생활문화 속에서 유희적 삶이자 신앙적 음악으로 인식되어 온 것이다.

농악이 사물놀이로 변화하다

사물놀이는 1970년대 후반에 등장한다. 마당굿이라는 용어가 새롭게 등장하면서 사물놀이가 등장했다. 서연호의 『21세기 한국공연예술의 양식과 현장』에 의하면, 본래 마당굿은 두레의 풍물굿, 무속의 집안굿 및 거리굿을 지칭하는 명칭이었는데, 이런 마당굿이 정치제도나 정치권력으로부터 소외된 민중의 저항의식을 바탕으로 한 연극 양식을 갖추게 되고, 그것을 마당극이라고도 부르며, 마당극은 축제 양식으로 이루어진 일종의 문화 운동의 일환이었다고 한다. 이러한 문화 운동과 연계되어 1978년에 농악의 변이 형태인 사물놀이가 등장한다. 12월에 김용배, 김덕

수, 이광수, 최종실을 단원으로 하는 <사물놀이> 연주단을 창설하고, 그들의 사물놀이 공연이 대중매체를 타고 전국의 대학가를 휩쓸게 된다. 여기서 사물놀이는 농악의 핵심 악기인 꽹과리 · 장구 · 북 · 징의 네 가지 악기 놀이라는 의미이다. 본래 농악은 야외에서 서서 공연하는 대규모의 풍물놀이인데, 이것을 실내의 무대 위에서 앉아서 연주하는 무대예술로 변형시킨 것이다. 농악이 다양한 놀이를 바탕으로 한 야외 공연을 강조했다면, 사물놀이는 무대 위의 악기 중심 공연 성격을 지닌다. 사물놀이에서 지휘자는 농악의 상쇠처럼 꽹과리가 역할을 한다.

사물놀이는 오늘날 한국 전통문화의 지표로 인식된다. 농악과 사물놀이가 공연 방식이나 공연 내용이 다르지만, 이제는 농악이 사물놀이고, 사물놀이를 농악으로 인식하고 있는 경우가 많다. 해외에 거주하는 동포와 한국문화에 관심 있는 젊은 친구들은 무엇보다도 사물놀이의 관심이 증가하고 있다. 사물놀이야말로 가장 다이내믹한 음악의 하나이고, 엄청난 음량과 강한 비트에서 나오는 역동감이 청중을 신명의 경지에 빠져들도록 하기 때문이다. 다시 말하면 놀이꾼이 신명의 가락을 연주하면서 어느 순간 무아지경에 빠져들고, 청중들도 간접적이나마 그것을 경험하게 된다는 것이다. 그러한 역동감을 표출한 사물놀이는 스포츠의 응원단으로 활용되고, 여러 장르의 음악과 협연의 대상이 되고 있다. 특히 협연은 다양한 퓨전 음악을 만들거나, 난타와 같은 새로운 음악의 배경이 되기도 한다.

참고문헌

A · W 토저, 이용복 옮김, 『이것이 성령님이다』, 규장, 2014.
J. G. 프레이저, 신상웅 옮김, 『황금가지』, 동서문화사, 2007.
강등학 외, 『한국구비문학의 이해』, 월인, 2000.
거넥 베인스, 이미소 옮김, 『컬쳐 DNA』, 시그마북스, 2017.
김　면, 『축제로 이어지는 한국과 유럽』, 연세대학교 출판부, 2004.
김동완, 『사주명리 인문학』, 행성B, 2019.
김두헌, 『한국가족제도연구』, 서울대학교 출판부, 1980.
김선풍 외, 『민속문학이란 무엇인가』, 집문당, 1995.
________, 『한국 축제의 이론과 현장』, 월인, 2000.
김성배, 『한국의 민속』, 집문당, 1980.
김순남, 『가족을 구성할 권리』, 오월의 봄, 2022.
김열규, 『한국민속과 문학연구』, 일조각, 1989.
김의숙, 『한국민속제의와 음양오행』, 집문당, 1993.
______, 『강원도민속문화론』, 집문당, 1995.
김태경, 『한국의 축제 다시보기』, 한국학술정보, 2006.
김태곤, 『한국민간신앙연구』, 집문당, 1983.
______, 『한국무속연구』, 집문당, 1985.
김택규, 『한국농경세시의 연구』, 영남대학교 출판부, 1985.
김현철, 『경제학이 필요한 순간』, 김영사, 2023.
김홍경 역, 『음양오행설의 연구』, 신지서원, 1993.
남덕현, 『축제와 문화적 본질』, 연세대학교 출판부, 2006.
노양진, 『몸이 철학을 말하다』, 서광사, 2013.
다이앤 애커먼, 백영미 옮김, 『감각 박물학』, 작가정신, 2023.
데이비드 애드워드, 박세연 옮김, 『창조성에 관한 7가지 감각』, 어크로스, 2020.
라리사 짐버로프, 제효영 옮김, 『음식의 미래』, 갈라파고스, 2023.
라이앤 애커민, 백영미 옮김, 『감각의 박물학』, 작가정신, 2023

류정아, 『축제인류학』, 살림, 2003.
마이클 팀, 김자성 옮김, 『사후세계의 비밀』, 허원미디어, 2015.
마틴 셀리그만, 김인자 옮김, 『긍정심리학』, 물푸레, 2011.
몸문화연구소, 『자연문화와 몸』, 헤겔의 휴일, 2022.
민속학회, 『한국민속학의 이해』, 문학아카데미, 1994.
바바라 페어팔, 서유리 옮김, 『공간의 심리학』, 동아북스, 2023.
박계홍, 『한국민속학개론,』, 형설출판사, 1992.
베티나 파우제, 이은미 옮김, 『냄새의 심리학』, 북라이프, 2021.
브라이언 페이건, 김정은 옮김, 『위대한 공존』, 반니, 2016.
서연호, 『21세기 한국공연예술의 양식과 현장』, 연극과 인간, 2019.
송길영, 『상상하지 말라』, 북스톤, 2015.
______, 『그냥 하지 마라』, 북스톤, 2021.
슈테판 클라인, 유영미 옮김, 『창조적 사고의 놀라운 역사』, 어크로스, 2022.
양계초 외, 『음양오행설의 연구』, 신지서원, 1993.
양옥경, 『공감의 힘』, 나남, 2023.
연세대출판부 편, 『축제와 문화』, 연세대 출판부, 2003.
오경환, 『종교사회학』, 서광사, 1990.
유현준, 『공감이 만든 공간』, 을유문화사, 2020.
윤덕노, 『음식으로 읽는 중국사』, 더난콘텐츠그룹, 2024.
이광규, 『한국인의 일생』, 형설출판사, 1985.
이광규 외, 『한국민속학개설』, 형설출판사, 1982.
이동하 역, 『성과 속』, 학민사, 1983.
이두현 외, 『한국민속학개설』, 일조각, 1993.
이상일, 『축제의 정신』, 성균관대학교 출판부, 1998.
이상진, 『한국농악개론』, 민속원, 2002.
이상희, 『꽃으로 보는 한국문화』, 넥세스BOOKS, 2004.
이서윤, 『오래된 비밀』, 이다 미디어, 2020.
이은영, 『죽음의 시공간』, 도서출판 모시는 사람들, 2023.
이종범, 『예수에 대해 우리가 잘 모르던 이야기』, 아마존북스, 2023.
임동권, 『한국의 세시풍속』, 서문당, 1972.
______, 『대장군 신앙의 연구』, 민속원, 2002.
임동권 역, 『결혼의 풍속사』, 깊은사랑, 1993.
임재해, 『한국 민속과 전통의 세계』, 지식산업사, 1997.
임홍택, 『2000년생이 온다』, 11%, 2023.
자 현, 『사찰의 비밀』, 담앤북스, 2019.
장대은, 『트리비움, 일상수업』, 평단, 2023.
장대익, 『공감의 반경』, 바다출판사, 2022.
장덕순 외, 『구비문학개설』, 일조각, 1987.
장주근, 『한국의 세시풍속』, 형설출판사, 1989.

장철수, 『옛무덤의 사회사』, 웅진출판, 1995.
______, 『한국의 관혼상제』, 집문당, 1995.
장클로드 엘레나 · 카린 도어링 프로저 그림, 이주영 옮김, 『향수가 된 식물들』, 아멜리에 · 북스, 2023.
전호태, 『반구대 이야기』, 성균관대학교 출판부, 2023.
정경주, 『한국 고전의례 상식』, 신지서원, 2000.
정난희 외, 『글로벌음식문화』, 전남대학교출판문화원, 2023.
정병호, 『농악』, 열화당, 1986.
정회도, 『운의 알고리즘』, 소울소사이어티, 2021.
제임스 캔턴, 서준환 옮김, 『상수리나무와 함께한 시간』, 한길사, 2021.
존 듀이, 박철홍 옮김, 『경험으로서 예술』 1, 나남, 2018.
존S,앨런, 이계순 옮김, 『집은 어떻게 우리를 인간으로 만들었나』, 반비, 2019.
지춘상 외, 『남도민속학개설』, 태학사, 1998.
최길성, 『한국민간신앙의 연구』, 계명대학교 출판부, 1989.
______, 『한국무속의 이해』, 예전사, 1994.
최영종, 『공동체주의를 말하다』, 카톨릭대학교출판부, 2023.
최운식 외, 『한국민속학개론』, 민속원, 1998.
최윤식 · 최현식, 『제4의 물결이 온다』, 지식노마드, 2017.
최창조, 『한국의 풍수사상』, 민음사, 1984.
클린 엘러드, 문희경 옮김, 『공간이 사람을 움직인다』, 더퀘스트, 2016.
티먼 나룰라, 정수영 옮김, 『우리는 가상세계로 간다』, 흐름출판, 2023.
표인주, 『공동체신앙과 당신화 연구』, 집문당, 1996.
______, 『남도설화문학연구』, 민속원, 2000.
______, 『남도민속문화론』, 민속원, 2002.
______, 『한국인의 생활양식과 전통문화예술』, 민속원, 2004.
______, 『광주칠석고싸움놀이』, 피아, 2005.
______, 『남도 민속과 축제』, 전남대학교 출판부, 2005.
______, 『남도민속의 이해』, 전남대학교 출판부, 2007.
______, 『축제민속학』, 태학사, 2007.
______, 『영산강 민속학』, 민속원, 2013
______, 『체험주의 민속학』, 박이정, 2019.
______, 『민속이 지속과 변화의 체험주의적 해명』, 박이정, 2022.
______, 『남도민속학』, 박이정, 2023.
표인주 외, 『한국민속학 새로읽기』, 민속원, 2000.
프란스트발, 이충호 옮김, 『동물의 감정에 관한 생각』, 세종, 2019.
한양명, 『용과 여성 달의 축제』, 민속원, 2006.
허정아, 『몸, 멈출 수 없는 상상의 유혹』, ㈜북이십일21세기북스, 2011.
황경숙, 『한국의 벽사의례와 연희문화』, 월인, 2000.

문화와
역사를
담 다
0 7 8

기억과 일상이
내일의 삶을

초판1쇄 발행 2025년 12월 30일

지은이 표인주

주간 조승연
편집 · 디자인 오경희 · 조정화 · 오성현 · 신나래 · 박선주 · 정성희
관리 박정대

펴낸이 홍종화
펴낸곳 민속원
창업 홍기원
출판등록 제1990-000045호
주소 서울 마포구 토정로25길 41(대흥동 337-25)
전화 02) 804-3320, 805-3320, 806-3320(代)
팩스 02) 802-3346
이메일 minsokwon@naver.com
홈페이지 www.minsokwon.com

ISBN 978-89-285-2201-9 04380
SET 978-89-285-1054-2 04080